朱元璋全传

刘屹松 著

华中科技大学出版社
http://www.hustp.com
中国·武汉

图书在版编目(CIP)数据

朱元璋全传 / 刘屹松著. -- 武汉：华中科技大学出版社,2019.4（2022.3重印）
ISBN 978-7-5680-4813-2

Ⅰ.①朱…　Ⅱ.①刘…　Ⅲ.①朱元璋(1328-1398)-传记
Ⅳ.①K827=48

中国版本图书馆 CIP 数据核字(2018)第 285184 号

朱元璋全传
Zhuyuanzhang Quanzhuan

刘屹松　著

策划编辑：亢博剑	
责任编辑：沈　柳	
封面设计：刘红刚	
责任校对：曾　婷	
责任监印：朱　玢	
出版发行：华中科技大学出版社(中国·武汉)	电话：(027) 81321913
武汉市东湖新技术开发区华工科技园	邮编：430223
印　　刷：天津中印联印务有限公司	
开　　本：710mm×1000mm　1/16	
印　　张：20	
字　　数：385 千字	
版　　次：2019 年 4 月第 1 版第 1 次印刷　2022 年 3 月第 1 版第 6 次印刷	
定　　价：42.00 元	

本书若有印装质量问题，请向出版社营销中心调换
全国免费服务热线：400-6679-118　　竭诚为您服务
版权所有　侵权必究

【序言】

在中国历代的开国皇帝中，明太祖朱元璋是最典型的草根皇帝，他的身世比做亭长的汉高祖刘邦、十六国时期后赵卖身为奴的皇帝石勒还要悲惨。

朱元璋祖上几代都以务农为生，而且身处赋税繁重的地区，一年辛劳下来，不仅挣不到钱，还欠下了不少官税。所以，从他曾祖父起，几代人都成了拖欠税款者。为了躲避债务，朱家在淮河流域四处迁徙，居无定所。朱元璋在兄弟姐妹中排行最小，但也经历了各种苦难。为了生存，他从小就给村里的地主放牛。但这样的日子也没能过多久，濠州（治所在今安徽凤阳县）先是发生旱灾，次年春天又发生了严重的蝗灾和瘟疫，不到半个月，朱元璋的父亲、大哥和母亲先后去世，而家里穷得连块埋葬亲人的土地也没有，无奈之下，他只得借地葬亲。之后，走投无路的他出家做了和尚，本以为这是一个可以让他活下去的好去处，结果他刚做小沙弥不久，寺里的粮食也快吃完了，他只得出去化缘（即行乞要饭），好几次差点儿饿死、冻死。这个饱经磨难的少年，对统治者和剥削阶级充满了敌意和仇恨，却找不到别的出路，他托钵流浪3年后又回到寺里继续诵经念佛。

时值群雄并起，天下纷乱，朱元璋儿时的玩伴汤和力邀其加入郭子兴的队伍，这让从小就对王朝更迭、天下易主之事兴趣浓厚的朱元璋心里骚动起来。加入红巾军后，他机智灵活、作战勇敢，很快赢得了郭子兴的赏识。这使他开始憧憬自己的未来，希望有朝一日也能做个一方之主。但毫无根基的他只能在夹缝中暗生潜长，他借助郭子兴的地方武装力量及众多饱学之士的智慧，一步步壮大自己。

由于元末民族矛盾和阶级矛盾日益激化，斗争形势也越来越复杂，朱元璋一时难以分清敌我及把控斗争方向。郭子兴去世后，他自立门户，性格开始变得酷辣起来。为了踢开前进路上的绊脚石，他在斗争方向上，没有像其他起义军那样把矛头直接对准元朝统治者，而是采纳谋士们的建议——先弱后强（无论是元朝势力还是起义的地方武装），首先对付张士诚，将张士诚的大部分地盘收入囊中后，再去对付陈友谅。这一期间，各地起义军一直在与元军作战，各方都消耗了不少力量。朱元璋则采用"高筑墙，广积粮，缓称王"之策，打着小明王的旗号，迅速扩张自己的势力，先以鄱阳湖水战灭了陈友谅，又发动平江战役铲除了张士诚。这时他已经有了足够的实力做一方之主，于是就把小明王一脚踢开（沉入长江），自立为王。手握天下最大的地方武装力量，朱元璋信心百倍，决定向元朝统治者宣战，而这时的元王朝就像一匹快要累死的老马，用力一推，就轰然倒下了。元末20多年的战乱局面至此宣告结束。

明朝建立后，朱元璋鼓励农业生产，兴修水利；改革税制，藏富于民；倡导勤政节约，严惩贪腐；重开科举，恢复汉唐传统，为明朝前期的繁荣安定局面打下了坚实的基础。不过，他仍沿袭了过去宗法式的中央集权制，"家天下"的理念在他脑海中根深蒂固，使国家政体从内宫、外朝、军兵、司法全都遵从他个人的意志，中央与地方的关系变成了主人与仆从的关系，为后来地方与中央对抗埋下了隐患。

到了晚年，朱元璋在权力、金钱、欲望与人性的交织纠缠中，表现出十分明显的双重人格。这主要表现在：他仁政爱民，礼贤下士，广纳人才，具有感同身受的同情心，处处推己及人，愿意回馈社会，全力为老百姓做好事；同时他又秉承"明主治吏不治民"的法治思想，治吏手段极其酷烈，滥杀功臣，使整个官僚阶层噤若寒蝉。他施行严刑峻法，六亲不认，屠戮亲信宗族；为了倡导勤俭之风，他和马皇后以身作则，节衣缩食，对于贪腐者，无论为官为民都毫不留情。他努力追求和探索创业守业、圣君治国之道，广开言路，知人善任，且不计前嫌；同时他又排斥异己，高度集权，独断专行。他形象地把功臣们比作棘杖上的刺，因而必欲除之，以保大明江山永固，朱家子孙永享君临天下的最高权力。"用重典治乱世"使他的明主圣君形象严重受损，史学家赵翼评价其"残忍实千古所未有"，说他是"圣贤、豪杰、盗贼之性，实兼而有之者也"。

总的来说，朱元璋既有历代封建帝王的共性，又有一张独特的面孔。他在中国历史上留下的传奇故事最多，争议也最大。本书既不演绎传奇故事，也不想得出什么结论，而是希望以丰富翔实的史料为依据，揭示虚浮华丽辞藻掩盖下的真相，通过客观讲述朱元璋的人生经历，以及他的军事素养、政治素质、性格形成与变化，表现他的性格、命运、心态及处世法则，使读者领略一个勤政爱民、夙兴夜寐又猜忌心极重、杀戮成性的矛盾复杂多面的帝王形象，从历史的兴衰演变中体会生存发展的智慧，从英雄人物的成败得失中感悟人生的真谛。

　　本书在编辑的过程中，得到了林学华、张慧丹、林春姣、李小美、曹阳、庞欢、张丽荣、孙长胜、李泽民、龚四国、林红姣、向丽、曹驰、曹琨、林望姣、王凯军、林双兰、曹霞、李本国、林华姣、李鹏、林丽姣、陈艳、吴露、陈胜、陈艳威、林喆远、翟晓斐、刘艳、刘屹松、丁艳丽、孔志明、梁晓丹、王志利、赵艳霞、张杨玲、陈怡祥、林中华、曹茜等不少同人的支持和帮助，在此特表示深切的谢意。

目 录
Contents

第一章　潜龙在渊多磨难 / 1
　　一、虚幻的"贵人"光环 / 1
　　二、天生叛逆的放牛娃 / 7
　　三、借地葬双亲 / 11
　　四、修行与谋生可以兼得 / 15

第二章　初出茅庐见真功 / 22
　　一、投奔红巾军 / 22
　　二、打造自己的好名声 / 28
　　三、喜得贤内助 / 34

第三章　群英荟萃展雄心 / 43
　　一、再下淮西 / 43
　　二、得谋士聚英才 / 49
　　三、能进亦可退 / 55

四、南取和州 / 59

第四章　大举义师伐无道 / 64

一、倾力打造仁义之师 / 64

二、军权之争 / 70

三、孙德崖计败身亡 / 75

四、打过长江去 / 79

第五章　挥师东进初奏凯 / 84

一、经略太平路 / 84

二、阳谋与阴谋 / 89

三、应天开府 / 94

四、与张士诚交恶 / 98

第六章　千帆竞发克江南 / 105

一、西截南堵，蚕食"大周" / 105

二、巧施离间计 / 110

三、高筑墙，广积粮，缓称王 / 115

四、双管齐下，巩固根据地 / 120

第七章　招贤纳士得奇谋 / 126

一、得谋士，如虎添翼 / 126

二、从"避强打弱"到"打强防弱" / 133

三、龙江之战 / 138

四、吊民伐罪，纳顺招降 / 143

第八章　双雄争锋鄱阳湖 / 150

　　一、软硬兼施平叛乱 / 150
　　二、挥泪杀反臣 / 154
　　三、洪都保卫战 / 159
　　四、鄱阳湖生死对决 / 163

第九章　东征西讨奠国基 / 172

　　一、亲征武昌 / 172
　　二、征讨张士诚 / 179
　　三、计除小明王 / 186
　　四、扫平浙东与福建 / 191

第十章　开基制典兴百业 / 197

　　一、大举北伐 / 197
　　二、大明朝开基 / 204
　　三、解决民生大事 / 210
　　四、建体制，立法典 / 216
　　五、教化以正万民 / 219

第十一章　肃清残敌赏功勋 / 225

　　一、清扫残余势力 / 225
　　二、大赏开国勋臣 / 231

三、消灭夏政权 / 236

第十二章　强力集权固根本 / 243

一、整治后宫 / 243
二、弱枝叶而强本干 / 247
三、诸王守边与改革兵制 / 256
四、设立锦衣卫 / 261

第十三章　铁腕反腐出奇招 / 265

一、雷霆手段治贪腐 / 265
二、反贪腐不分官民 / 270
三、把反贪制度化长期化 / 275

第十四章　消除隐患诛功臣 / 280

一、彻底肃清胡党 / 280
二、清理棘杖上的刺条 / 284
三、莫名其妙的"文字狱" / 295

第十五章　江山不管兴亡事 / 300

一、选定接班人 / 300
二、了却君王事 / 304

第一章　潜龙在渊多磨难

一、虚幻的"贵人"光环

元朝致和元年（1328年）七月，泰定皇帝①病死在上都（今内蒙古锡林郭勒盟正蓝旗境内），留守上都的佥枢密院事燕铁木儿和西安王阿剌忒纳失里发动了军事政变，谋立武宗海山②之子为帝，以报答当年武宗的知遇之恩。但当时武宗的两个儿子都不在大都（今北京，元都城之一），长子周王和世㻋③在大西北，次子怀王图帖睦尔④在江陵（今湖北荆州）。燕铁木儿认为和世㻋远在漠北，不能马上到来，担心时间一长，宫中发生变故，便派人到江陵去迎接图帖睦尔。

王室宗亲里有人对此颇为不满：如果说立武宗之子才是正统，那么也应该立长子和世㻋，而不是图帖睦尔。泰定皇帝的拥护者梁王王禅、丞相倒剌沙等人也认为这是乱了祖宗法度，于是在上都抢先拥立泰定皇帝的小儿子阿速吉八⑤，是为天顺帝。

---

① 泰定皇帝：即也孙铁木儿，忽必烈的曾孙元朝第六位皇帝，蒙古帝国第十任大汗，1323—1328年在位。

② 武宗海山：元朝第三位皇帝，蒙古帝国第七任大汗，1307—1311年在位。他是元世祖忽必烈的曾孙、成宗铁穆耳之侄。

③ 和世㻋：即元明宗，元武宗长子，元文宗之兄。仁宗时封为周王。元朝第九位皇帝，蒙古帝国第十三任大汗，在位仅半年时间，庙号明宗。

④ 图帖睦尔：即元文宗，元武宗次子，明宗弟。泰定帝即位后封为怀王。元朝第八位皇帝，蒙古帝国第十二任大汗。两次在位，共在位4年。

⑤ 阿速吉八：元泰定帝太子，致和元年，泰定帝死，被丞相倒剌沙拥立为帝，改元天顺，年甫9岁，史称幼主。元朝第七位皇帝，蒙古帝国第十一任大汗。

图帖睦尔八月底到达大都,在燕铁木儿等人的鼓动下,他于九月在大明殿即帝位,史称文宗,改元天历。

紧接着,一场宗室激战开始了。上都以天顺帝的名义发兵攻打大都的忤逆者,而燕铁木儿等人则以文宗的名义平叛,史称"两都之战"。结果文宗一派获胜,天顺帝被赶下台,不知所踪。

文宗图帖睦尔虽然坐上了皇位,内心却深感不安,因为他事先声明是代兄长和世㻋做几天皇帝,而兄长不久就要回来了,这个位子是让还是不让呢?他经过一番内心挣扎,决定先做出让位的姿态,然后再做长远打算。于是,他特地下诏,信誓旦旦地保证:"谨俟大兄之至,以遂朕固让之心。"并让燕铁木儿带上皇帝宝玺去迎接和世㻋。

第二年正月,和世㻋率属官和亲眷到达和林(今蒙古国哈尔和林),并在行宫当仁不让地即皇帝位,是为明宗。四月初,燕铁木儿抵达和世㻋所在地,率百官献上玉玺,并陪同和世㻋返大都。同时宣布册立图帖睦尔为皇太子。

八月一日,明宗先期到达中都王忽察都(即旺忽义,今河北张北县北)。第二天,图帖睦尔赶来行营入见,明宗盛宴招待弟弟和诸王大臣,觥筹交错,笑语喧哗,兄弟两人各叙别情,亲密无间。不知过了多久,明宗感觉喝多了,回到寝帐便沉沉睡去,结果再也没有醒过来。八月六日,在皇位上坐了不满7个月、年仅29岁的明宗被宣告暴病身亡。皇后八不沙看着七窍流血而死的明宗,不知所措,忙派侍女去报告皇太子图帖睦尔。图帖睦尔赶紧入营帐,"哭尽哀"。明宗驾崩没两天,燕铁木儿宣称自己接到了明宗皇后的诏令,"奉皇帝宝玺"给图帖睦尔。八月十五日,图帖睦尔在上都大安阁重登帝位。

历史有时就是这般巧合,在大元王朝宗亲同室操戈的同时,大元王朝的掘墓人诞生了,此人就是明太祖朱元璋。《周易·象辞》有言:"大哉乾元,万物资始,乃统天。云行雨施,品物流形。大明终始,六位时成,时乘六龙以御天。"至元八年(1271年),忽必烈取意"大哉乾元"改国号为"大元";而下一句"大明终始",则被朱元璋选来做了后继朝代的国号，即为"大明"。历史似乎早有预兆。

天历元年（1328年）九月，秋收正忙，十八日这天，在濠州钟离（今安徽凤阳东北）东乡的一个贫困村庄，身怀有孕的陈二娘还在稻场上帮孙姓地主晒稻谷。这年年景不好，晚稻收成也不好，孙地主只叫了三五个短工来干这些活。陈二娘的丈夫叫朱五四，也在孙地主家做长工。他刚过47岁，已经被生活折磨得完全像个老头了，蓬乱的头发已经花白，黝黑的脸上布满刀刻一般的皱纹。那微微上翘的厚唇，给人一种和蔼、淳朴而刚毅的印象。

一大早，朱五四在下地干活之前特意叮嘱陈二娘："若是犯困了就去旁边的二郎庙歇歇。"陈二娘和另两个农妇很快就将堆在稻场上的谷子摊开，然后用竹耙把上面的谷草清除干净。活忙完后，陈二娘还真犯困了。二郎庙离稻场不过三百来步，但她不想去那儿，便在稻场的草垛上躺下来，不一会儿便迷迷糊糊地睡着了。这时，从西方走来一位道士，他头戴七星宝冠，目光炯炯，一脸长髯随着那藏青色的道袍飘动着，怀抱一柄拂尘，颇有几分仙风道骨。道士走近陈二娘，盘膝坐下，从怀里摸出一个葫芦瓶，倒出一粒亮闪闪的金色药丸。陈二娘正疑惑不已，道士说话了："贫道受天神所托，专程给夫人送来一粒神丹。"陈二娘忙问："神丹对一个贫苦的农妇有何用？"道士说："夫人身怀六甲，服下此丹，不仅可催生顺产，而且生子必富贵至极。"陈二娘心想，我已经生过三子二女，生哪个不是像母鸡下蛋一样容易，何须服催生金丹，但若是能保孩子富贵，倒是可以一试。于是她半信半疑地将金丹服下。这段故事被记录在《明史》中：朱元璋的母亲刚怀孕时，曾经做了一个梦，梦中有个神仙给了她一粒仙药，放在手中闪闪发光，她服下仙丹，随后从梦中惊醒，但是仍满口余香。

很快，陈二娘被一阵嘈杂声惊醒。她睁眼一看，那个道士早不见了踪影，方知是黄粱一梦。眼看天要下雨了，人们忙着将晾晒的谷子收起来，由于陈二娘睡得正香，大家都不忍心叫醒她。陈二娘心里过意不去，连忙操起笤帚扫起来。她一边干活，一边想着刚才的梦。她把这件怪事讲给两个农妇听，但她们谁都不相信。

大家正说着闲话，突然，陈二娘腹中一阵剧痛，她知道孩子就要降生了，此时归家已来不及，她忙咬紧牙关，忍着剧痛，三步并作两步赶到村西边的二郎庙里，反正她家的茅草房子比这庙好不了多少。那两个农妇见陈二娘要生了，赶紧放下手头的活，到庙里去帮忙。陈二娘以为这个孩子也会像以往那样顺利生产，没想到折腾了一个多时辰，孩子就是不肯出来。这时，外面下起了大雨，电闪雷鸣，凉风飕飕。陈二娘又饿又冷，直打寒战，一个农妇到庙旁帮她抱来几捆稻草。又过了一会儿，这场极为常见的雷阵雨停了，西边天空挂上了一道彩虹，亮丽夺目，这在秋天比较少见。雨停后不久，庙里便传出了婴儿的啼哭声。这个婴儿就是大明王朝的开国皇帝朱元璋，也叫朱重八。

朱元璋的祖上原本是沛国相县人氏，元朝初年，迁居集庆路句容（今江苏省句容市），属于淘金户籍，按规定应该为官府淘金纳税。但句容并不出产黄金，朱家要到别处买金向官府交纳赋税。朱元璋的曾祖父朱四九为官府赋役所困，便舍弃田庐，带着几个孩子迁到淮安路泗州盱眙县（今江苏盱眙县）。他在盱眙曾经购置田产，但他死后家境日益败落，竟无法谋生。因此，朱元璋的祖父朱初一带着两个儿子朱五一、朱五四流落到五河（今安徽蚌埠五河县）。

不久，朱五一带着全家迁到濠州钟离县东乡落户；朱五四一家先是流落到灵璧、虹县（今安徽泗县），后来也追随朱五一到了钟离县东乡。朱五一娶刘氏，朱五四娶陈氏。从朱五四往上数，朱家三代都是开荒种地的农民，到了他这一代，竟成了没有半分耕地的赤贫农民。朱五四没有上过学，不识字，他的大名还是后来别人替他取的，叫朱世珍。按元代习俗，平民百姓一般不起名和字，只是用行辈加上父母年龄合算的数目或用出生年月、兄弟排行等作为称呼。朱家几代人都是这样取名的。朱五四的曾祖父名叫朱百六，生有两子，长子叫四五，次子叫四九。朱四九生有四子，分别取名初一、初二、初五、初十。初一生有两子，长子叫五一，次子就是朱五四。由于朱五一已生有四个儿子，分别叫重一、重二、重三、重五，朱五四自己也有三个儿子，分别叫重四、重六和重七。这个新出生的儿子排行第八，于是取名朱重八。

40年后，朱重八成为大明皇帝，他的出生故事也随之被演绎得越来越神奇，甚至被写进正史。皇帝就是真龙天子，于是，一些有"后见之明"的人便忙于围绕这位皇帝编造传奇故事。此前的陈氏梦中吃仙药很可能也是后人编造的。而有关"真龙天子"降生时的灵异现象大致有两种说法。

一种说法是，朱元璋诞生的那天夜里，二郎庙顶上一片红光，左邻右舍都以为二郎庙失火了，纷纷跑来救火，结果却是虚惊一场。《龙兴慈记》中说，朱元璋出生后，因为庙里没有水，被抱到河里洗浴，忽然从远处漂来一方红罗，他母亲就用这方红罗做了婴儿的褓褥。

另一种说法是，朱元璋刚出生时，在小白寺（二郎庙）上空出现了一道划破长空的红光。元朝地方官见天现异象，怀疑此地可能有造反之人临世，就派了一队士兵前来捉拿。士兵们来到小白寺中，看到了凄惨的一幕：一个衣衫褴褛的农妇，生下了一个骨瘦如柴的婴儿。这个婴儿似乎很懂事，不哭也不闹。几个士兵刚闯进去，那个婴儿就哇哇大哭起来，接着冒出一大群马蜂团团围住这些士兵。在马蜂的突然袭击下，士兵们捂着脑袋仓皇逃出。原来，在朱元璋出生的那间破屋的角落里，有一个硕大的马蜂窝，那么多士兵冲进来，马蜂感到安全受到了威胁，于是便群起而攻之。带队的首领说："一个穷要饭的成不了气候，我们再去别处查查。"就在这时，一个探子来报，离小白寺不远的康家营也出生了一个小孩，而且这个康姓人家是个大户，极可能成为祸根。于是，士兵奔康家营而去。结果，朱元璋逃过一劫，而康家的孩子则被杀掉了。

种种祥兆只是后人的追述，事实远没有那么美好。被称为"天生龙种"的朱元璋出生后，并未给朱五四一家带来什么好运，因为又添了一张吃饭的嘴，反倒是忧愁多于欢乐。也许是先天营养不良的缘故，朱元璋刚出生就体弱多病，三四天了还不会吃奶，肚子发胀，日夜不停地啼哭。朱五四急得团团转，四处求医，但始终没有好转。

这天夜里，朱五四做了一个梦，梦见孩子快不行了，于是抱着孩子去寺里求佛祖搭救。不知为何，寺里一个和尚都找不到，他只好又把孩子抱回家，刚到家便发现自家屋檐下坐着一个和尚。原来，陈二娘见用了不少法子也没能让孩子的病好转，于是就去找皇觉寺的主持了空法师，据说了空法师不仅治病有方，而且还会看相。面对夫妻二人殷殷期盼的目光，了空法师说："不要急，到半夜子时，孩子会吃奶就好了。"说完便在地上闭目打坐，敲着木鱼，念念有词。半夜里，朱五四突然被一阵清脆的婴儿哭声惊醒，睁眼一看，孩子正躺在母亲怀里吃奶。朱五四大喜道："了空法师真是料事如神啊！"陈二娘说："我去皇觉寺求了空大师时，曾在佛前许愿，若能治好孩子的病，就让孩子长大以后做和尚。"朱五四夫妇都认为这个孩子将来多半是要当和尚了。

朱元璋2岁多时还不会说话，无论父母怎么教，他就是不愿意学说话，而且很调皮，非常机灵，陈二娘给他留个小铁铲式的发型，他撒泼非要跟和尚学，将头发剃光。这让陈二娘更加坚信这个孩子将会出家。

不过，陈二娘并没有因此放弃对朱元璋的教育，经常给儿子讲他外公抗元的故事。五六十年前，朱元璋的外公曾在宋朝大将张世杰[①]部下当过亲兵。南宋败亡，张世杰与陆秀夫[②]保护着宋朝小皇帝逃到崖山。元兵继续猛攻，宋军大败，陆秀夫仗剑令自己的妻子儿女跳下大海，随后背着6岁的南宋末代小皇帝跳海而死。张世杰则保护着杨太后乘船突围，以图东山再起，不料4天后遭遇飓风，海船沉没，张世杰等人都被淹死。朱元璋的外公在激战中被打落海中，后来奇迹般地获救，并历尽千辛万苦逃回老家，此后他避居乡间，靠巫术、卖卜、看风水为生。

故事中的忠君报国思想及反抗压迫的观念，恐怕是对儿时的朱元璋

[①] 张世杰：宋末抗元名将，涿州范阳（今河北涿州）人。与陆秀夫、文天祥并称"宋末三杰"。先后拥立南宋二帝，誓不降元，最终兵败崖山，因飓风毁船，溺死于平章山下。

[②] 陆秀夫：字君实，楚州盐城（今江苏建湖）人。南宋左丞相，"宋末三杰"之一。崖山海战兵败后，他背着卫王赵昺赴海而死。

最好的启蒙教育了。

二、天生叛逆的放牛娃

朱元璋出生时，他的大姐已经嫁给了盱眙县太平乡段家庄的王七一，二人结婚后尚未生子，便因病相继而亡，王家也就此绝户。朱元璋五六岁时，家里还有三个哥哥、一个姐姐。大哥重四年纪已大，好歹娶上了媳妇，但老二重六和老三重七却难望成家，万般无奈之下，他们只好入赘给人家做养老女婿。这样虽然委身于别人的屋檐下，地位低下，但至少有口饭吃。

朱五四想，养活一个孩子如此困难，即便养大了，也没什么好出路，不如把重八送到皇觉寺去做和尚，混口饭吃，反正他与佛有缘。但陈二娘却舍不得小儿子这么小就离家，可是不出家，又没钱送孩子上学，怎么办呢？陈二娘想到一个折中的办法，把朱元璋送到皇觉寺，让他拜寺里的老和尚高彬为师，读点经书，高彬和尚很爽快地答应了。朱元璋从外表看并不俊俏，身上总是脏兮兮的，但脑袋挺聪明，两年时间就学会了不少佛经。这是朱元璋童年所接受的文化启蒙教育。

元顺帝至元三年（1337年），朱元璋9岁了。朱五四因租种的土地被佃主夺回，被迫将家迁到钟离县（今安徽凤阳）西乡，朱元璋也随家人同去。这个地方的土地贫瘠，即使辛勤地施肥、灌溉，朱五四辛苦一年，交完租子也剩不下多少粮食，根本无法维持一家人的生活。无奈之下，他再次搬家到太平乡孤庄村，给一个叫刘德的地主做佃户。

朱家要粮没粮，要种子没种子，要牛没牛，甚至连栖身之处也没有，一切都得仰赖主人。这种佃农和长工的地位差不多，除了农副业劳动外，还兼做杂务。地主可以私设刑堂，对佃户任意拷打凌虐，即使折磨致死，也无须偿命，只处以杖刑，并赔点烧埋银便可了事。有的地方，地主杀人犯法，还强迫佃户替自己抵命。佃户承租土地，除了交纳沉重的地租，还要承担许多义务。男人为主人种地，女人为主人做杂活，孩子为主人砍柴放牛，甚至红白喜事也要去听候指派，有时甚至要穿上孝衣充当孝子。已满10岁的朱元璋负责给刘地主放牛。他住在一间冬凉夏热、四面通风、处处透光的破茅草屋里，早出晚归，并不觉得辛苦。放牛的时候，他把牛往草地上一放，让牛随意吃草、顶角，他则和一起放牛的伙伴们随意玩耍，玩摔跤、娶亲、猫捉老鼠等游戏。

一天，江浙名士刘伯温为寻龙脉、望天子气，一路寻到了凤阳一带，见当地居民为人豪爽，做事干练，谈吐不俗，心里非常高兴。他运用奇门斗数知识来推断，当地将有非同凡响的人物出现。走到九山下时，他远远望见前方有一团红光升起，正是他渴望已久的天子气，走近一看，这团红光是从一个放牛娃身上发出的。这个放牛娃正在草地上睡觉，只见他四肢张开，形如"大"字，而他头下枕着一根赶牛的竹竿，正好合成个"天"字。刘伯温走上前去推推这个孩子，想叫醒他，谁知这个孩子一侧身，将竹竿移到腰间，用胳膊抱着头继续睡觉，正好像个"子"字。刘伯温一怔：此人不正是未来的天子吗？他慌忙将这个放牛娃叫醒，一问姓名，方知他叫朱重八。这一面之缘，让刘伯温记下了他的相貌特征，并时常关注这个放牛娃。

放牛时间长了，朱元璋结识了不少放牛娃，经常一起玩"当皇帝"的游戏。一个人坐在一块高高的石头上，其他人在下面文武两厢列队，俯首称臣，高呼万岁。他们很喜欢玩这个游戏，但玩的过程中总会出现一些怪事，当朱元璋在下面喊"万岁"时，那个坐在石头上的人经常无缘无故地摔下来，次数多了就没人愿意当皇帝了，宁愿在下面扮大臣，朱元璋就顺理成章地当上了"小皇帝"。

汤和是朱元璋少年时期的玩伴，他于泰定三年（1326年）出生在濠州钟离孤庄村的一个贫苦农家，与朱元璋不仅同县，而且同在这个孤庄村长大。玩游戏时，朱元璋总是头戴一顶由树枝和稻草编成的"皇冠"，站在小土丘上，汤和与其他孩子在平地上分主次站定，对着朱元璋山呼万岁。朱元璋仿佛理所应当似的，给这些小伙伴加官晋爵，他封汤和为大将军，在玩打仗游戏时，汤和总是喜欢统率群童，练习"骑马射箭"和"冲锋陷阵"。

放牛娃们虽说玩起来很高兴，但也常为饥饿苦恼，所以更多时候他们会干点挖野菜、摘野果、用破瓦罐煮豆子之类的"正事"。

朱元璋的东家刘地主是个苛刻凶狠的家伙，每年庄稼还没成熟时，他就在地里转来转去，准备收租。名义上他只拿四成，但实际往往要拿到六成或七成。偶因年景不好，佃户们交不上租谷，他就放高利贷。这样一来，朱家忙碌一年，反倒欠下他不少谷子。虽然父母对朱元璋十分偏爱，但他依旧填不饱肚子。

刘地主经常不给牧童早饭吃，说什么"猫无晚饭，狗无中饭，小放牛崽没早饭"。这使朱元璋对刻薄的东家充满了愤恨，常私下里咒骂。有一天，他的口腹之欲战胜了理智，发生了"吃牛"事件，也使他的"流民习气"初现端倪。

一天，朱元璋和汤和、徐达等人一起在山上放牛，实在饿得厉害，众人纷纷出主意，想要弄点吃的。一个说："下河抓鱼去。"另一个说："天旱得厉害，水都快干了，哪里还有鱼？"又一个说："山上有野兔，咱们上山抓去。"另一个接着说："走都快走不动了，哪有力气撵野兔。"随着一个个意见被否决，众人都低下头，不再作声了。

眼看天就要黑下来了，朱元璋说："这一回咱们杀头小牛吃吃，长这么大没吃过牛肉。"

"重八，大家天天给人家放牛，可这牛肉是什么味道，还真是不知道呢！"

"你们可是想尝尝牛肉是啥味？"

"正是！"伙伴们异口同声地说。

"只要你们听我号令，我保证让你们吃到牛肉，而且吃个过瘾。"朱元璋胸有成竹地说。

"重八，只要我们能吃到牛肉，从今往后永远尊你为皇帝，说话算话，反悔是王八蛋！"伙伴们信誓旦旦地说。

朱元璋沉默了好一会儿，突然跳起来，用放牛绳将小牛犊的前后腿捆住。一旁的周德兴见状，马上明白过来，抄起砍柴斧，当头就是一斧子。汤和、徐达等也一起围上来，七手八脚把牛皮剥了，然后拾些干柴枯枝，就地生火烤牛肉吃。

因为他们经常在野外烤其他东西吃，盐巴之类的东西都随身带着。不一会儿，牛肉就散发出令人垂涎欲滴的香味。伙伴们个个眉飞色舞，转眼就吃得只剩牛头和牛尾巴了。

一顿饱餐后，有人突然想起：少了一头牛，回去如何向主人交代？大家面面相觑，互相埋怨起来，个别胆小的甚至吓得大哭起来。

朱元璋想了一会儿，说："都别怕，主意是我出的，后果我来承担。"他让大家把牛皮和牛骨埋好，用土盖住地上的血迹，然后和伙伴们将牛头钉在山头这边的山缝里，又将牛尾巴对应着牛头钉在山头那边的山缝里，布置好这一切之后，又默默祷告了一番。后人传说他的祈祷还真的灵验了，他祈祷说："土地爷，土地爷，当我们拽牛尾、牛头时，山头里就发出两声牛叫。"之后，朱元璋亲自去试了试，当他一拽牛尾巴，山头里果然发出两声"哞哞"的牛叫；他又去拽牛头，山头里面同样发出两声"哞哞"的牛叫。

于是，朱元璋急急忙忙地跑回刘地主家，慌张地喊道："不好了，不好了！东家老爷，小黑牯钻到山里去了！"

"胡说八道！"地主"砰"的一下摔了手中的茶碗，怒道，"你个坏小子，我看你家穷苦，好心收留你来给我放牛，可曾亏待过你？肯定是你把牛弄丢了，拿这些鬼话来哄骗我！若是牛没有在山里，看我不打死你！"

"老爷息怒！那牛的确是钻到山里去了，不信您可以去看，牛头在山顶，牛尾在山脚，动一下它的尾巴，它还叫唤呢！"

"我还就不信那个邪了！这就去看，要是有半句虚言，我立马就打死你！前面带路！"

就这样，朱元璋在前面带路，刘地主和一个家丁很快来到山脚下，只见那牛尾巴在地上甩来甩去，跟活牛一样；上去扯它一下，真能听到山顶传来"哞"的一声。刘地主知道自己被骗了,但他不明白为什么会有牛叫声。他越想越气,认为朱元璋人小鬼大,留不得,当晚就把朱元璋狠狠打了一顿,赶出门去。

朱元璋做了将近 6 年的放牛郎,现在彻底变成了流浪汉。朱元璋瞒着父母在外闲荡了几个月,他原本就无拘无束,这下就更自由自在了。东村放几天牛,西庄捡几天粪,南营打几天柴,北寨推几天磨,逍遥自在地混日子。其间都是伙伴们偷偷接济他,为他提供一些食物。

这个时候,如果有人说朱元璋未来会成为皇帝,10 个人中定会有 9 个半人不相信。但他从小就有极其鲜明的个性和组织才能,环境似乎也有意无意地造就了他,使他在同龄孩子当中显得更为突出。不同的人格以不同的方式与外部世界相互作用着,就有了不同朝代的不同历史。朱元璋成年后,其处世哲学、行为模式造就了他的独特人格,于是便有了他的时代历史。

三、借地葬双亲

正所谓"故天将降大任于是人也,必先苦其心志,劳其筋骨",朱元璋很快又迎来了一个严峻考验。

元顺帝至正三年(1343 年)夏,江淮流域滴雨未下,淮河断流,庄稼都枯死了,蝗虫成灾,民不聊生。瘟疫随后在江淮流域肆虐,濠州成为重灾区。饥饿与疾病折磨着三乡四邻的贫苦农民,人们对着初升的太阳顶礼膜拜,又顶着烈日匍匐在寺庙佛祖面前祈祷,晚间则在场院筑坛布阵,捉拿扑打旱魃。直到入秋,老天才开恩,下了一场大雨。朱五四把朱元璋找回来,补种了些麦子之类可越冬的作物,又栽了些大白菜,以求度过冬荒。但村子里很多人没能挺过去,几乎每天都有人死去。

第二年开春不久,与去年截然相反,一连数月阴雨连绵,到了六月,又降了一场暴雨。很快,元顺帝收到了两个消息:第一个是黄河泛滥，沿岸山东、河南几十万人沦为难民。即使不把老百姓当人，也要防着他们造反，所以修黄河河堤就成了必要的事情；另一个是淮河沿岸发生严重瘟疫和水灾。元顺帝召集大臣们商议对策，朝臣分为两派，相互攻讦，争论不休。一方认为要赶紧修治河道，放粮拨钱赈灾；一方认为治理河道非一日之功，不能浪费钱去做无用功，不如派兵去驱散乱民，防止他们集众闹事。元顺帝听他们吵来吵去，一时没了主张。

这位元朝末代皇帝名叫妥懽帖睦尔，是元明宗的长子。他和其他皇帝相比，性格相对仁慈软弱，做事圆滑，这和他早年的不幸经历有关。

当初，元文宗图帖睦尔在燕铁木儿等人的帮助下，发动"天历之变"，害死亲哥哥元明宗夺得皇位，但他内心一直很愧疚，准备立元明宗次子懿璘质班为皇太子。然而他的这一决定使卜答失里皇后十分生气。她迁怒于元明宗的皇后八不沙，怂恿文宗将她赐死，并将元明宗的长子妥懽帖睦尔流放到朝鲜北部的一个岛上，后又安置在广西桂林。不久，卜答失里如愿以偿地让自己的长子阿剌忒纳答剌成为太子，不料阿剌忒纳答剌被立为太子的第二年就病死了，元文宗和卜答失里皇后十分伤心和恐惧，认为是元明宗的鬼魂前来索命。很快，元文宗也病倒了，病中一直在忏悔加害兄嫂之过，并于至顺三年（1332年）去世。临终前他留下遗诏，立元明宗的次子懿璘质班为帝。卜答失里皇后虽有不满，但是她还是遵从文宗的遗嘱，让刚满7岁的懿璘质班即位，是为元宁宗。卜答失里被尊为皇太后。但这个可怜的小皇帝在位仅53天便因病去世。朝中的各派势力为皇位继承进行了一番较量，最后卜答失里一派获胜。元统元年（1333年），13岁的妥懽帖睦尔突交好运，被他的婶母、太皇太后卜答失里和权臣伯颜立为皇帝，是为元顺帝。

妥懽帖睦尔在位的前7年，完全受制于太皇太后和伯颜。他没有治国理政的本领，但是不幸的遭遇却使他练就了机警圆滑的性格，适于生存，富有弹性，懂得将就妥协。

至元六年（1340年），元顺帝和伯颜的侄子脱脱联手发动政变，将伯颜和卜答失里流放。脱脱掌权后采取了缓和民族矛盾的措施，复科举取士，开马禁，减盐额，修辽、金、宋三史，颁行《至正条格》①，史称"脱脱更化"。这些宽政表明元顺帝试图通过缓和民族矛盾的方式来消除动荡，甚至想利用汉人来牵制蒙古权臣，但这些改良并没有从根本上改变不平等的民族关系，反而使不稳定因素不断滋长。

对于这次黄河决口及淮河中游的瘟疫，元廷漠然视之。中书省右丞相脱脱擅作主张，派工部尚书成遵前去勘查，成遵回来后建议不要立项，理由有二：一是工程浩大，难以完成；二是当前社会不稳定，盗贼成群，一旦盗贼与民工相互勾结，将会兴起大乱。

元廷的不作为，使成千上万的黎民百姓流离失所、弃尸荒野。太平乡孤庄村里不少人都病倒了，高热、咳嗽，眼底和皮肤下面渗出血丝血点，俗称瘟疫。这种病的传染性极强，往往是一人得病，传染全家，甚至左右邻舍。整个太平乡笼罩在死亡的恐惧之中。朱五四已经64岁了，连日来只吃糠菜、草根、树皮，使他的身体极度虚弱，瘟疫首先找上了他，没几日他便撒手人寰。接着是朱元璋的母亲、大哥和大侄儿，半个月内便死了四口人。眼看着亲人们一个个离去，17岁的朱元璋悲痛万分，忧心如焚，因为他既无钱请郎中，也无力掩埋亲人。他一边痛哭一边想：棺椁自然是置不起，连给父母兄长换一件衣服都做不到，瘟疫荒旱年景里，只能草草收殓，入土为安。可现在家徒四壁，钱无半贯，田无一垄，就连这么简单的要求也办不到。按照常理，像朱家这种佃户，主家应该给块葬地。于是，朱元璋止住哭声，擦干泪水，和二哥朱重六一起跑到地主刘德家中，跪求他发发善心，给父母兄侄恩赐一块葬身之地。

刘德见这户人家只剩一个半大的孩子支撑门户，所欠的债恐怕难以偿还了，哪能再白给一块地，而且，他还因为那头小黄牛记恨着朱元璋的刁钻不驯。因此，这个刻薄的地主将脸一板，不仅不给葬地，还把朱元璋痛骂了一顿，逼着他归还欠债。

---

① 《至正条路》元代阿吉剌所著的律法，元顺帝时修撰。——编者注

刘德的冷漠无情让朱元璋又恨又痛，痛入骨髓，终生难忘，他后来在自撰的《御制皇陵碑》中回忆道："天灾流行，眷属罹殃：皇考终于六十有四，皇妣五十有九而亡，孟兄先死，合家守丧。田主（刘）德不我顾，呼叱昂昂，既不与地，邻里惆怅……"

就在朱元璋唏嘘无奈、感叹入地无门之时，刘德之兄刘继祖可怜这对孤苦无依的小兄弟，派儿子刘英把朱元璋兄弟叫来，对他们说："刚才英儿告诉我，二爷不愿意给坟地，你们一定很为难。我已经跟英儿娘商量过，家东那片山地任你们选个地方安葬，安排后事要紧，也不要太难过了。"朱元璋兄弟千恩万谢地磕了头，心里的一块石头才落了地。

第二天，天气有些燥热，朱元璋兄弟把两扇破门板卸下，用芦席将双亲遗体卷起，再用草绳把两扇门板捆扎在一起，权充棺木，抬出安葬。中途忽然飘过一片乌云，北风骤起，霹雳闪电，风雨大作，铜钱般的雨点纷纷落下，溅起一层细土。他们急急忙忙赶到刘继祖的地界，在跨过一个沟坎时，草绳受不住力崩断了，门板跌落地上。兄弟俩正要去抬双亲遗体，但炸雷一个接一个，泥水向沟坎冲下来，渐渐堆积，很快将双亲遗体埋住。兄弟俩只好再添些土，权当安葬了。20多年后，朱元璋回想起当初草草葬埋双亲的情形，十分伤心，想重新起坟礼葬，"虑泄山川秀气，使体魄不安，益增悲戚"，于是在草葬之地修建巍峨的皇陵，这就是朱家凤阳祖皇陵。

死者已矣，生者还得想法活下去。朱重六身体羸弱，又是上门女婿，自己都是在别人家讨饭吃，肯定帮不了弟弟。大嫂新寡，还有一个幼子，也需要人照顾。他们无计可施，抱头痛哭一场，然后各奔东西。朱元璋对这段凄惨经历记忆深刻，每每忆起，心中就无比悲痛，他在《御制皇陵碑》中这样记述道："既葬之后，家道惶惶。仲兄少弱，生计不张，孟（大）嫂携幼，东归故乡。值天无雨，遗蝗腾翔，里人缺食，草木为粮。予亦何有，心惊若狂。乃与兄计，如何是常。兄云去此，各度凶荒。兄为我哭，我为兄伤。皇天白日，泣断心肠。兄弟异路,哀恸遥苍。"

四、修行与谋生可以兼得

饥荒和瘟疫继续在淮河流域横行,地里的草根、树皮都被人吃光了,村子里不断死人,但没有人埋,因为跑得动的人早逃荒去了。走投无路的朱元璋送走二哥之后,孑然一身,躲在草棚里哭了整整一宿。

第二天,隔壁的汪妈妈实在看不下去了,便和儿子汪秀成一同去劝慰朱元璋,并提醒他说:"陈二娘讲,她曾在皇觉寺许过愿,要你拜在曾经给你治过病的了空大师门下修行。现在了空人师已经圆寂,但你在高彬师傅那里念过一些佛经,说明这缘分还没有断。如今你无路可走,何不到寺里去剃度为僧,一来替父母还愿,二来也有个栖身之处。"

朱元璋觉得汪妈妈言之有理,既然这是父母的遗愿,就应该去了愿,于是决定出家为僧。九月十八日,汪妈妈和汤和、徐达等人凑了一点吃的东西,大家一起吃了一顿饱饭,算是给朱元璋过了17岁生日。九月十九日早晨,在汪秀成的陪伴下,朱元璋去了皇觉寺。

皇觉寺始建于宋朝,因金兵与元兵南下,两度遭到破坏。此时的寺院是元朝初年由一个叫僧宣的人在废墟上重建的。它坐落在钟离县太平乡东十四五里(今安徽凤阳西北),规模不是很大,但高高的台基上松柏苍郁、青瓦红墙,也算是当地一景。

九月十九日正好是观世音菩萨的出家吉日,以往这个时候,寺里总是香烟缭绕,人头攒动,但今天却十分冷清,不见一个香客,也没人诵唱《大悲咒》。寺门半掩着,朱元璋推门进去,好不容易找到一个和尚打听到主持佛性大师的住处。佛性正在侧殿内闭目冥思,朱元璋进来向他说明来意。佛性瞥了朱元璋一眼后说道:"我观施主面带戾气,似乎与佛祖无缘啊!"其实,佛性早就听说朱元璋为人顽劣,剃度他会影响寺里的清净,加上寺庙是靠田产出租获得钱粮,饥馑之年收成不好,而富有的施舍者也很少,多一个人就多一张吃饭的嘴,因此根本没打算收他。

朱元璋一听急了："师父，我是真心向佛，您就收下我吧！"

"入佛门可不是为了得到一口饭吃。以施主的品行，能守得住佛门的十大戒律吗？"佛性有些不耐烦了，正要强行撵走朱元璋，这时高彬长老走过来，对佛性悄悄耳语了几句。

"该来的总归要来。"佛性又看了朱元璋一眼，嘀咕道，"既然是老主持了空大师结的缘，那就了去吧。"随后，朱元璋被高彬领出去落了发，换上一件枣色的破旧袈裟，又来到法堂前。按照规矩，要由主持加持开"燕顶"，即在头顶上用香烧出香疤，用来表示偿清一切业障之债、永远解脱一切烦恼的决心，同时香疤也是和尚修行受戒的级分。但对朱元璋这个仪式就免了，佛性只答应让他在寺里服杂役，做"行童"。

朱元璋在寺里每日扫地、上香、打钟击鼓、挑水劈柴，整天忙得团团转，有时也会受到老和尚的斥责。有一次，他扫完了院子，又被支使去打扫殿堂，那怒目圆睁的韦驮菩萨、一脸和善的释迦老祖等大佛的灰尘还好清扫，可耳房里的一些小佛爷，排得十分紧密，扫起来碍手碍脚。朱元璋一气之下，把它们用箩筐统统拖了出来。还有一个佛像面前的蜡烛被老鼠咬坏了，师父责怪他没有管好殿堂。朱元璋心里愤愤不平，看见那些泥塑菩萨，气就不打一处来，便找了支笔在菩萨背后写上"发配三千里"几个字。此事很快传遍整个寺院，佛性要把他赶走，又是高彬长老出来说情才让他留下。

打扫神殿并不轻松，成堆的香灰纸屑、神像旮旯里的鼠屎鸟粪、神像上的蛛网浮尘……朱元璋拿着笤帚扫啊扫，拿着掸子掸啊掸，累得满头大汗，还是干不完。有时他一气之下就躺在神殿上休息，不一会儿就睡着了。传说朱元璋曾做过一个梦，梦中胡言乱语：这些鸟神仙先出去，待老子打扫干净再进来，岂不更省事！没想到那些神仙还真挪动金身，一个个出去了，待他打扫干净又一个个进来了。朱元璋睡得正香，忽听方丈一声断喝："大胆的东西，竟敢在这里偷懒耍滑！"自此以后，朱元璋不得不处处谨慎小心。

这样的日子过了近两个月,这天,主持佛性将寺里的所有僧众召集到佛堂大殿上,愁眉苦脸地宣布道:"眼下饥荒日趋严重,方圆百里饿殍遍野、生灵涂炭,佛祖见之嗟叹不已。而寺内所得施舍稀少,不足果腹,长此下去,我等只能吃糠度日。经慎重考虑,老衲迫不得已决定罢粥散僧,请诸位弟子出寺云游化缘,以解眼下之危困,望各位各自珍重。"

朱元璋才做了50天行童,尚不知法、不懂道,甚至还不会诵经、做法事,而这些都是出家人的基本功。但为了活命,他也只好踏上了行脚僧的化缘之路。化缘相当于行乞,只不过是借助出家人的名义而已。最初,他顺着淮河往下走,饿了就到沿河的村庄讨口饭吃,渴了就到淮河里捧几口水喝,困了就在河边的草地上打个盹。其间不知遭遇了多少施舍人的白眼和呵斥、恶狗的狂吠和追赶,脚上不知磨出了多少血泡,不到半个月,他实在坚持不下去了,就到泗州盱眙县明光集去投奔二姐朱佛女。

朱佛女听小弟诉说了亲人的不幸遭遇,又是悲痛又是埋怨:"晴天霹雳呀!天塌地陷了,真叫人撕心裂肺啊!……遭遇如此不测,我竟然没收到一点音讯,你怎么不捎个信来呢?"姐弟俩抱头痛哭。朱佛女的丈夫李贞从外面回来,见他们哭得一塌糊涂,问明情由,流泪劝慰道:"世道不平,老天不公啊!可心痛难过已于事无补,我们应该一起想办法,好好把日子过下去。"

李贞忠厚朴直、学行唯谨。他在青少年时期,因"盗贼窃据城府,人民播迁,不能安业",每见家乡民众广置田宅,扩家添业,他便取笑说:"现在是什么世道啊,还一心想当富家公子吗?"于是"独捐家资,椎牛置酒,会里中豪杰,为保守计"。十几年前,朱五四夫妇在金桥坎,生活十分艰辛,多亏了李贞的资助,"虽歉不荒"。李家家境殷实,而且朱李两家曾是邻居,李贞的父亲李七三与朱五四"循良相类,意气相孚","结为姻家,其来久矣"。所以,这次李贞决定把小舅子留下来。

李贞夫妇把朱元璋当贵客一样招待,使朱元璋几乎忘了自己是个行脚僧。李贞认识不少江湖人物，朱元璋吃饱喝足后就随姐夫一道出门去结交朋友，谈天说地论人道。这一带地势低平，多河流湖泊，出行往往要借助舟船。他们最远去过洪泽湖，还曾在渔家船上借宿。

一晃两个月过去了，朱元璋每天无所事事，心里觉得很过意不去，于是对姐姐说："我不能在这里白吃白住，我给你们放牛吧。"朱佛女笑道："你给刘地主家放牛的事我略有耳闻，谁还敢让你放牛呀？李家虽然有些田产，但都租给佃户了，自家根本就没有养牛。""那我总得帮你们干点活吧？"朱元璋说。"如果你一定要做事，那就教外甥保儿（李文忠）读点经书吧。"

而此时朱元璋心意已决，自己是出家人，怎么能躲在这里偷闲享乐？他对姐夫说要出门去化缘。李贞劝道："要走也可以，等过完了这个冬天再走。"无论姐姐、姐夫怎么劝，朱元璋仍决意要走，他拜别姐姐、姐夫后，掉头向西南方而去。

时值深秋，寒风瑟瑟，偶尔伴随着毛毛细雨。一天，朱元璋乞讨时，走进盱眙县与定远县交界的小山村，遇到了一位白发苍苍的老者。老者见朱元璋穿一件旧袈裟，神情疲惫，但长相奇特，气宇轩昂，眉宇间透出帝王之气。老人眯起眼睛，仔细打量眼前这个浑身湿透的小伙子后，把他带到家中，一边做饭给他吃，一边说："少年英俊，面相之贵，富有四海，乃吉人天相。"朱元璋听后调侃道："我白天行走大地，夜晚卧眠山川，这山川大地自然是我享受了。"老者听了赞叹不已，又问了朱元璋的生辰八字，惊奇道："我过去看过的人多了，他们的命都无法与你相比。你要珍重！"朱元璋苦笑道："老伯说笑了，我的相貌可不太招人待见。"老者沉吟一阵，接着赋诗一首："抬头看重山，低头见淮水。再过二十年，少年坐金殿。"

朱元璋听罢满心欢喜，信心大增。不几日，他来到定远，见路上尽是逃难的百姓，想着兴许能遇上个跟自己做伴的，交上几个朋友。他只拣繁富的地方去，穿城越村，来到了妙山。

妙山并非名山，只是一个小小的山寨而已。朱元璋听说这个寨子很富有，便想去寨里化缘。但有人告诉他，这个寨子是冯家兄弟的地盘，他们有自己的队伍守寨，叫花子是不能进去的。朱元璋有些失望，只得怅然绕寨而行。

第二年春天，朱元璋来到庐州府城，在府城边上遛了一圈，也没有遇到多大方的施主。他继续向南行进，但前路茫茫，既不知道要到哪里去，也不知道何时是尽头。入夏，他来到了巢湖边。面对浩渺烟波，似乎整个大地都浮动起来，他心里有说不出的兴奋，感到一腔热血正在沸腾。沿岸有许多以船为家的渔民，性情爽直剽悍。朱元璋很快结交了不少青年朋友，跟随他们扬帆远航，学划桨、撒网、用渔叉叉鱼。收缆归岸之后，他们还一起习练拳棒。之后，有人提醒他，要他去庐江的伏虎寺挂单①，朱元璋乖乖地去了，但因为没有度牒②，被寺里的人赶了出来。

于是，朱元璋继续向西北方行走，途经固始（今河南固始县）、光州（今河南潢川县）、息州（今河南息县）、罗山（今河南罗山县）、信阳（今河南信阳），又向北转到汝州（今河南汝州）、陈州（今河南周口市淮阳区），再东返，由鹿邑（今河南鹿邑县）、亳州（今安徽亳州），到达颍州（今安徽阜阳）一带。他的足迹几乎踏遍了豫南淮西的山山水水。这一大圈是淮河上游和大别山、桐柏山余脉延伸之处，林密草丰，山高水险，民风强悍，自古为盗贼出没之地。朱元璋踽踽独行，在重峦叠嶂中虽然无须担心强人出没，却时时担心成为虎狼的腹中之物。再行至黄淮平原，这些地区多沼泽，芦苇茂密，是萑苻③藏身的好地方。一天晚上，朱元璋找不到投宿处，只得摸黑赶路，不小心陷进了湖里。急得他大叫"救命"。危急之中，一只小舟漂来，一个中年汉子

---

① 挂单：指佛教行脚僧到寺院投宿暂住。

② 度牒：中国封建时代僧尼出家，由官府发给的身份凭证，称为"度牒"。僧尼凭此牒可免除赋税、劳役。

③ 萑苻：泽名，春秋时郑国沼泽名，据记载，那里密生芦苇，盗贼出没。后来因此指贼之巢穴或盗贼本身。

递来一根竹竿，将他拉上船来。随后两人在小船上谈了一宿，十分投缘。临别时，朱元璋问及恩人名姓，这个汉子只憨憨一笑，不肯相告。传说此人就是逃难在此的白莲教主彭莹玉。

此后，朱元璋一路跋山涉水，走州过县，遇着大户人家，便在大门口敲着木鱼，高声宣诵佛号，求来几文钱或一碗粥，好歹填饱肚子，夜间便投宿寺庙或礼佛向善的农家。行乞的路途上，他不知多少回遇见倒毙在路边无人收拾的尸体，烈日下，蚊蝇围绕着这些饿死或是病死的人，似乎是在向活着的人宣告"人"是多么卑微的物种。

朱元璋后来形容他这段苦行僧的生活说："众各为计，云水飘扬。我何作为，百无所长。依亲自辱，仰天茫茫。既非可倚，侣影相将。突朝烟而急进，暮投古寺以趋跄。仰穹崖崔嵬而倚碧，听猿啼夜月而凄凉。魂悠悠而觅父母无有，志落魄而徜徉。西风鹤唳，俄淅沥以飞霜。身如蓬逐风而不止，心滚滚乎沸汤。"如此惶急狼狈的样子，足以表明他的凄清与孤苦。

但是，游乞的3年，是朱元璋从一个懵懂少年成长为一个成熟青年的过渡期，也是个人的生理、心理全面定型的时期。朱元璋远大的理想、超凡的能力、怪异的脾气，正是在这3年的游乞生活中造就的。灾难的惨痛、富人的冷酷、穷人的慈善，都在他心里打上了深深的烙印，使他一辈子也没能忘怀。灾难锻铸了他、培养了他，使他过早地成熟起来。他熟知了许多地方的风土人情，记住了那一带的山川地理。可以说，正是乞讨生涯造就了朱元璋，助他成就了日后的辉煌事业。

至正七年（1347年）秋，汝、颍一带年景不好。朱元璋听人说家乡已经度过了灾荒，好多人都回到了故里，于是也打道回寺。此时的他已经由一个孱弱的孩子变成了一个19岁的粗壮汉子，当他出现在皇觉寺门口的时候，寺里的大小师傅们都悲喜交加，高彬长老以及早到的几个师兄都对他表示了热烈的欢迎。因寺庙遭到多次洗劫，只剩珈蓝殿保存完好，这天晚上，朱元璋露宿寺庙门口的侧门门洞里，他辗转反侧，兴致突发，题诗云：

> 天为罗帐地为毯，
> 日月星辰伴我眠。
> 夜寒不敢长伸足，
> 恐怕踏破海底天。

这番豪言壮语正是他对行乞生活的总结。走过万里路的朱元璋，清醒地认识到自己的不足，开始了疯狂的学习。一般人是"先读万卷书，后行万里路"，而他是"先行万里路，后读万卷书"，"复入皇觉寺，始知立志勤学"。

宋元时期就有人高唱三教合一，受这种思潮的影响，三教大师们往往以触通儒、佛、道三家的学问相标榜，所以佛寺也藏有儒、道之书，和尚们也读《道德经》《论语》《孟子》等，如士大夫研习佛老一样。这样，佛堂实际上成了一所学校。朱元璋因此得以在识字读经之余，向师父请教其他知识。佛寺还是人们求签问卜的地方，和尚们往往兼通卜筮。皇觉寺的签据说很灵，常常有人前来求问吉凶。朱元璋因此还学会了卜筮之法。

第二章　初出茅庐见真功

一、投奔红巾军

转眼朱元璋在皇觉寺便过了3年，至正十一年（1351年），朱元璋还在皇觉寺发奋用功，中原各地已烽烟四起。

元朝末年，政治腐败至极，民族矛盾和阶级矛盾日益尖锐激化，武装冲突一触即发，加上天灾频繁，走投无路的贫苦农民要想活命，不能不拼死杀出一条生路。元顺帝亲政后虽然任用脱脱等人，采取了一系列改革措施，以挽救元朝的统治，但他采取变钞①和起用贾鲁治河两大政策，却为元朝敲响了丧钟。

元朝廷一向严禁群众聚集，但是，这一禁令因为脱脱的私心被打破了。至正十一年（1351年）四月初四，朝廷任命贾鲁为工部尚书兼总治河防使，调集15万民夫、2万军队，投入治河工程。这本是件好事，但把几十万人聚拢起来，置于一些极度贪婪腐败的官吏督责之下，则是相当危险的。它为一些人兴风作浪创造了条件。正在筹划起义的韩山童等人听到这个消息后十分兴奋，朝廷把15万民工聚集到挑河工地上，正是他们鼓动起义的大好时机。

当时黄河南北流传着"石人一只眼，挑动黄河天下反"的民谣，

---

① 变钞：元顺帝为摆脱财政危机，于至正十一年（1351年）印行新钞"至正交钞"，同时仍使用中统交钞、至元宝钞，而三者比价不同；又新铸"至正通宝"铜钱通用，从而造成币制极其混乱，引起通货膨胀，最后到了"皆以物货相贸易。公私所积之钞，遂俱不行"的地步。

于是，韩山童等人特意凿了一个一只眼的石人，并在其后刻上"莫道石人一只眼，此物一出天下反"的文字，预埋到要挖的河道里。不久，这个独眼石人被民工挖了出来，其形象和背后刻的文字与流言十分吻合，民工们十分诧异，一时谣言四起，人们据此认为元朝已遭天谴，人心浮动。这时，韩山童又派出几百信徒四处联络，宣传天下要大乱了，弥勒佛已经降生。这事一传十，十传百，最后，江淮一带的老百姓全信了。

至正十一年（1351），韩山童、刘福通等人见时机成熟，决定发动起义。他们聚集三千余人在颍州（今安徽阜阳）颍上县斩乌牛白马，祭告天地，定下了起义的日子，并头裹红巾，号称"红巾军"。刘福通又拿来一面大旗，用血染红四角，而后用一根长杆挑起，上面写道："虎贲三千，直抵幽燕之地；龙飞九五，重开大宋之天。"

官府接到密报后，马上派兵包围了他们，韩山童被抓住杀害了，他的妻子杨氏带着儿子韩林儿逃入武安山（今江苏徐州境内）中。刘福通、杜遵道等人见势不妙，提前发动了起义。五月，刘福通、杜遵道①、罗文素、盛文郁②等率红巾军攻占颍州。起义的队伍迅速壮大，并向河南进发，一路克捷，攻下了河南东南部许多府、州、县。史料记载，贫者踊跃参加起义军，"众至十余万，元军不能御"。

颍州起义引起了连锁反应，各路豪杰振臂一呼，应者四方云集。八月，徐寿辉会同彭莹玉③、邹普胜④、倪文俊⑤等在湖北蕲州（今湖北蕲春）起义，号称西路红巾军。十月，徐寿辉在蕲水（今湖北浠水县）

---

① 杜遵道：元末大宋红巾军领导人。初为元枢密院掾史，后弃职居颍州。至正十一年与韩山童等举兵反元。十五年春建国大宋，自为丞相。

② 盛文郁：字东民，江南归德人。小明王初称帝时担任宰相。洪武三年（1370年）八月迎诏书赴南京参加庆功会，同年十一月在凌云阁遭朱元璋火害身亡。

③ 彭莹玉：元末农民起义领袖。袁州（今江西宜春）人。原是袁州慈化寺僧人，又名彭翼，又称彭和尚。

④ 邹普胜：元末农民起义将领，麻城（今属湖北）人。至正十一年（1351年）十一月，徐寿辉称帝后，被封为太师。至正二十年闰五月，陈友谅杀徐寿辉，建大汉，仍任太师。后不知所踪。

⑤ 倪文俊：沔阳（今湖北仙桃）人，号蛮子，出身渔民，跟随徐寿辉起义，任元帅。至正十七年（1357年）谋杀徐寿辉未果，后被其部将陈友谅所杀。

称皇帝,建国号为天完(一说"大宋"),年号为治平,以邹普胜为太师,倪文俊为领军元帅,陈友谅为元帅簿书椽。到至正十二年(1352年)三月,不到半年时间,长江流域的兴国路、武昌路、汉阳府、岳州路、沔阳府、中兴路,乃至安陆府和袁州路、瑞州路及饶州路、信州路、徽州路等,便插遍了徐寿辉天完皇帝的红旗。

接着,徐州(治所在今江苏徐州)芝麻李、彭大、赵均用起兵,控制了徐州近县和宿州(今安徽宿县)、五河、虹县(今安徽泗县)、丰县、沛县、灵璧,南到安丰(治所在今安徽寿县)、濠州、泗州(今安徽凤阳县)。各地纷纷响应,形成了滔天之势。芝麻李,原名李二,邳州(今江苏邳州西南萧县境内)人,颇有家财,他在灾荒饥馑之年将家中储存的一仓芝麻拿出来赈济贫民,受到百姓称道,并因此得到了芝麻李的外号。芝麻李也是白莲教教徒,放赈救济的善举使他成了当地的白莲教教首,设在他家的白莲教堂香火相当旺盛。

十二月,邓州王权(人称布王三)与张椿等人起兵,攻陷邓州(今河南邓州),进据南阳府(治所在今河南南阳境内),分兵北上,攻掠嵩州(今河南嵩县)、汝州,直下河南府府城(今河南洛阳),称为北琐红巾军。一个月以后,襄阳孟海马起兵,攻下襄阳(今湖北襄阳)以后,连下均州(今湖北均县西北)、房州(今湖北房县)、归州(今湖北秭归县南)、荆门州、陕州(今河南三门峡),控扼长江、汉水上游,称为南琐红巾军。

第二年,即至正十二年(1352年)正月十一日,定远(今安徽定远县)土豪郭子兴①联合孙德崖等人起兵,定远、钟离一带数万百姓起而响应。郭子兴聚众烧香,成为当地白莲会的首领。二月二十七日,起义军攻下濠州,郭子兴自称元帅。

此时元朝不仅统治者腐败,军队也毫无战斗力——"将家之子累世

---

① 郭子兴:濠州定远人,元末入白莲教,攻据濠州,自称元帅。江淮地区的红巾军领袖。

承袭，骄奢淫逸，自奉而已"，"但以飞觞为飞炮，酒令为军令，肉阵为军阵，讴歌为凯歌"。元朝派去镇压濠州红巾军的是元将彻里不花的三千人马，他们见起义军势大，便远远地在濠州城外几十里的地方扎营，不敢攻城，每天只派兵到附近村庄去掳掠奸淫，在城外乱抓百姓，把抓到的百姓头上系上红布说是乱民，以报功请赏。百姓为此惶惶不安。

朱元璋得知天下大乱的消息后，心想：现在起义军都打着白莲教的旗号，神仙、菩萨都受到牵连，皇觉寺已经不是安全之地，和尚也可能随时被元军当作乱民抓走，性命难保。

这天夜里，朱元璋正在挑灯夜读，突然听到有人叩击窗棂。他放下书本，走到门口，推开红漆木门，在门槛下发现了一封信。他四下张望，却不见送信人的踪影。他赶紧掩门进屋，将信打开细看。这封信是他儿时伙伴汤和写的，信中说：儿时的伙伴很多都投了红巾军，我自己也在濠州郭子兴大帅麾下做了个千户。好男儿就要当兵。你的才能远在我之上，若能到军中施展才华，将来定有飞黄腾达之日。他劝朱元璋"速从军，共成大业"。朱元璋看完信后，心里矛盾不已，来不及细想，立即把信烧了。他后来生动地记述了当时的心情，是"既忧且惧"，一时不知如何是好。几天后，朱元璋的师兄秘密告诉他，说此事被人知晓，要去向元军告发。这会给他和寺庙带来灭顶之灾，他一下子被推到了风口浪尖上，必须赶快拿定主意。

朱元璋找了一个"知者"（即智者）相商，这个"知者"让他去卜一卦。他依计行事，决定向伽蓝神讨个卦，求他指引一条生路。他拿着一只珓杯当着伽蓝神的面算一算吉凶，并发愿说，如果伽蓝大神指示他可以活着离开此地，就请大神显示二阳；如果在原地不动为好，就请大神显示一阴一阳。他接连投了两次，得到的都是双阴。大神似乎没有回答他的请示，他感到迷惑不解。这样既不能出，又不能守，莫非是让他自己起义吗？如果是这样，就请大神再出示二阴，结果，他投下去又得到二阴。朱元璋很害怕，起义造反将面临巨大的危险。他希望得到二阳,这样就可以踏踏实实地一走了之。于是他再投一次,结果仍然是双阴。他不死心,还是希望平安逃走,于是再投,不料这次弄出个不阴不阳的结果,珓杯①不仰不扣,卓然而立,天意更加扑朔迷离。朱元璋希望上天进一步帮助他下定决心,如果起义真的可以成功,就再给他两个阴。他咬咬牙,再投一次,希望出现"倡义而昌"的预测结果,果然,他又得到了双阴。他紧张而激动地喊道:"大丈夫即使死也要死得其所,死得壮烈!"他终于下定决心去投奔红巾军。

第二天,朱元璋收拾好包裹,悄悄回到孤庄村。他住过的茅草房已经不在了,四周一片荒芜。汪妈妈的家也破落不堪,空无一人。朱元璋默默地走了一圈,之后来到父母的坟头,先点了三炷香,然后一边给双亲叩头,一边禀告说:"不孝儿已经离开寺院,准备去做男子汉应该做的事情,未能了却父母夙愿,祈求二老宽恕。此去生死难卜,归期难料,不能常回来扫墓祭奠,日后若能出人头地,定当重修家庙,光耀朱家门庭。盼双亲在天之灵保佑我!"

祭拜过父母之后,朱元璋抖擞精神,直奔濠州城而去。

至正十二年(1352年)春末的一个傍晚,朱元璋身穿袈裟,来到濠州城下。此时濠州城门已经关闭,禁止行人出入。因为城外30里有元军驻扎,他们不敢攻城,只是屯营与红巾军对峙。城中红巾军的5位元帅或饮酒作乐,不思他事;或忧心忡忡,苦苦思索对策。把守城门的义军将士从早到晚不敢有丝毫懈怠,命手下严加巡查,以免元军奸细混入城内。所以濠州城上下哨兵林立,剑拔弩张,气氛非常紧张。朱元璋在城下不停地叫嚷要投奔郭子兴元帅。这时,一支红巾军巡逻队走过来,将朱元璋扭住。他们发现这个和尚身材魁梧健壮,但相貌奇丑:一张黑脸上长着许多麻子;下巴前翘,比上颚要高出一寸多;额头也是向前凸出,上下凸,中间凹,鼻子又长又阔,加上一对招风大耳,乍一看,整个脸庞恰像是一个横摆着的"山"字;光秃的头顶上有一块奇

---

① 珓杯:也作杯珓,以蚌壳、竹、木片等做成的占卜用具,通常为一对。——编者注

骨隆起，恰似一座小山丘；粗眉毛，大眼睛炯炯生光。他话语不多还挺倔，与巡逻队三言两语就吵了起来。巡逻队的头目怀疑他是元军派来的奸细，不由分说就下令把他捆绑起来，准备请令问斩。

朱元璋挣扎着分辩道："你等为何绑我，我是来投军的！"

那头目指着朱元璋骂道："你这秃驴，看你这鬼头鬼脑的模样，就知道你是元军的探子！剃光了头发也还是蒙古人，想混进城去，休想！"众人不由分说，将朱元璋拖到城墙下的一个木桩旁，牢牢绑在上面，等候元帅下令。郭子兴得到奏报时，正在思考解困之策，但苦于无策，便准备出去散心。他骑一快马飞奔至城门，看见一个相貌奇怪的人，虽然被五花大绑，却毫不畏惧，神情自若，看上去浑身是胆的模样。郭子兴打心眼里喜欢，故意下令道："我看像奸细，推出城外斩了！"

几个士兵听了，押着朱元璋往城外走。朱元璋昂首挺胸，透出一股威严与沉着。他一边走一边骂："这是什么红巾军，完全是不讲道理的土匪、强盗！在这样的队伍里当兵，还不是祸害百姓！"

郭子兴叫来一个亲兵，对他耳语一句，然后登上城头。朱元璋还在骂个不停："请转告郭子兴那糊涂蛋，我诚心来投军，他却真假不辨，忠奸不分。像他这样滥杀无辜的人，能成就一番大业吗？能不寒了天下壮士的心吗？"

朱元璋骂得正起劲，亲兵跑过来，将他带到城墙上的一个中年将领面前。将领问他："你叫什么名字？"朱元璋答道："小僧叫朱重八。""你为何要来投军？""小僧得到珈蓝神的指点，到濠州来投奔郭元帅，以成就一番大业。"朱元璋不卑不亢地答道。"你一个出家人，应该潜心修法，怎么对世俗之事这般热心？你就不怕被元军砍了脑袋吗？"朱元璋说："小僧原本是静心修行的，只是如今官逼民反，天下大乱，哪里还有一块清修之地？谁又能心静如水一心念佛呢？百姓已是走投无路，人心思变，当此之时，真正的男子汉大丈夫当以天下为己任，岂可苟且偷生！"

郭子兴经过一番考察，料定眼前这个人绝非等闲之辈，他那奇异的相貌、如钟磬的声音,都显现出他的将帅之气。郭子兴毕竟是相师的儿子,这点相面的技巧还是有的。他一边称赞朱元璋说得好,一边亲自给他松绑。这时,汤和跑了过来,对朱元璋说:"重八,你终究还是来了。郭元帅亲自给你松绑,还不快点谢恩!"

朱元璋得知面前之人就是郭子兴,忙跪拜道:"多谢郭元帅!请收小僧为麾下马前卒。"

"小兄弟,真是对不起,让你受委屈了。"郭子兴扶起朱元璋,下令将他编入亲兵营。就这样,时年25岁的朱元璋正式和过去的生活告别,开始了他那波澜壮阔的奋斗生涯。

二、打造自己的好名声

郭子兴祖籍山东曹州（今山东菏泽）,他的父亲郭公年轻时以卜者的身份周游定远（今安徽滁州境内）,擅长行医、卜卦、星相、堪舆。定远城有个大财主的盲人闺女还待字闺中,财主看重郭公的本事,于是将盲女嫁给了他。郭公夫妇生有三子,郭子兴是次子。郭子兴出生时,郭公卜得一吉卦,说老二是有福之人,可成大业。郭子兴长大后,喜欢舞枪弄棒,仗义疏财,在江湖上颇有名声。

适逢元朝朝政腐败,社会动荡不安,郭子兴倾其家财,杀牛备酒,广结壮士豪杰。韩山童、刘福通率白莲教徒在颍州起义时,郭子兴也在定远塑像建庵,聚众烧香诵佛,做起了白莲教教主。在江淮大地的连天烽火中,他联合孙德崖等人起事,凭着自己的声望,几天之内便召聚数千人,一举攻占定远城。他与孙德崖等五人都号称濠州节制元帅。

随后,郭子兴据濠州而坚守,号令彰明,元军一时对他无可奈何。郭子兴平时养尊处优,很少过问义军中的琐碎事务,与其他元帅产生了许多分歧。这几个元帅出身不同,看待事情的眼光和角度自然也不同。郭子兴出身富裕,有优越感;而孙德崖和俞某、鲁某、潘某几人都是穷苦农民出身,不通文墨,粗鲁爽直,遇事只知道使横蛮干,缺少智谋,整天只会打家劫舍，郭子兴嫌他们粗里粗气，难免有轻视之意。每当他们四人提出自己的意见时，郭子兴总是连连摇头叹气，有时还按捺不住讥讽他们几句。这就惹恼了孙德崖等人，他们决定联合起来对付郭子兴，城内红巾军由此分成两派，矛盾重重，双方处于紧张的"冷战"状态。

这年九月，元军攻破徐州，徐州红巾军主将芝麻李被元军杀害，他的部将彭大和赵均用率兵来到濠州，因为彭大很有智谋，郭子兴便厚待彭大而轻视赵均用。孙德崖等趁机挑拨赵均用说："郭子兴只知道有彭将军，而不知道有你赵将军啊。"赵均用非常生气，伺机报复。

一天，郭子兴带着几个随从出去办事，赵均用在半道上设伏兵，将郭子兴毒打了一顿，然后囚禁在孙德崖家中，打算杀掉他。

郭子兴的亲兵营担负着护卫帅府和随同征战之责，是郭子兴的贴身护卫部队。朱元璋虽然只是其中的一个小兵，且正在淮北前线打探军情，但他眼线众多、消息灵通，得到消息后，他连夜策马赶回濠州。临行前，有人劝他："郭公已经被抓，你是他手下亲信，赵均用想必正在想法子捉拿你等呢，你这一去岂不是自投罗网吗？"

朱元璋一脸严肃地说："郭元帅对我有厚恩，今日他有难，我若缩头不出，此后如何为人？况且我的身家性命、前程事业，都与郭元帅的生死息息相关，只有拼死一搏，才有挽回危局的可能，不拼，便只有死路一条！"于是毅然前往。

朱元璋趁着夜色翻墙进入郭元帅府，只见内院全是女人。她们见到朱元璋，不禁面露惊疑之色。朱元璋忙问郭天叙兄弟在哪里，女人们你看看我，我看看你，没有一个人吱声。"还不快说！难道你们怀疑我吗？事不宜迟，不然，郭元帅恐有大难了！"朱元璋嚷道。

见朱元璋言辞恳切、情绪激动，郭子兴的二太太小张夫人这才把实情相告，并派人去找郭氏兄弟与其弟张天祐回来。朱元璋像军官一样对他们下令道："请张将军速去营中调集三队精兵，听候调用。二位公子随我去见彭大元帅，此事必是赵某主使，非请彭公而不能解围。"

不一会儿,张天祐将三队精兵带来了,朱元璋立即带着郭氏兄弟赶到彭大家中,把郭子兴被绑架殴打之事详细诉说一番,最后说:"我家元帅久闻彭大帅智勇双全,战功卓著,所以对彭大帅格外推崇和尊敬,没想到却因此遭到那帮小人的嫉恨。他们绑架郭元帅,实际上是冲您来的,是要拆您的台,让您在濠州待不下去。"

彭大闻言震怒,一拍桌子嚷道:"暗害我的盟友就等于暗害我,有我彭大在,看谁敢如此胆大包天!"他马上带领一队亲兵,和朱元璋一同直奔孙德崖家。

这时,孙府门前的大红灯笼已经亮了起来,三进的院子每道门口都有两名卫兵守护。朱元璋带领的人马都身披甲衣、手持大砍刀。他们先把孙府门前院子围住,然后朱元璋带了几个身手好的直接往里闯。第一道门的两名卫兵以为是自家队伍,想拦住他们,朱元璋一伸手就将卫兵挡到一边。第二道门的卫兵见来者气势汹汹,立刻喊道:"有强盗!快报告孙帅。"他话音未落,朱元璋一干人马已经闯了过去。

孙德崖正同赵均用在堂上饮酒,听见外面一片叫嚷声,正要斥骂,大门"嘭"的一声被踢开了,朱元璋和彭大闯了进来。孙德崖不认识朱元璋,但认识彭大,马上猜出了他们的来意,他故作镇定地问道:"两位夜闯孙府,不知有何贵干?"

"孙元帅,"朱元璋低声喝问道,"我尊敬你是前辈,叫你一声元帅,但你却揣着明白装糊涂,这是没有把彭元帅放在眼里。"

"我真的不知道你们所为何事?"孙德崖坚持道。

朱元璋"嗖"地拔出一把短刀,对孙德崖说:"孙元帅,还是赶快将郭元帅交出来为好。你与郭元帅同时举义,素称莫逆,为何听信谗言,自相戕害?"

"哪有此事,哪有此事。"赵均用终于说话了,他对彭大十分忌惮。

彭大怒斥道:"赵均用你这个小人,何故谋害郭元帅?有我在此,绝不容尔等胡作非为!"

朱元璋闻言更觉气壮,便收回短剑,再问:"孙元帅,我家元帅何在?"

孙德崖知道瞒不过去了,改口道:"老郭是来过我府上,但他已经走了。"

朱元璋怒道:"既然你要撕破脸皮,那就休怪我们不客气了。"他朝外喊了一声,"来人啊,搜!"

等在外面的人一拥而入,孙德崖见来了这么多人,不敢阻拦。朱元璋率一班亲兵闯入后厅,搜了半天,终于在后院矮屋地窖里发现了郭子兴。他被打得遍体鳞伤,连路都走不了,狼狈至极。

朱元璋把参与打人的军士带到孙德崖面前,警告他说:"以后若再有类似的事情发生,休怪我们翻脸无情。"继而又走到赵均用面前说道:"眼下天下大乱,群雄角逐,你既投奔至此,理当同心协力,共图大举。你此番作为,以后要想实现宏愿只怕是痴人说梦了!"

郭子兴英雄一世,没想到却在阴沟里翻船,这就是得罪了小人的后果。这件事对郭子兴而言是个深刻的教训,这令心胸原本就不怎么宽广的他此后更加多疑。因为朱元璋拼死相救,他认为朱元璋倒是值得信赖的少数人之一,于是提拔入伍不到两个月的朱元璋做了九夫长。朱元璋凭借自己特有的亲和力,很快就与郭子兴部队中的不少重要角色打成一片,融入了这个集体。汤和在朱元璋参军时已经是千户长,但他却很尊敬朱元璋。

朱元璋比普通亲兵有头脑,善于智取。他计谋多,有决断,作战勇敢,平素做事不急不缓,从容大度。

有一天,郭子兴带领亲兵营出城巡查,迎面遇到一股元军,事发突然,来不及躲避。朱元璋当机立断,拔出腰刀,一个饿虎扑食将元兵扑倒,以掩护郭子兴脱身。这套功夫是他在皇觉寺学到的。顷刻间,他一跃而起,穿梭于元兵之间,挥动长砍刀,一连砍翻了好几个。元兵无力抵挡,只得边打边退。郭子兴本想撤退,见朱元璋杀得正起劲,一声号令,众亲兵也呐喊着冲上前去,踊跃杀敌。

这股元军本是出来抢劫的,根本没有斗志,现在看见红巾军中有这等舍生忘死的勇士，哪里还敢迎战，掉头便逃，连抢来的东西也顾不上带走。

朱元璋见元军逃得无影无踪，便开始打扫战场，将元军丢弃在地上的刀枪及抢劫来的金银珠宝搜集起来，统统献给郭子兴。此后，朱元璋每次得了战利品，不管是钱财衣物还是牲口粮食，总是悉数献给郭子兴。得了赏赐后，他也不像其他人只顾往自己腰包里揣，而推说功劳是大伙的，然后给大伙论功行赏。这样一来，大伙都乐于听命于他。

经过多次遭遇战后，朱元璋变得越来越机智，战法变化渐多，进退自如。面对敌军时，其他人总是想也不想就往前冲，一旦敌军强大，冲锋受挫，便纷纷溃退。朱元璋则不同，在对阵之时，他会非常冷静地观察敌军阵形，判断敌军士气，绝不轻易冲锋，但只要决定冲锋，他肯定是第一个冲出去打头阵。他这样做并不是为了升官发财，只是想混个好名声，他还私下拿自己与另一红巾军的首领彭莹玉相提并论。

至正十二年（1352年）九月间，元军跟踪追击彭大和赵均用来到濠州，负责治理黄河的工部尚书贾鲁率兵将濠州团团围住。郭子兴召集众将领商议对策，大家意见不一，没有商量出什么结果。这时，郭子兴想到了亲兵朱元璋。

"重八，元兵拿下徐州等城后，又来围困濠州，有人主张我们撤出去，有人主张坚守，你认为是守还是退？"郭子兴问道。

"在下刚入门，对防御战法一窍不通。既然大帅要我说说想法，请恕我冒昧直言，眼下之计应是既不退也不战。"朱元璋答道。

"既不退也不战，此话怎讲？"郭子兴有点疑惑。

朱元璋解释道："不退，是因为我们无处可退，就算找到了退的地方，也不一定有濠州这样的有利地形；不战，是因为蒙古人打仗很少有专门的补给，往往是打到哪抢到哪，若濠州一带没有可抢的东西，他们自然会不战而退。我们在城内备足粮草，关闭城门不出战。等元军来攻，我们只管死守。"

"好，真是后生可畏啊！可眼看冬天就要来了，城内粮草并不充裕，如何是好？"

"那只能舍些银子，派几队人马在一两天内把周边各村寨富余的粮食都收进城来。"

郭子兴采纳朱元璋的建议，派人收了大量的粮食进城，足以供城内军民越冬。

秋去冬来，郭子兴的红巾军据城坚守，从不主动出战，若元兵强攻，则奋力抵抗，在该年年底打退了元军的多次进攻。不到4个月，元兵主帅贾鲁病死，又冷又饿的元兵只能撤退。

经过此事，郭子兴更加看重朱元璋这个"度量豁达、有智略的年轻后生"。为了行事方便，他特意给朱元璋加了一个元帅府的职衔，同时任命朱元璋为郭家军后勤总管，负责处理郭家的一些私人事务。

濠州处于敌后，红巾军没有与元军主力直接交战，但是与地方武装的矛盾却很大。濠州战役时，许多地方武装帮助元军作战，元军撤离后，这些地方武装迷茫不知所措，红巾军乘机四处出击，兼并这些武装，扩大自己的势力。

这天，郭子兴又把朱元璋叫来问计："重八，近日大队官军虽退，但仍有小股贼人不断犯我，我们困在这孤城里实在是不胜其扰。本帅知你是个有心人，你可曾想过如何应对此事？"

朱元璋心想，这些地方的小股武装在抗元立场上是一致的，他们和红巾军有着共同利益。元兵来，则联合抗敌；元兵退，则各自为政，为争夺利益而钩心斗角，甚至与红巾军为敌。想到这里，他回道："大帅过虑了，此类小人不过是各取其利罢了。如果蒙古人应诺给他们更大的好处，他们就会倒向朝廷。既然如此，我们不妨软硬结合，一方面诱之以利，想法收编他们；另一方面则对死硬分子进行武力打击，杀一儆百！"

随后，朱元璋和郭子兴一起分析了在天下大乱的形势下，地方武装的作战特点、生存之道、可能采取的立场、相互之间的矛盾以及各自的实力，郭子兴又问："如果他们串通一气，合力谋我呢？"

朱元璋胸有成竹地说:"因他们的利害冲突和地域所限,不可能大范围联合。他们分散四乡,交往不便,即使联合也只能是小范围、短时间的联合,完全不必过于担忧。只要我们间离瓦解,就能看一处、堵一处、打一处,逐个击破。若大帅信得过我,就将这事交给我吧。"

郭子兴见朱元璋句句在理,又愿意担责任事,就把这个任务交给了他。

投军不到两年的时间里,朱元璋处处展现出大将之风:他精力过人,不辞劳苦,遇事小心谨慎,却又敢作敢为;得了命令,往往雷厉风行,而且总是完成得妥帖漂亮;他打起仗来总是冲锋在前,且无往不利,尤善韬略。

至正十三年(1353年)初夏,朱元璋被派往郭子兴的老家定远招兵买马。朱元璋领命后,信心满怀,他做游方僧时在江淮地区结交了不少江湖义士和朋友,而且他不愿久居人下,也想建立一支自己的武装力量。不管前路如何曲折而漫长,他都将纵马驰骋,不再回头。

很快,朱元璋便在定远一带收编了700多名散兵游勇,郭子兴很高兴,任命他为镇抚。这700多人中,跟随朱元璋征战并留名于后世的有20余人,比如吴良、吴桢、花云、陈德、顾时、费聚、耿再成、耿炳文、唐胜宗、陆仲亨、华云龙、常遇春、郭兴、郭英、张龙、陈桓、谢成、李新材、张赫、周铨、周德兴[1]等。他们能文能武,有谋有为,后来大都成为大明王朝的开国元勋。

三、喜得贤内助

郭子兴与朱元璋的关系远非将领与亲兵那么简单。有传言,郭子兴喜欢朱元璋有两个方面的原因:一是觉得朱元璋相貌奇特,将来必有一番作为,不是等闲之辈;二是朱元璋能独当一面,每战必胜,所托之事

---

[1] 周德兴:濠州钟离人,明朝开国将领,洪武三年(1370年)被封为江夏侯。

也都办得漂亮。郭子兴渐渐把朱元璋看作心腹，时常把他叫到内宅议事，连眷属也不避讳。

一天，郭子兴对朱元璋说："你今年26岁，年纪也不小了，还没有个家室怎么成，我当为你设法寻一个合适的。"朱元璋闻言自然是心花怒放，当即应允拜谢，生怕错失机会。

当天晚上回家，郭子兴在饭桌上和两位夫人提起这件事。小张夫人抢先发表意见："方今天下大乱，正应当收揽豪杰贤才为我所用。我看这个年轻人言谈举止非同一般，将来一定能扶助元帅成就大业。不过要把他笼络住，成为贴心的体己人，恐怕给点赏钱还不够。这眼下放着一门亲事不做，还到哪里去寻？如果不把他安抚在我们家，倒推给别人做亲信，那就太失算了。"郭子兴听了一拍脑门道："该死，该死，我怎么就没想到这一层，夫人所言极是。"大张夫人也抿口笑道："没想到妹妹竟能想出这样的计谋，你是想让那小和尚娶我们家秀英吧？"三人谈笑之间就把这门亲事定下了。

这个秀英是安徽宿州灵璧县马大侠之女。因平时人们称马大侠为马公，他的正名已经没人记得了。马公的先祖居于宿州素封，富甲一乡，马公仗义好施，喜欢结交江湖人物，以致家业日益败落。马公夫妇育有二女，小女儿出生不久，马公的妻子就病逝了。马公非常喜欢这个女儿，取名马秀英。他经常跟人说："算卦的都说我这个女儿是个大富大贵之命。"只可惜秀英从小没了娘，她的姐姐又很早远嫁他乡，很多该由母亲来教的事情她都不大会做，包括裹小脚，因此，秀英长了一双大脚。后来，马公因路见不平，行侠杀人，遭到官府通缉，只得携小女逃到定远。他与当地侠士郭子兴义气相投，结为刎颈之交。至正八年（1348年），宿州义军筹划起事，马公决定潜回宿州联络，与郭子兴的义军相呼应。临行前，他将女儿马秀英托付给郭子兴。

郭子兴将马秀英领回家中，当作亲生女儿一样照顾。不久传来马公病逝的噩耗，郭子兴悲痛不已，对秀英更加怜爱，当即收为义女，视如己出。秀英至及笄之年（满15岁），便出落得一副上好身材，样貌端庄，还有一种幽婉的态度，无论遇到什么急事，她都举止从容，从不疾言厉色。小张夫人对秀英也很好，教会了她许多东西。虽然裹小脚已经来不及了，但认字、读书、女红还是可以的。而秀英聪慧过人，一经指点，无不立晓。她还很勤奋，读书、做活都很用功，还有点小志向，尤其注重研习古今得失。除了仁德慈爱之外，史书称她"有智鉴，好书史"。

现在秀英已满21岁，还待字闺中，这不仅让郭子兴着急，就连她自己也有些心慌。在兵荒马乱的年月，要想找一户好人家、一个可托付终身的人，不是那么容易的事。郭子仪和小张夫人虽然对她疼爱有加，让她衣食无缺，一般富家小姐该有的东西，她似乎都有了，但她的内心深处仍充满悲凉。举目无亲、寄人篱下，这种生活是最让人难过的。

郭家后院有几棵柿子树、桑树，中间有块空地，郭家的两位公子郭天叙、郭天爵经常在那里练习刀剑，秀英郁闷时也会站到树下，看两位兄长练功，但郭天爵似乎对秀英不太友好。朱元璋来了之后，有时也会到后院来练习拳脚，弄得郭天爵很生气，经常找碴生事。

秀英虽然深居闺房，对外面的事情却十分清楚，她知道有个前来投奔的和尚，还听义父讲了他勇杀元兵的故事，对他的勇敢十分敬佩。当她得知这个叫朱重八的人也无父无母时，不觉有同病相怜之感，由此更为倾心。所以小张夫人提出要把她嫁给朱元璋，她毫不犹豫地答应下来。

小张夫人喜出望外，忙问女儿是否知道朱重八的相貌、为人，秀英回道："女儿平日少出闺阁，但外间事仍时有耳闻，虽不曾见过朱重八本人，但已知他是个敢于任事的好男儿，他平素少言寡语，但只要一开口就能讲出一番服人的道理来。'夫人不言，言必有中'，朱重八可以当之……女儿愿意嫁这样的人，至于相貌嘛，女儿岂可拘此俗念？况且遭逢乱世，为父帅分忧，正需此人，女儿愿尽微薄之力！"

小张夫人没想到这个丫头早已芳心暗许，不由得感叹：果然没有白养这个丫头，将来要是富贵了，千万别忘了养母的好。

朱元璋作为郭子兴的亲信，经常出入郭家，也曾见过郭家的两位小姐。大小姐身材修长，容貌秀丽，端庄贤淑，颇有一种大家闺秀的气质，而且平易近人，说话轻声细语，不疾不徐，他对大小姐早有几分好感。

一天，朱元璋和几个亲兵在城内巡查，迎面见一行人拱卫着一乘小轿缓缓而来，随从全都骑在马上，且身带武器。小轿的轿帘紧掩着，看不见里面的人，只是帘子底下露出一双天足。朱元璋看见后猜测道："像是小姐、贵妇人乘坐的轿子。"

一个亲兵笑道："我早认出来了，这是郭元帅家马小姐的轿子，你没看见轿帘底下那双大脚吗？真个明白郭家为什么不给她缠足？听人说，她的外号就叫马大脚。"

"我倒觉得脚大没什么不好，走路都会比别人快一些。"朱元璋说。

"你见过几个大户人家的小姐出门是靠脚走路的？"

"说得也是。"朱元璋说，"但不知道郭家小姐为什么会姓马呢？"

这个亲兵见朱元璋如此好奇，就一五一十地把马秀英的身世告诉了他。朱元璋听后十分感慨，世上居然还有跟自己一样举目无亲的富家小姐，出身富贵的人竟也会有这么多不幸。他对马公心生敬意，对马秀英则深感同情。

第二天，郭子兴告诉朱元璋，为他选好的媳妇就是大小姐马秀英，朱元璋不由得热泪盈眶。

郭子兴大喜，马上择吉日让他们成亲。自此以后，郭子兴与朱元璋以翁婿相称，将士们也对朱元璋另眼看待，改称他为"朱公子"。朱元璋认为"朱重八"这个名字太土气，于是改为"元璋"，字"国瑞"。

婚后，朱元璋和马秀英彼此尊重，互相关心，彼此进一步加深了了解。一天，朱元璋忍不住问道："大小姐，我心底有个结一直解不开，想问你一下。"

"我们已经成婚了，相公不必叫我大小姐，有什么话不妨直说，我定会如实作答。"秀英平和地说。

"娘子既然这样说,那我就直言了。我有一事不明,娘子身为大家闺秀,许多富家子弟尚求而不得,又怎么会看上我这一无所有、相貌不堪之辈呢?天下伟男子如此之多,以娘子之身形容貌,日后会不会后悔呢?"

"相公如此坦诚,我也不拐弯抹角了。对于伟男子,每个人的看法都不一样,英俊的容貌往往是一种表象,从不同的角度去看,所得出的结论就大不相同。我倒觉得相公的相貌是天下奇伟之貌,非常人可比。再说,天下从来就没有永远富有之人,如果贫穷只是一种现状,那没有什么关系,人来到这个世上,要想改变现状,必然要经过一番磨砺。"

"多谢娘子这般夸奖,但许多事情,不是常人有力量可以改变的。"

"相公过谦了!史书上这样的例子实在太多了。但看今日之天下,正是英雄用武之时,以相公之才智,又怎会像常人那样为衣食忙碌一生,甘居末流?"

秀英所言正中朱元璋的心事。他觉得马氏除了天生丽质外,而且富有修养、端庄明智、知书达理。马氏也通过她敏锐的洞察力,感觉到朱元璋必有鸿鹄之志及与之相配的过人才智。因此,她也尽心尽力地帮助他。后来她能培养出像朱文正[①]、李文忠[②]、沐英[③]以及由她一手带大的明成祖朱棣[④]这些文韬武略、器宇不凡的后辈,与她的出众学识有很大关系。

这两年里,朱元璋可以说好运连连,不仅受到重用,一路升迁,还娶到了一个这么好的女人。不过,事情太顺利的时候,总会有人出来使

[①] 朱文正:朱元璋的侄子,自幼丧父,为朱元璋所抚养。后为将领,元至正二十一年(1361年)以军功升至大都督。

[②] 李文忠:字思本,泗州盱眙人,朱元璋的外甥,元末投起义军,朱元璋抚以为子。19岁以舍人统领亲军。洪武三年(1370年)授大都督府左都督,封曹国公。

[③] 沐英:字文英,濠州定远人,朱元璋的养子,洪武十年(1377年)因功封西平侯。

[④] 朱棣:即明成祖,朱元璋第四子,洪武三年(1370年)受封燕王。洪武十三年(1380年)就藩北平。建文元年(1399年),以"靖难"之名,于北平起兵。建文四年(1402年),攻入南京,夺位登极,改元永乐。永乐十九年(1421年)迁都北京。

绊子。首先是郭家的两位公子，他们认为朱元璋出身卑微，无端登门入室，与他们称兄道弟，有辱郭家门楣。而且，朱元璋对郭氏兄弟也不够顺从和尊重。所以，郭氏兄弟经常在人前人后诋毁朱元璋，想出了许多办法来撵走他，甚至试图谋害他。其次，朱元璋的手下认为他后来居上，心中不服，也找出很多由头来诬告、陷害他。郭子兴又是一个心胸狭窄、嫉贤妒能之人，朱元璋在军中人缘很好，而且行事干练，颇有谋略，得到了将士们的广泛信赖，这使郭子兴开始怀疑他有自立之心。因此，朱元璋和郭氏父子的关系越来越紧张。

不久，元兵进至滁州，郭子兴令朱元璋前去援助御敌，同时又派另一将领与朱元璋同行，监督朱元璋。他们到滁州后，刚一交战，这位将领就被箭射中负伤，连忙拨马逃了回去。元兵蜂拥而至，朱元璋率部奋战约两个时辰，终于将元兵击溃。得胜回来后，朱元璋向郭元帅报功，但郭子兴并未表现出高兴，只淡淡地敷衍了几句。

朱元璋沮丧地回到家里，叹息不已。秀英见状忙问："莫非是义父薄待了夫君？"

朱元璋说："既然你已经知道了隐情，何须再问。"

秀英又问："那夫君是否察觉到了义父的心思？"

朱元璋说："前段时间，他猜忌我居功自傲、独断专权，我想上交兵权，可他又说我故意推诿、不愿出战。此次我争先杀敌，他还是不满，他到底要我怎么做呢？"

秀英说："我还要问问夫君，此前战场上凡有缴获，是否一律上交？此次可曾有所上交？"

朱元璋迟疑片刻，说道："娘子知道此前的缴获都上交了，那是从元兵那里夺来的。但这次出征是驰援滁州，只击溃了敌兵，对当地百姓秋毫无犯，未曾有缴获。"

秀英说："夫君这样讲是说得通的，但义父他会这么想吗？以前的缴获都上交，现在他正猜忌你专权，你却一点儿东西也没有上交，岂不正应验了他的猜忌？"

朱元璋确实没有考虑这么多,他为难地说:"可是实在没有缴获,我拿什么上交呢?"

"夫君莫急!义父那么富有,并不是看重你上交了多少东西,而是在乎你的态度。现今你与义父关系微妙,多少还是要上交一点儿东西的。我这里有些私房钱和首饰,夫君暂且拿去应付。我再去找二娘说说情,也许可以搪塞过去。"

朱元璋无奈,只得拿了秀英的私房钱去孝敬郭子兴。此后,秀英时常劝他对郭子兴恭敬一些,作战时如果有什么掳获,也都献给郭子兴及其宠爱的小张夫人,秀英自己也经常把金银首饰送给小张夫人,谎称是朱元璋孝敬她的。有了秀英居中调解,朱元璋暂时避免了与郭子兴反目成仇。

但该来的终究会来。有一天,朱元璋因一件急事调动人马时,没有事先禀报郭子兴。郭天叙、郭天爵趁机向郭子兴告状,并怂恿朱元璋的手下一起来揭发他图谋不轨。有人说朱元璋不肯出战,有人说朱元璋出战却不肯效力,有人说朱元璋正图谋自立。郭子兴听后暴跳如雷,大骂朱元璋是白眼狼,下令将他囚禁起来。随后,郭天爵又以元帅的名义,下令不许任何人送茶饭进去。大荒之年,一粒稻谷一粒金,营寨里掐着米袋煮稀粥,谁还管得了被关禁闭的朱元璋?

郭府上上下下虽然都对朱元璋颇有好感,但谁也不敢违抗郭天爵的命令,只得偷偷地把这个消息透露给马秀英。

秀英不好直接去找义父求情,也不敢公开与两位兄长对抗。她不动声色,考虑了好一会儿才采取行动。开饭前,她偷偷溜进厨房,拿了两张刚出炉的烙饼,要给朱元璋送去。她刚走出厨房,便看见小张夫人迎面走了过来,连忙将烙饼塞进怀里。

"你的脸色怎这般苍白,发生了什么事吗?"小张夫人关切地问道。

秀英避而不答,忙向小张夫人请安以作掩饰。小张夫人一向精明,秀英又是她抚养长大的,有什么事情瞒得过她?她看出秀英是在故作镇定,便故意有一搭没一搭地与她说些闲话,想套出她的话来。

秀英焦急不安，那两张烙饼正贴在她的胸口上，灼热难忍，但她又不得不应承小张夫人的话。她一边扭动着身子，一边与小张夫人说话，说着说着，眼泪就流出来了。

小张夫人见她那痛苦的样子，忙把她引入内室，屏退丫鬟，细细询问。

秀英扑通一声跪倒在地，哭诉原委，然后说："女儿救夫心切，所以才违抗义父军令，恳请二娘原谅。"

小张夫人连忙帮秀英解开衣襟拿出烙饼，那饼仍热气腾腾，但胸部已被烫得红肿一片。她一面替秀英敷药，一面责怪道："你怎么这么傻呢，你义父是军人，但二娘不是啊，他的军令只管得了手下的那些兵，有难处为何不来找二娘呢？"

秀英立刻奉承道："我知道二娘是个大好人，又一向心疼女儿，但义父这次是真下狠心了，女儿不想给二娘添麻烦。"

"秀英这样说就太见外了，你虽非我亲生，但也情同母女。我倒要看看老爷是不是真下得了这样的狠心。"说完，她吩咐人给朱元璋送饭去。

当天晚上，小张夫人在郭子兴面前献殷勤，趁他兴致正高的时候，在他耳边轻声问道："老爷，这几日不曾见到朱公子，是不是出征去了？秀英说她几日不见丈夫就心慌。"

郭子兴察觉小张夫人可能是知道了些什么，于是就直截了当地把事情的前因后果全讲了。

小张夫人听了忙说："不对啊，老爷，纵然女婿有错，关他禁闭，让他醒悟也就够了，为何要把他活活饿死呢？"

郭子兴一惊："谁说要把他饿死？我可没下过这样的命令。"

小张夫人终于明白了，下命令的一定是郭氏兄弟。但她也不便把事情挑得太明，于是婉转地说："女婿毕竟是自己人，可以关起门来教训，千万别让那些别有用心的人钻了空子。他的那些手下人，表面上个个都服他，但骨子里恨他的人肯定也少不了。老爷对手下人不可不防啊。您一向杀伐果断，若只听一面之词就大开杀戒，恐怕会错杀好人，让小人得志。千军易得，一将难求，我们在女婿身上花了那么多心思，千万别前功尽弃啊。"

郭子兴沉默了好一会儿，心想：如果朱元璋真的就这么死了，谁又会真心帮自己建功立业？朱元璋虽然有野心，但眼下还需要他为自己办事，关键是要把这匹野马的缰绳抓牢。想到这里，郭子兴便叫人去释放朱元璋，又把两个儿子叫来臭骂了一顿，警告他们如有再犯，绝不轻饶。

这件事在《明史·太祖孝慈高皇后马氏》中只用了区区29个字来描述，却记录了朱元璋夫妇的患难真情："后从帝军中，值岁大歉，帝又为郭氏所疑，尝乏食。后窃炊饼，怀以进，肉为焦。"

正是因为马秀英处处为夫君着想，左右周旋，百般呵护，才使朱元璋得以从容地积蓄自己的力量。每一个成功的男人背后，都有一个默默支持他的女人，而马秀英正是朱元璋背后的好女人。

第三章　群英荟萃展雄心

一、再下淮西

朱元璋志向远大，不愿受制于人，做梦都在想自立门户。早在徐州双雄到来之前，他就极力怂恿郭子兴离开濠州独立发展。当时郭子兴正受到其他4位将领的排挤，朱元璋对他说："他们现在越来越密切，而我们越来越孤立，时间长了肯定会被他们压制。"从表面上看，他是为郭子兴着想，实际上是在向郭子兴讨要兵权，如果郭子兴决定另谋发展，他就有机会带兵出征，从而把军权掌握在自己手中，为自立门户创造条件。但因为当时形势尚可，郭子兴没有答应他的要求。

濠州城刚刚解围，红巾军中又重兴风浪。至正十三年（1353年）冬，彭大自称鲁淮王，郭子兴、孙德崖等人因起义比他们迟，实力不如他们，依然为元帅，接受他们的指挥。不过，郭子兴等人怎会心甘情愿，他们表面服从，而在暗中争斗。

朱元璋目睹了这一切，深感这些泥腿子目光短浅，难成大业，一心想要另图发展。至正十四年（1354年）正月的一天凌晨，朱元璋决定去淮西招兵买马，于是带领十多个部下，骑着高头大马，向濠州城外驰去。然而这次出去收获并不大。马蹄在布满冰霜的青石板上碰出点点金光，披着暗紫色大氅的朱元璋脸色格外凝重。他毕竟名气太小，而号令天下豪杰，一般要拉大旗做虎皮，谁愿意跟随一个乞丐打江山呢？他在外晃悠了一段时间，不但没有招到多少人，反而身染风寒，高烧不退，胡话不止，有时还昏厥过去，不得不灰头土脸地回到濠州，重回郭子兴的怀抱。朱元璋的第一次单飞以失败收场。

至正十四年（1354年）春末，赵均用率濠州义军主力攻打泗州、盱眙，并试图从那里北上进攻徐州，回到他以前的地盘。郭子兴收到通知，要他一同北上。偏偏这个时候，郭子兴最得力的盟友彭大病死了。郭子兴一时陷入两难境地：外面形势很好，但义军内部却危机四伏。若随自己的死对头赵、孙等人一起行动，必然要受制于他们，这是他万难忍受的；如果把兵权交给朱元璋，他又担心自己被架空，再也抓不住这匹野马的缰绳。

郭子兴的忧虑并非没有道理。朱元璋对郭子兴岌岌可危的处境有着清醒的认识，对他的心思也一清二楚，因此同样也在思考对策。

这一天，朱元璋正在整理书册账簿，有个人悄悄地走了进来，朱元璋抬头一看，是徐达，便问道："天德（徐达字）突然造访，有何公干？"徐达见左右无人，附耳低声说道："镇抚（朱元璋的官职）不是想成就大业吗？为何迟迟没有行动，难道就这样甘居人下？"朱元璋说："我知道这里并非久居之地，也不能等别人来一级一级地提拔我。但我等羽翼未丰，想高飞又能飞到哪里去呢？今天你来，想必是有什么高见，不妨说来听听。"徐达说："郭公为人厚道，而孙德崖专横凶狠，彭与赵本来势均力敌，相持不下，可彭亡后，郭公就处于危地了，事多牵掣，一着不慎，就会危及自身。难道你还要随郭公一起受孙、赵等人的约束不成？"朱元璋无奈地说："我若现在就离开郭公，将一无所有；但如果我把他的人马拉走，他该怎么办？不义之名我也背不起啊！"徐达说："郭公的老家定远现在还不太平，正好借此出兵，想必郭公没有理由不同意。"朱元璋说："这个借口不妥，我刚从淮西募兵700余人，并晋升为镇抚，若统兵南行，必将谣言四起，而且郭公又生性多疑。"徐达说："700人中，可用的不过20余人，你只将20余人带走便足够使用，其余一概留在濠州，那么郭公便不至于起疑了。"朱元璋点头道："天德言之有理，不过到郭公那里，还得有更稳妥的说辞。"

第二天清早，朱元璋来到帅府对郭子兴说："我知晓父帅正在为北上之事忧心，特来跟您一起想想对策。不知父帅意下如何？"

"你来得正好，我正要差人去找你呢。你先说说你有何主意。"郭子兴装出一副热情的样子。

"小婿以为我们眼下的实力无法与孙、赵抗衡，大帅们议定北上，我们又不得不相随。但在此期间，孙、赵二人肯定会找我们的麻烦，不知父帅有没有做好准备？"朱元璋开门见山地说。

"我有准备又怎样，那几个莽夫是不会讲道理的。"

朱元璋忙说："小婿倒是有个主意可以使他们对父帅有所忌惮。"

"什么主意？不妨直说。"郭子兴知道朱元璋向来谋略过人。

"请父帅授权小婿南下招募，以求迅速壮大我们的实力。只要我们兵强马壮，还怕受他们的气不成！"

郭子兴一听还是老一套，这是向他要兵权，于是不冷不热地说："壮大队伍不是一两天的事情，恐怕是远水解不了近渴。退一步讲，就算来得及，你打算带多少人马南下？"

"小婿本想多带些人马，可眼下父帅正是用兵的时候，所以只准备带20多人前往，其余几百人马全交还给父帅。"朱元璋爽快地说。

郭子兴闻言，心里的一块石头总算落了地，于是让朱元璋迅速前往定远。

很快，朱元璋带领徐达、汤和、费聚①等20余人，骑马疾行，南略定远，不日即来到位于定远城西宝公河边的张家堡。他们骑在马上，隔着小河远远望去，只见驴牌寨内军营整齐，弓弩朝外，严阵以待。朱元璋让其他人留下，自己带费聚和步卒9人前往寨子。

徐达劝阻道："此去敌众我寡，不能轻易涉险。"朱元璋摇摇头，坚定地说："这是去招抚，又不是去打仗，有10人就足够了。"

---

① 费聚：字子英，五河（今安徽五河县）人，明朝开国将领，洪武二年（1369年）封平凉侯。

"我们对寨子里的情况一无所知,不可深入。"汤和也在一旁劝道。

"不入虎穴,焉得虎子。正因为我们对寨内的情况一无所知,才必须去。"朱元璋说着,拍马转身就要过河。

这时,驴牌寨的人在河对岸发现了他们,一阵号角响起,寨内的士兵们抄起家伙,呼啸而来,摆成一字长蛇阵。

朱元璋的手下看了十分害怕,想打退堂鼓,朱元璋制止他们说:"你们逃吧,但是逃得掉吗?"说完他立马提刀,岿然不动。

对方的士兵冲到河边后停止,一个头目喊道:"来者何人?为何要擅闯我驴牌寨?"

朱元璋见状,叫费聚回话。费聚大声说:"我们是来自濠州的红巾军,是奉元帅郭子兴大侠之命,来跟你们主帅商谈大事的。"

"原来是郭元帅的部下。"头目闻言,赶紧派人回寨禀报。寨子里的寨主、民兵首领是郭子兴的旧友。不一会儿,寨主派人来隔河喊道:"请你们下马步行过来!"

朱元璋仅带费聚一人过河。到了寨子里,寨主亲自出迎。朱元璋对他说:"我家元帅与寨主是旧交,这次听说寨里孤军乏食,无所依属,有人想趁机前来攻寨,因此特意派我来这里与足下商谈联合之事,希望足下能跟随我一起回濠州,和我家元帅共举大事。当然,如果你决定放弃这个机会,另投别人,我们也不会勉强,只是不免感到惋惜。但不过也请移营他处,以避贼锋芒……""当然是去投奔你们元帅,一起共续旧缘了。"鉴于濠州的声望,寨主不假思索便答应入伙,双方约定3日后正式就抚。达成协议后,朱元璋回去向郭子兴复命,费聚则留在营中继续接洽。

事情看似很顺利,然而,寨内个别民兵将领反对入伙,想维持独立或是投靠其他义军。费聚担心有变,连夜赶回去报告。这次,朱元璋带了300人的精壮队伍,准备来个软硬兼施。

重返驴牌寨后,朱元璋对寨主说道:"我晓得你们是被人欺负了,这大仇没有来得及报,今日若匆匆去了濠州,恐怕心里还会耿耿于怀。

考虑到你们食不果腹，所以我们又送来了粮食，等吃饱喝足后，就帮你们把仇给报了！"寨主尴尬地笑了笑，不置可否。

朱元璋以此为由，将队伍悄悄带到宝公河畔，然后将十几个最精干的士卒装进大口袋里，放在手推车上，谎称军粮，运抵驴牌寨。朱元璋派人禀告寨主，说粮已运到，让他前来验收。对方刚靠近就趁机将他拿住，然后以他的名义传告各部："郭元帅命持军粮来，请军中大小首领速来领取！"那些头目听说有粮食运来，赶紧跑来分领，唯恐比别人迟一步。在他们来到的时候，突然一阵呐喊声，十几个勇士破袋而出，迅速将其拿下。

朱元璋又一声令下，河畔的300人马杀进寨来，攻毁寨内营垒，吓得寨内民兵无处逃遁，大喊愿降。朱元璋下令放火烧毁营寨，又杀了违约的寨主和几个顽劣头目，然后将这3000民兵收编整饬。

朱元璋智取驴牌寨后，周边那些没有粮食吃的、投军无门的、受了欺负无处申冤的人都来了，愿归附者数千，但朱元璋仅留下数十个精壮的年轻人，其余全部打发了。

朱元璋收了3000多人马，实力大增。郭子兴闻讯也十分欣喜，派人前去慰问朱元璋，并希望他再接再厉，进一步发展壮大在淮河地区的势力。

朱元璋很快瞄准了下一个目标——在定远一带势力最大的缪大亨。此人曾纠集义军，帮助元兵攻打濠州，元兵溃败后，缪大亨受元将张知院驱遣，独自带领两万人屯驻横涧山。缪所率部众原本属于义军，只因元将张知院拉拢胁迫，才为元朝廷卖命。不过，要想以几个人去逼降缪大亨的两万之众，几乎没有可能。因此，朱元璋与徐达等人商议，定下一条好计——夜袭横涧山。

密议已定，朱元璋召集众将领说："我已定下取横涧山的计划，只需一员猛将，去擒那主帅过来，不知哪位兄弟愿去立这首功。"众人均跃跃欲试，忽然有人挺身而出，说道："我去！"众人一看，请命者黑头黑脸，正是花云。花云是在七月初二才投奔朱元璋的。朱元璋郑重地说:"既然如此,我给你 2000 人马,等到夜间元军大营火起,你直接去捉元帅缪大亨。记住,只许胜不许败,能降便不杀!"花云领命后便去准备了。朱元璋又对几员大将说:"徐达留守中军。汤和、吴良、耿再成、陆仲亨①、华云龙②、郑遇春③、郭兴、郭英④,你们几人各带 200 人马,多带弓箭,分别埋伏在元军大营的四面八方,等到天黑中军令箭一起,与我一起放火,乱他大营,然后各就原位,接应花云。"各将领受命,点军马去了。朱元璋接着说:"其余众将,天亮时与我去清点元军降兵。"

缪大亨听说朱元璋以 300 士卒收服驴牌寨 3000 民驻兵后,心里不免有些担忧,下令部队多加戒备,防止朱元璋来袭。但几天时间过去了,也没见朱元璋有任何动作,于是渐渐松懈下来。这天夜里,缪大亨睡得正香,忽然传来营中失火的喧闹声,他顾不上穿甲戴盔,跑出帐外查看,只见几个大营都火光冲天,亮如白昼,又听得远处传来蹴踏声、战鼓声,赶紧找了匹马想要逃走,但还没有逃出几步,就被一个威猛的大汉当头拦住。这个大汉便是花云,他叫道:"我乃濠州朱镇抚帐下花云,你是逃不掉的,还不快快投降!"说着,他挥动大长马刀,照头劈下。缪大亨急忙抽出腰刀来挡,只听"哐当"一声,他的腰刀被震落在地。缪大亨顾不了那么多了,上马窜逃。花云眼疾手快,翻转刀头,猛劈下来。缪大亨吓出一身冷汗,滚落在地。所幸花云这一刀并不是冲他来的,而是劈倒了他的战马。缪大亨道:"彼此无冤无仇,为何要取我性命?""元主无道,天怒人怨,我等仗义而来,正为吊伐起见,你既纠众起义,为何反受元将节制,甘心为虎作伥?你若悔过输诚,我便

---

① 陆仲亨:濠州人,明朝开国将领,随朱元璋起兵,以战功升章负州卫指挥使。封吉安侯。洪武二十三年(1390 年)因胡惟庸案被杀。

② 华云龙:定远人,明朝开国将领,朱元璋起兵,他率众投靠。洪武三年(1370 年)封淮安侯。参与了平定陈友谅、张士诚的战争,曾随徐达北伐。

③ 郑遇春:濠州人,从朱元璋起兵,以战功授左翼元帅,联陈友谅。洪武三年(1370 年)封荥阳侯。洪武二十三年(1390 年)因胡惟庸案被杀。

④ 郭英:濠州人,明朝开国将领。与兄郭兴从朱元璋起义,因功累迁至都指挥使。洪武十七年(1384 年)平定云南,封定武侯。

既往不咎，倘若说一不字，休怪我刀下无情！"花云声色俱厉道。缪大亨自知不是花云的对手，当即表示愿降。

监军张知院得知缪大亨被捉，吓得魂飞魄散，连夜逃命去了。缪大亨的手下将士原本就不是正统元军，纷纷投降，两万兵马就此归了朱元璋。

二、得谋士聚英才

朱元璋南略定远，软硬兼施，连蒙带骗，收降附近占山据寨的"红军"近3万人，一时名声大震。朱元璋粗略清点了一下，除了义军，当地还有普通百姓7万多人，搞好军民关系迫在眉睫。朱元璋下令整顿军纪，并对全体义军进行训话："初时你们也是人马众多，今日败降于我，就是因为你们的将领平素没有严明法纪，士卒也不懂得操练。现在，本镇抚要求你们遵守法纪，尤其是在饥荒年月，不能和老百姓抢饭吃，也不许抢拿他们的任何东西。……严肃军纪，上行下效，方可同心协力，建功立业。"

随后，朱元璋又制定了"三杀令"：（一）不遵号令者杀；（二）畏敌退却者杀；（三）私藏钱财者杀。"三杀令"颁布，他马上派出亲兵四处巡查，一旦发现违犯者，杀无赦。在处斩了几个违令将士后，部队的纪律明显好转。

自此，朱元璋的个人声威越来越高，他的人生舞台也因此愈加广阔。

当时中原都是义军最大首领刘福通的地盘，所以朱元璋想向东南谋求发展。于是，他带领3万大军急速向滁州进发。他骑在马上一边走一边想，总觉得队伍中还欠缺些什么。立门户、占山头、争地盘固然需要一批像花云这样的猛将，但安抚百姓、解决生计、出谋划策、规划未来等等，显然离不开文人谋士。

他这样想着，队伍来到了妙山附近，这是他当年行乞绕道避开的山寨。重临故地,他立马冒出一个念头,要打下这个寨子。他正准备与徐达商议,忽见前方站着一排提壶举盆的男女老少,忙叫人去问问发生了什么事。

探子很快回报说:"禀镇抚,前面是些老百姓。他们听说总管率兵从这儿经过,特备茶水、饭食前来迎接。"

朱元璋想起古书上有"箪食壶浆以迎王师"的说法,难道老百姓已把他的部队看成了仁义之师、王者之师?他心中一阵暗喜,但又有些不自信,担心落入圈套,忙问:"有主事者吗?快快请来相见。"

不一会儿,探子领来两位30多岁的儒生,他们是来自妙山的冯国用①、冯国胜②兄弟。(冯国胜改名为冯胜,后文中皆用冯胜。)冯氏兄弟本是读书人,因天下大乱,便请来武师,学习刀枪弓马诸般武艺。冯胜的箭法尤其出众,百步穿杨,闻声射雁,百发百中。他也曾攻读经书,又喜研兵事,是远近闻名的文武全才。他见元主无道,天下群雄竞起,于是也拉起一支队伍,结寨于妙山。

朱元璋很少与真正的读书人来往,对他们的装束十分好奇,问道:"你们兄弟既然是来投军,为何还穿着一身儒士服装呢?是不是有什么讲究?"

"风闻明公驾临,我们走得太急,还没来得及换!"冯国用说。

朱元璋见冯国用儒冠儒衣,说话温文尔雅,不觉肃然起敬,温和地说:"先生雍容儒雅,想来是饱读诗书,经纶满腹,当是高瞻远瞩之士。现在天下未定,先生有何妙计,不妨直言。"

冯氏兄弟交换了一下眼色,知道自己没有猜错,朱元璋的确是个胸有大志的角色,应该尽力扶助。

想到这里,足智多谋的冯国用开了腔:"将军,儒生有八字真言

---

① 冯国用:濠州定远(今安徽定远县)人,元末名将,宋国公冯胜兄长,被追封为郢国公。——编者注

② 冯国胜:濠州定远(今安徽定远县)人,明朝开国将领,后改名冯胜,又名宗异,宋国公。因功勋甚多,遭朱元璋猜忌,洪武二十八年(1395年)被赐死。

相告。"

朱元璋脸色凝重，十分恭敬地问道："请先生不吝赐教，以助荡平天下。"

"将军，这8个字便是'收拾人心，占据地利'。"冯国用缓缓说道。

"在下生性愚钝，请先生为我剖析一番。"朱元璋谦逊地说。

"将军，自古有言，得人心者得天下，失人心者失天下。今元主无道，一味残害百姓，人心尽失，江山是保不住了。然群雄并起，各行其道，人心惟危。若将军能倡仁义，不滥杀，以圣贤之道统一人心，不贪图财宝女色，天下必将归心。得人心者必得天下。这就是'收拾人心'之意。"

"那'占据地利'又当作何解释？"

"若想成就大业，需要有一个牢固可靠的根基之地。想当年黄巢势力何等壮大，只因没有固定地盘，终日游走，结果土崩瓦解，不可收拾。有了可靠地盘，才能做到进可攻退可守，百姓得以休养生息，部队能够整治训练。站稳了脚跟，方能徐图发展。"冯胜补充道。

"依先生之见，应以何处作为根基之地呢？"

冯国用回道："集庆（今南京）龙盘虎踞，帝王之都，可以攻占它作为根本，然后四出征伐，救生灵于水火之中，倡仁义于远迩之外。千万不要贪图美色、玉帛等身外之物，否则天下便难以平定。"

朱元璋听了心里暗暗称赞，当即请冯国用兄弟做自己的参谋，参赞军机。

次日，队伍开拔，途中又有一人前来拜见。此人相貌堂堂、举止不凡，朱元璋问他姓名，他答称："小人姓李，名善长，字百室，是本地人氏，籍贯定远。"朱元璋想考察他的才识，于是询问方略，李善长从容答道："从前暴秦不道，海内纷争，汉高祖本为一介布衣，豁达大度，知人善任，不嗜杀人，五载即成帝业。今元纲既紊，天下崩裂，与秦末相同，您是濠人，距汉高祖的老家沛县（今江苏沛县）不远，山川王气,锺毓公身,如果能向大乱中起家的汉高祖学习,相信也能平定中原,夺得天下。"朱元璋闻言十分高兴,于是将李善长留居幕下,掌任书记,筹备粮运。

李善长少时读书有智计,曾专门研习过法家之言,可谓是个政法系的高才生。他每每决断事务,总能分清轻重缓急,家乡人曾推举他为祭酒。他又是当地的里长,有一定的才能和声望,朱元璋对他尤为信任。李善长在要求朱元璋学习刘邦的同时,自己也以萧何自居,竭忠尽虑辅助朱元璋。一天晚上,朱元璋忙完军务,又召来李善长,低声嘱咐道:"如今天下群雄并争,非有智者不可与之谋议,我见群雄中持案牍及谋事者,多有诽谤左右将士之事,将士们受了委屈,又如何能够效其所能,所以多有将亡兵败之事。羽翼既去,主者又安能独活?自然是相继而亡罢了。你应当吸取其中教训。"李善长闻言顿首叩拜道:"百室受教,谨遵主公之命。"

朱元璋得了多个谋士,与他们谈论时事,很是投机。他们建议朱元璋攻取集庆,并以集庆为根据地四出征伐,一统天下。这样,朱元璋不仅确立了近期目标,而且长远目标也越来越清晰。不过,这个时候,朱元璋还没有做皇帝的想法。

由于军中士气正旺,朱元璋加速向滁阳(今安徽滁州)进发,花云引领前军,徐达为主帅坐镇中军,刀矛林立,旌旗蔽日,逶迤数里。朱元璋见状心中甚是畅快,于是离开中军主力,随花云先锋快速前进,一路上得意扬扬,好不威风。忽然一阵号炮连响,路旁林中杀出几千人马,原来是元军的伏兵。朱元璋一时手足无措,花云提剑跃马,率先迎战,手中的长剑舞得银光闪闪,如杀鸡屠狗一般,将元军杀得纷纷闪避。先锋各部陆续随上,如入无人之境。元军主将惊呼道:"黑将军来了,勇不可当,休与争锋!"元军见主将泄气,斗志全无,很快溃败而去。花云穷追不舍,率前军直追到滁阳城前,两军在城下打得难解难分。朱元璋和徐达率领中军前来助战。城中的文吏武官见势不妙,各自弃城逃命去了。元军更是气馁,索性也向南逃往集庆。朱元璋抓住这个时机，指挥部队乘胜追杀，不费吹灰之力就将滁州一举攻克。

朱元璋进城设置了帅府，开了滁阳粮仓，又招募了万余人，滁阳城一时兵强马壮，朱元璋威名大震。这天李善长前来拜见朱元璋，见他一副郁郁寡欢的模样，便问道："现在城中军民一心，将士同德，正是征战时机，主公为何这样愁眉不展？"朱元璋叹道："你有所不知，我现虽自封元帅，衣食无忧，却不知我那些失散的家人，现在何处受苦受难。"说完低头不语，愁苦不堪。

李善长劝道："既然如此，不妨派些军士出去，把主公攻占滁州的消息传出去，你的家人得到消息来找你会比较容易，而我们不知道他们的下落，要找起来就难了。"朱元璋说："如此甚好，只是我的家人未必知道我现在的名字，你可让军士说是朱重八取了滁阳，到处寻亲，方能奏效。"李善长说："主公放心，我这就去安排。"

没过几天，朱元璋刚处理完军务想休息一会儿，亲兵进来禀报说，有一对母子前来寻亲。朱元璋忙令亲兵将来人带进来，发现正是大哥的遗孀与次子，只见他们衣衫褴褛，蓬头垢面，窘迫至极。朱元璋不禁面喜心酸，赶紧让人给安排宿食，然后拉着侄儿坐在自己身边，与大嫂细说多年别离之情。他说起父母双亡、兄弟早逝的惨景，不由得鼻子阵阵发酸。他从大嫂口中得知，二哥、三哥均已故去，一大家人就只剩下这点血脉，顿时泪如雨下。朱元璋听说侄儿尚未取名，便按朱姓家谱排行，给他取名文正，留他在军中学些武艺兵法。

又过了几天，姐夫李贞带着儿子李文忠也找来了。朱元璋见李贞父子状如乞丐，下令"衣服供具"重新添置。外甥李文忠比朱文正小3岁，见了朱元璋，一直拉着他的衣襟不放。李贞告诉朱元璋，至正十年（1350年），大祸突降李家，先是母亲与4个弟弟先后去世；数月后，佛女也死了，"临薨之时，神识不乱，端坐而逝"，葬于金桥坎；自己的一子二女也不幸亡故。短短数年间，兴盛的李氏家族只剩下父子二人。朱元璋闻罢心如刀绞。他慈爱地摸了摸李文忠的脑袋，哽咽着说了句家乡俗话："外甥见了舅舅如见娘啊！"这时，他再也忍不住了，放声大哭起来。朱元璋后来把在滁州与外甥及侄子重逢说成"一时聚如再生",这两个后辈日后都成为他争夺天下的得力帮手。

朱元璋在滁州站稳了脚跟,但城内城外的百姓并没有过上好日子。由于连年战祸,水利不兴,农业歉收,很多人缺衣少食。一天,李善长来见朱元璋,一脸忧愁地说:"现今大旱,溪涧尽皆干涸,土地龟裂,如此下去,势必颗粒无收,岂不连累我军征粮?"朱元璋一听,也顾不上军务杂事,忙命亲兵备马,与李善长带着几个随从到城郊查看旱情。他放眼望去,只见赤地千里,黄土弥漫几乎看不到绿色。

这时,一个30岁左右书生模样的人从他马前走过,看见朱元璋忧心忡忡的样子,主动搭话说:"将军一脸愁容,莫非是在为这大旱天气担忧?"朱元璋见对方温文尔雅,印象颇佳,问道:"你这书生倒有些学究样子。哪里人氏?叫什么名字?"书生道:"小生杨元杲①,家就在滁阳,离此不远。现在天气灼热,将军何不到我家中饮些茶水消暑解渴。"

朱元璋叹道:"我渴了可以喝水,可这成千上万亩稼禾又如何解得了渴?"杨元杲说:"不瞒将军,我这些日子四处奔走,就是在找解渴之法。"朱元璋忙问道:"那你可曾找到法子?"杨元杲回道:"若要下雨解旱,将军须到柏子潭龙祠去求雨。"

朱元璋听了很不高兴,他不信神,因为连最厉害的珈蓝神都没法救人于危难。"一个读书人,怎能说出这般妄语!"杨元杲笑道:"我的求雨之术和别人不同,几天来我已实地考证过。求雨只是表达你的善念,你到龙祠求雨后,可到西崖去看柏子潭,若潭中有鱼跃潭水或鼋鼍上浮,便是雨兆了,只需3日,必定有雨。"朱元璋心想,既然你已经考证到有雨的征候,为什么还要我去求雨?不过,转念一想,他便明白了杨元杲的用意:求雨只是做个样子,若真的求来了,自己在老百姓心目中就犹如神仙一般。明白了这一点后,他不由得心花怒放,兴奋地说:

---

① 杨元杲:曾跟随朱元璋渡江,同时担任行省左右司员外郎。——编者注

"好，就如你所言去求雨。若得雨，本将军必有重赏！"

第二天一大早，朱元璋就去柏子潭求雨，并对外大造声势。结果，他还没有走到柏子潭，很多百姓已经赶到了那里，他们要亲眼看见奇迹的发生。响午时分，朱元璋来到潭边开始作法。他虔诚地跪拜，祷告一通，然后命亲兵去马背上取来长弓箭壶，挽弓搭箭，直指上天道："烈日导致如此干旱，百姓凄苦，元璋特来为民致祷，日神常受民供，岂可不体恤人民乎？我今日与君相约，3日内与我降雨滋民，如若不然，我定像后羿射日一样将你一箭射落！"

朱元璋作完法后，留下几个亲兵去观察书生说的那些征候，他心里比任何人都担心。说来也巧，到了第三天，一声惊雷给人们带来了喜讯，大雨倾盆而下，田间旱情尽消。滁阳百姓欢呼雀跃，朱元璋的威名不胫而走。

在帅府，朱元璋兴奋地大喊："好一场及时雨！是天助我，还是人助我？"他立刻想到了那个书生，忙派人去将杨元杲找来，让他在帅府任职。

接着，朱元璋乘势进取，向滁州周边出兵，扩大地盘，先后取铁佛岗，攻三汊河口，收全椒、大柳诸寨，攻无不克，每战皆胜。

三、能进亦可退

朱元璋在滁州战无不胜之时，郭子兴、赵均用等人也拿下了泗州城（今江苏盱眙县境内）、盱眙县城（二城隔淮水相望）。

彭大死后，他的儿子彭早住袭称鲁淮王，和赵均用、孙德崖等人倒也相安无事，而势单力薄的郭子兴则成了他们的出气筒。赵均用等人多次设计相害，幸好朱元璋在滁州势力强大，他们才不敢公然造次。后来，赵均用、彭早住想到了一个一石二鸟之计：以王府的名义，下令调朱元璋来守盱眙。

朱元璋心里明白，若移师盱眙，就会方便他们就近节制，伺机一网打尽；如果不听从调令，又势必引起郭子兴的猜忌。他找李善长商议此事，决定找个理由，说军情紧急，部队无法转防；并用钱买通王府管事之人，劝赵均用、彭早住不要"相煎太急"。同时让李善长写了一封书信，遣人直接送给赵均用，信中说："从前大帅穷迫之时，郭公开门接纳你，恩德匪浅。大帅不但不报恩，反而听信小人之言想要杀他，这样的话，大帅将自剪羽翼，失去豪杰之心，我私下认为大帅不应该这样做。而且郭子兴的部队仍然很多，杀了他，你不会后悔吗？"并正告他，万一闹出什么乱子，反而得不偿失，不如好好对待郭子兴，让他出力攻城池、保疆土。

赵均用对朱元璋的强硬态度很不满，但又觉得他言之有理，于是让郭子兴带了1万人马去滁州。朱元璋听说郭子兴要来，赶紧出城相迎。

郭子兴拿回兵权后，对两军约5万人马进行了一次检阅，让自己带的1万人马和朱元璋的3万多人马各自演练。只见朱元璋的部队军容整肃，号令严明，而自己的队伍则松松垮垮。他不禁又喜又愧，对朱元璋的治军才干赞不绝口，并对自己的部将痛加责罚。没想到这下引发了两支队伍之间的矛盾。

郭子兴手下将领大多是朱元璋的同辈，都不愿居于朱元璋之下。郭子兴的儿子纠集亲信再一次挑拨离间，诬告朱元璋交出兵权只是做做样子，实际上部队只听他的号令，并说朱元璋背后骂元帅老庸无能。在这伙人的蛊惑下，郭子兴易怒多疑的毛病又犯了，马上将朱元璋重用的部将都调到元帅府，断其臂膀，甚至连朱元璋的书记官李善长也想收之麾下。

李善长知道郭子兴是个庸才，也知道朱元璋这个时候更需要人帮扶，于是向朱元璋哭诉。朱元璋叹了口气，说："父帅的命令不可违抗，你先去干一段时间吧！"但李善长坚决不从，郭子兴无奈，只得暂时作罢。

面对郭子兴越来越严重的猜忌，朱元璋始终保持沉默，每天按时到郭子兴的内堂请安，按时到元帅帐前排班、应差，行事十分谨慎。他知道仁义值千金,但要坚守仁义,必须付出代价。此时只有忍辱负重,才能换来仁义。他忍气吞声地熬了两个多月,博得了全军上下的同情,大家都认为他对郭子兴极为忠诚。

平静的日子很快被来犯之敌打破了。至正十四年(1354年)十一月,元朝丞相脱脱以数十万重兵围攻赵均用驻守的六合城(今南京北)。赵均用所部损失惨重,只得派人星夜突围,向朱元璋求援。朱元璋担心再度引发郭子兴的猜忌,便急报郭子兴,请他亲自接见。郭子兴一听是死对头来求救,又因敌众我寡,于是严词拒绝。

朱元璋认为,六合在滁州东面,唇亡齿寒,不得不救,所以硬着头皮苦苦相劝,郭子兴勉强同意下来。但元兵来势汹汹,号称百万(实际上约40万人),兵分两路,一路30万人马去攻打高邮(今江苏高邮境内)的张士诚,另一路十万来围攻六合。因敌我力量悬殊,郭子兴手下无人敢领兵前去救援。

朱元璋虽跃跃欲试,却不发一言,只冷眼旁观这种尴尬局面。郭子兴无奈,只得让朱元璋去卜一卦,意思是若此去是吉,就派他前去。朱元璋说:"父帅令末将出征,虽万死不敢辞,何必卜卦!凡事可行与否,当断之于心,与神明有什么关系!"

郭子兴很赞赏朱元璋的胆识和气魄,当即给他一万人马,前去支援。朱元璋赶到六合时,元军攻城正激,排山倒海,城防工事几乎全被摧毁。守军拼死抵抗,但终究力量悬殊,危在旦夕。朱元璋自知死守无益,必须另出奇谋,方可战胜强敌。他下令人马全部撤进堡垒,然后让全城的妇女到城上跺脚拍手、破口大骂。元兵从未见过这种阵法,心生疑惑,不敢轻易冒进。于是朱元璋乘机叫全城人马列队出城,秩序井然地向滁州撤退。

过了好半天,元兵终于反应过来,组织人马猛追。朱元璋挑选几千精兵在半路的一个山谷中设伏,然后命耿再成带人去引诱敌人来攻。待元兵靠近,伏兵四起,打了元兵一个措手不及。紧接着,滁州城中的守军呐喊而出,乘胜追击,与伏兵两面夹击,元兵一时无法组织反攻,只得丢盔卸甲而去。义军缴获了大批枪械、马匹。

此战表面上取得了胜利，实则是引火烧身。若元兵卷土重来，围攻滁州，滁州的几万人马恐怕难以招架。为此，朱元璋又使出一计：向元军示弱。他派城中父老携带酒食，赶着缴获的马匹，载着枪械，送还给元军，对他们说："城内都是良民，之所以起兵固守，只是为了防御盗贼。刚才的混战实属误会，如果将军因此惩罚滁州百姓，那些可怜的人真是太冤枉了！我等前来，就是想澄清误会，并犒劳将士们。假如将军能够开恩保全我等，城中百姓愿为大军供给粮食军需。"

元兵虽然凶残，但毕竟属于官兵，若对付治下的百姓，实在说不过去。元军将领也知道这些百姓中有不少红巾军，再纠缠下去意义不大，六合的义军已经被打跑，他们的主要目标是高邮的张士诚。况且，当时民间的义军分为两种情况：一种是反对元朝廷，另一种是拥护元朝廷，并帮助元朝廷镇压起义。元朝廷对于后者非常重视，往往对其领袖授予元帅称号进行拉拢。元将对部属们说："看来城中确是良民，否则也不会把夺去的马匹、军械送还。既然他们自愿供给军需粮草，我们也就没有必要再攻城了。"随后下令将人马悉数撤走，滁州就此化险为夷。

通过这一战，朱元璋悟出了一个道理：不能跟元军硬碰硬。在后来的很长一段时间里，他一直避免与元军发生正面冲突，当其他义军与元军打得头破血流的时候，他则躲在后方积蓄实力，伺机兼并友军，有时还主动与元军联系，进退的时机把握得很好。而他的胆识和计谋，也让大家深为佩服。连郭子兴也觉得手下能够带兵打仗的非朱元璋莫属。

这次帮赵均用解了六合之围，又保全了滁州，郭子兴大有扬眉吐气之感，觉得肚子里憋了几年的一口怨气终于出来了，他也想弄个王来做做，风光风光。

郭子兴手下的将领纷纷支持他称王，只有朱元璋内心不甚赞同。如果直接提出反对，他怕败了郭子兴和诸位将领的兴致，引起他们的嫉恨，但事关大局，不反对又可能带来大麻烦，因此他婉言劝道："父帅称王，神人共庆，理所当然，只是眼下元兵未远去，一旦称王，树大招风，恐怕会使他们引兵来攻。以我们目前的兵力，实在难以与之抗衡。况且滁州四面环山，舟楫不通、商贾不集，交通不便，也不热闹繁华，而且腹地狭小，实在没有什么有利的地势可以凭借，绝非久留之地……我个人认为眼下应南略和州（今安徽和县），那里进可攻退可守，天宽地广，是个不错的发展之地。待地盘扩大、兵势增强，再称王也不迟。"

郭子兴听了心中非常不快，但他也明白朱元璋说的有几分道理。元兵就在附近，自己称王难免引火烧身。元兵从高邮到滁州，最多两天工夫，一旦他们对滁州进行围攻，连滁州也保不住，哪还有什么滁州王？因此，他勉强同意暂缓称王。

滁州暂时平静下来。一天，又有一位义士来投军，自称从虹县（今安徽泗县）来，叫胡大海。朱元璋闻报，连忙让人将胡大海请进来，只见他相貌堂堂、威风凛凛，忙起身相迎，让他坐在自己身旁，两人谈得很是投机，朱元璋当即任命他为滁州义军先锋官。

四、南取和州

朱元璋在滁州继续积蓄力量之际，元军把兵锋指向了高邮的张士诚。

至正十四年（1354年）十一月，元军兵临高邮城下。双方在高邮城郊大战一场，张士诚大败，退入城中固守。元军将其围了个水泄不通，高邮守军渐渐不支，情况十分危急。就在这时，朝廷发生内讧，元军统帅脱脱卷入了宫廷斗争。同年底，元顺帝听信奸臣谗言，命河南行省左丞相太不花、中书平章政事月阔察儿、知枢密院事雪雪，代统脱脱所部兵将。脱脱部下"大军百万，一时四散"，很多人都投奔红巾军，刘福通声势日盛。张士诚乘势出击，大败元军。

张士诚本是个盐贩子，他所在的两淮盐场是全国最大的盐场，产量占全国的40%，税收则占1/3。垄断行业向来暴利，钱壮人胆，张士诚在盐场时就是一个胆大包天、交友大方的流氓,小有名气。至正十三年(1353年)一月,张士诚和他的3个弟弟士义、士德、士信以及好友李伯升、潘元明、吕珍等在内的18人,杀了欺压他们的大户人家,然后到附近的盐场招兵。盐丁和贫苦大众纷纷响应,很快就聚集了一支万余人的队伍,众人推张士诚为共主。

随后,张士诚在江淮刮起了一股小旋风,劫掠了泰州(今江苏泰州)及其周边地区,阻断了大运河南北交通。元朝廷高度依赖江南财赋,急于解决问题,在简单镇压失利后就高举大旗,进行招抚。但张士诚很不给面子,假意答应接受招抚,然后杀死了前来封赏的使臣。

高邮义军不属于刘福通的红巾军系统,张士诚既没有利用白莲教或是明王下世进行蛊惑,也没有借反元复宋来号召,他起事完全是出于激情。年底,张士诚又攻占了高邮,从此占据运河两岸,可以更方便地抢劫漕运。至正十四年(1354年),张士诚在高邮称诚王,国号大周,并改元"天祐"。

张士诚虽然称王,但地盘太小,他的野心体现在对级别要求很高,但对领地的要求却很低,以做一个井底之蛙式的皇帝而沾沾自喜。于是,这个不知天高地厚的盐贩子成了又一只找死的"出头鸟",引来了元朝几十万大军。所幸元朝廷内部的政治斗争帮了他一把,使他抓住机会反败为胜。

高邮的胜利给了各地义军极大的鼓舞,全国各地本已进入蛰伏状态的义军又重新活跃起来。至正十五年(1355年),徐寿辉部红巾军走出山区,骁将倪文俊四处出击,攻下了湖广和江西的大片土地;至正十六年(1356年)初,倪文俊建都汉阳(今湖北武汉市汉阳区),迎徐寿辉入驻,自任丞相,把持一切军政大权,此后两年,他又不断派兵四处攻打,扩大自己的辖区。

至正十五年(1355年)二月,刘福通拥立韩山童之子韩林儿在亳州称帝,改元"龙凤",国号大宋,史称"小明王"。小明王遵母杨氏为皇太后,以杜遵道、盛文郁为丞相,刘福通、罗文素为平章政事①,刘福通之弟刘六为知枢密院事②。这些人群龙无首互不服气,因韩林儿的出现得以缓解。

起义形势大好,各地义军都想乘机做大。郭子兴也蠢蠢欲动,他称王不成,便想多占点地盘。滁州人马众多,城中粮食日渐缺乏,大年刚过,郭子兴便匆忙召集众将,商议下一步的行动。

"元帅,咱们干脆去打六合吧!如今元兵都退了,咱们的围也算解了,正是大伙有仇报仇、有怨报怨的时候!"有人说道。

"元帅,咱们还是向西攻打庐州吧,那边富裕一些,攻打也容易!"又有一人说道。

"元帅,要不咱们干脆杀回濠州,那里本来是咱们的地盘,正好给您出口恶气!"众人七嘴八舌,但郭子兴没有什么主见,最终也没得出个什么结果。

这时,郭子兴想起了朱元璋,便命人召他来军中议事。朱元璋想让郭子兴早日离开滁州,他最想攻打的地方是集庆,但眼下实力不允许,只能一步步向那里靠近。因此他旧计重提,说:"按眼下的势力分布,我们无法往北、往西进攻,最好是向南直取和州。"和州南临长江,据说当年项羽自杀的乌江就在这一带。

郭子兴说:"现在这种情况,为何要先取和州?"

朱元璋说:"困守滁州一个孤城,能有什么作为,现在只有和州比较容易攻取。"

郭子兴问道:"你可有什么计策?"

朱元璋回道:"和州城小而坚,不可力胜,唯有智取。此前攻打民

---

① 平章政事:初为宰相的职衔名义,渐演变为官名。元世祖中统元年(1260年)中书省、尚书省置,为丞相副贰,从一品,后由一员增至六员,文宗至顺元年(1330年)定为四员。

② 知枢密院事:官名,主管枢密院政务。元世祖至元二十八年(1291年)置一员,因枢密使由太子真金兼领,以后常缺,遂为枢密院实际长官,后定置六员,从一品,掌全国军事机密之务。

寨，不是得了两面庐州路义兵的军旗吗？现可选3000精兵，换上庐州义军的服饰，只在左后脑上挂青布为记，让他们挑着庐州义兵大旗，带上布帛酒肉，到和州时，只说是庐州路义兵前来犒赏和州将士，元军必然不会怀疑。再派一万大军，穿上绛衣，跟在前队10里之后。待青衣兵入城，举火为号，绛衣军再去取城。到时内外夹击，岂有不破之理？"郭子兴听了连称妙计。

至正十五年（1355年）正月，郭子兴派妻弟张天祐领兵攻打和州。不久前归附的虹县人胡大海身强力壮、勇略过人，担任前锋一职。

在张天祐的率领下，一支椎髻左衽、身着青衣、装扮成元兵模样的队伍，赶着四头骆驼，载着货物，浩浩荡荡地向和州出发了。

正月二十一日，张天祐青衣军按照朱元璋的命令，护送由大将越继祖冒充的元朝使者前往和州犒劳将士，当他们到达距和州40里的陡阳关时，当地乡绅以为是真的元使来到，带着酒肉前来犒劳，使青衣军耽误了一些时间，之后继续行军又走错了路，没有按照约定的时间到达和州。

耿再成部先于张天祐部来到和州城外，到了约定的时间，没有看到青衣军举火为号，以为自己途中耽误，火已举过，忙率兵攻城。

元兵发现红巾军朝城门冲来，赶紧收起吊桥，关闭城门。城头上一阵弩箭檑石打下，耿再成队伍一片慌乱，这时，元军又点起一支兵马追杀出来。耿再成中了一支流箭，伤了左臂，不得不率队后撤。元军跟踪追击30里，见天色已晚，于是鸣金收兵。

这时，张天祐的青衣军恰好赶到，向元军发起突袭，疲惫不堪的元军以为中了埋伏，掉头回奔。张天祐与汤和一路追杀，待追到和州小西门，元军见大部队已经回城，忙令急收起吊桥。张天祐见事态紧急，下令务必夺取吊桥，两军又在桥内、桥外激战。汤和将吊桥的绳索砍断，红巾军蜂拥而上，夺了城头，冲入城内，元军守将也先帖木儿弃城逃跑。红巾军误打误撞，将智取城门变成了调虎离山，收到了奇效。

此时郭子兴正静候捷报，而耿再成并不知道后来发生的事情，他率败军逃回滁州，报告了惨败的经过，还说张天祐已经全军覆没，郭子兴听后十分沮丧，朱元璋却在一旁笑着说："父帅不必难过，稍后必有佳音。"

这时，元军跟踪追击来到滁州城下，郭子兴命朱元璋等人部署防务。元军派人送信给郭子兴，信中说："大兵将到，速宜投诚，毋自贻悔……"

朱元璋看信后说："胡虏竟敢出此狂言，现在我们应当整兵示威，不能让元使小瞧了。"郭子兴发愁道："滁州的军队大部分已经调走，城内空虚，怎么示威呢？"朱元璋不慌不忙，表示自有妙计。随后，他将3个城门的守兵集中于南门两旁列队，待元使来到帐前，喝令他跪行入帐。元使不从，朱元璋命左右将其按倒在地，元使这才匍匐入帐。

郭子兴见到元使后，语气强硬地说："元廷君臣昏庸，天下大乱，我们为保民起见，起兵平乱，已经安定濠州、滁州一带。现在想要招降我们，难道以为我们是贪生怕死之辈吗？"元使嚣张地说："小小一座滁州城，依靠几千乌合之众，竟敢对抗朝廷！降还是不降，你们自己决定，我只是奉命前来，为何如此无礼？"众将听了都十分愤怒，建议杀掉元使。朱元璋连忙阻止道："元使无礼，应当马上驱逐出去！"郭子兴于是派人将元使赶了出去。

不久，元军得知和州失守，便撤了滁州之围。郭子兴命朱元璋率两千人马沿路收拾败兵，伺机再次攻打和州。朱元璋一路收罗了1000溃兵，合计3000人向和州进发，来到城下，才知和州已经得手，于是率部开进城去。

捷报传来，郭子兴转忧为喜。经过滁州、和州两场战役，他深为朱元璋的军事指挥才能和神机妙算所折服，认为略城辟地不能没有他，于是升任朱元璋为统率和州兵马的总兵官。

第四章　大举义师伐无道

一、倾力打造仁义之师

朱元璋进驻和州后，发现街上一片凄凉，店铺大门紧闭，很少有百姓行走，女人更是绝了迹。偶有行人也是面露惊惶，贴着墙根，行色匆匆。朱元璋对此大感不解，便问李善长是怎么回事。

因为打下和州的义军大都是小张夫人的弟弟张天祐的部下，李善长不敢直接指出他们的不轨行为，便婉转地向朱元璋表达了自己的意思：

元朝统治者从马上得天下，以抢掠致富。占据中原以后，官僚体制也不完备，所以扬鞭徒手而来，车载金银而去，往往视若寻常。地方官吏往往与高门大户、豪强恶霸相互勾结，横行乡里，鱼肉百姓。有一等骤富豪霸之家，内有曾充官吏者，亦有曾充军役离职者，亦有泼皮凶顽者，皆非良善。以强凌弱，以众害寡，妄兴横事，罗织平民，骗其家资，夺占妻女，甚则害伤性命，不可胜言。交结官司，视同一家。

他们攀缘勾结的手腕也很高明：每遇官员到任，百计钻刺，或求其亲识引荐，或赂其左右吹嘘，既得进见，即中其奸。始以口味相遗，继以追贺馈送，窥其所好，渐以苞苴。爱声色者献之美妇，贪财利者赂之玉帛，好奇异者与之玩器。日渐一日，交结已深，不问其贤不肖，序齿为兄弟，同席饮宴者有之，下碁打双陆者有之，并无忌惮。彼此家人妻妾，不避其嫌疑，又结为姊妹，通家往还，至甚稠密。街坊之人，见之如此，遇有公事，无问大小，悉皆投奔，嘱托关节，俗号猫儿头，又曰定门。贪官污吏，吞其钩饵，唯命是听。……民之冤抑，无所申诉。这种情形愈演愈烈，穷苦百姓自然就没了活路，所以义军一起，应者云集。不过，天下义军表面上都打着仁义的旗号，事实上，很多口口声声要为百姓做主的人也绝非善茬，他们和贪官污吏一样，搜到美女、财物据为己有，历次社会动荡无不是一场场惨痛的浩劫。只有那些志向远大的领导者带出来的军纪严明的队伍，才算是百姓的"大救星"。

朱元璋听了李善长的长篇大论，沉思片刻，问道："你绕了这么大一个圈子，到底想要说什么？这跟眼下的情形有什么关系？"

李善长壮着胆子说："我要说的是，眼下的情形就是假仁假义的'义军'造成的，只有打造一支真正的仁义之师，才能真正救民于水火。"

朱元璋知道若想平定天下，义军必须转变作风，倡仁义、收人心、树形象。于是，他把张天祐请来，对他说："队伍从滁州来到这里后，经常劫掠钱财妇女，这种行为很不可取，应该申明军纪，才能安定民心。"张天祐淡淡地说："前事不必提起，以后禁止劫掠便是。"朱元璋听了心里很不痛快，深知要打造仁义之师，首先要把军权抓在手中。郭子兴交给他的是一批骄兵悍将，他们大多随郭子兴濠州起事，资历、年龄均在自己之上，不会轻易服从自己的指挥，必须露两手硬的，以术驭将，方能立信扬威。

为了试探一下众人的反应，朱元璋想了个计策。一天，他让人把议事大厅的公座全部撤掉，换上十来张板凳。第二天五更时分，他召集诸将议事，并故意迟到，当时的座席以右首为尊，本应给总兵朱元璋留着，但众将只给他留下了左末的一个座位，他毫不迟疑地坐了下来。等到讨论事情的时候，众人无所规划，而朱元璋有备而来，慷慨陈词，说得头头是道，众人见朱元璋能力确实很强，才稍稍有些服气。经过几次议事，老将们都觉得朱元璋有主意、有决断，终于口服心服。

朱元璋占据和州不久,江南的元军准备对和州进行围攻。朱元璋召集诸将商议对策,大多数将领主张掠尽财物后撤往滁州。朱元璋则主张死守和州,因为他要把和州当作东进集庆的桥头堡,于是提出修葺城墙之事。和州城墙经过几次围攻战,已经破损不堪。朱元璋提出把城墙平均分为10段,每个将领包修一段,限3天内完成,否则军法处置。他自己则主动包下破损最厉害的西门城楼一段。

3天后,朱元璋完成了任务。西门一段由徐达带领士卒日夜赶工,也修复得焕然一新,固若金汤。而其他各段才刚刚开工,那些老将根本没把朱元璋的话当回事。

第四日清晨,"咚咚"的鼓声从议事厅传出,朱元璋再次召集众将开会。半晌,那些通宵饮酒作乐的将领才打着哈欠,拖拖拉拉地走进议事厅。一进门,他们发现议事厅变了模样,长条凳没有了,只有一张主将公案朝南而立。人到齐后,朱元璋沉着脸,端着一支描金令牌从后堂跨出。徐达和汤和腰系长剑,雄赳赳、气昂昂地紧随其后。

朱元璋坐到帅案前,拿出郭子兴的令牌,放在桌子上,令诸将叩头朝拜,然后严肃地说:"我这个总兵是郭大帅任命的,并非我独断专行。而且军家大事,不可毫无约束,现在修筑城墙都没有按期完成,事情如何能够成功?"

徐达、汤和立即上前抓人,这时,李善长等人从后堂匆匆跑出来,往朱元璋面前一跪,连声替诸将求情,请朱元璋高抬贵手,放他们一马。

朱元璋见诸将领个个吓得面无人色,趴在地上一动也不敢动,方才恨恨地说:"念你们初犯,且屡有战功,这次暂且记在账上。下次若再不遵号令,当斩首示众,绝不饶恕。"

众将都不敢吭声,自此,朱元璋的威信逐步树立起来了。

城墙刚修整完工,元军便大举来攻。这次元军先从西门下手,没有成功,于是又转攻北门。朱元璋见状,干脆带人突然杀出,直杀得元军远退百里才罢手。史载，至正十五年（1355年）三月，郭子兴、朱元璋的起义军占领和州后，"元兵十万来攻和州，上（指朱元璋）以万人拒守，连兵三月，间出奇兵击之，元兵数败多死。及夏，乃解去"。

和州保卫战以一万余人对元军十万人马，不仅保住了城池，还出城反击，使郭子兴手下的老将们对朱元璋刮目相看。特别是张天祐，经历和州之战，他见识了朱元璋的深谋远虑，于是对他更加敬重。

郭子兴的旧部成分比较复杂，义兵、流民、流氓、地主武装都有，部队纪律一向很差。他们每每攻下城池，便抢掠民众，还掳人妻女，闹得百姓妻离子散，民怨沸腾。初破和州城时，士兵恶习难改，打砸抢烧无所不为，严重者更是"暴横多杀人"。谋士范常提醒朱元璋说："得一城而使百姓肝脑涂地，如何能够成就大业呢？"

朱元璋也意识到了这个问题的严重性，先后斩杀了几个士卒，但是效果并不明显。朱元璋心里烦忧，回家后焚香祷告，愿天命早有所归，不要再让天下苍生受苦，也让自己能够有所建树。马秀英进来正巧听见，就对丈夫说："现在天下豪杰并起，尚不知天命将归于谁，但依我来看，一定要以不杀人为本……对于摔倒的人，我们要扶助他们；对于危难的人，我们要救护他们；对于生计困难的人，我们要救济他们……只有这样，才能积聚人心！人心所向才是天命所归。那些杀人如麻、只知道攻城略地、贪图一时之快的人，上天都会厌恶他们，他们自身都难以保全，还谈什么夺取天下啊！"

马秀英这番高论，不仅仅是出于善良的天性，也与她平素博览书史、用心思考有很大关系。朱元璋听后不住地点头称是，对妻子大为赞许。

第二天，朱元璋冒着雨从外面回来，开心地对马秀英说："昨天听了你说的话，我走在路上都一直在回味。今天正好有一个士兵从外面带回来一个妇人，细加盘问，他承认是自己攻城时掳掠回来的，于是我对他说：'现在我们用兵讲求章法，不准私藏妇人。如果以后再犯，一定杀了你！'那个士兵很害怕，就把那个妇人送走了……这可都是你那番话的功劳啊！"

"夫君能有这样的想法，何愁人心不归？"马秀英欣慰地说。

朱元璋决定一鼓作气，对义军进行整顿，他让李善长将严禁抢掠妇女等纪律写成告示晓谕全城。

又过了几天，朱元璋稍得空闲，便到街上走走，见一个八九岁的孩子站在屋檐下哀哭，于是走过去问道："喂，娃娃，为什么哭？"

那孩子抽噎着说："我在等我爹，他总也不出来。"

"你爹到哪儿去了呢？"

"叫一个当官的拉去喂马了。"

朱元璋心中一动，又说："那就跟着你娘，何必跑到街上来挨冻！"

孩子一听放声大哭起来："我娘也在官家，跟我爹不敢相认，只敢以兄妹相称……我在这里不敢进去，所以特来这里偷偷地等候。"

朱元璋听了，把小孩交给一个亲兵照看，沉着脸闯进门去。

这里居住的是一个王姓将领。朱元璋先是找到马厩，只见一个面黄肌瘦的汉子正在铡马草。他过去问了问，正是那孩子的父亲。

朱元璋不露声色，又闯入内堂，只见里面有几个年轻妇女穿着绸缎衣服，脸上还涂着胭脂，颇有几分姿色，只是都愁容满面。朱元璋挨个问了一遍，原来她们都是良家妇女，被王将军抢来，其中一个便是那孩子的母亲。

王将军不在家，上军营去了。朱元璋脸色铁青回到总兵府，他越想越气，叫人将所有将领都召至议事厅。从厅门口至公案旁，站着两排亲兵，一个个腰系长刀，满脸杀气。

将领们争先恐后地赶了过来，一进门，他们就被那杀气腾腾的景象唬住了，一个个心中直打鼓，不知会出什么事。他们已领教过朱元璋的厉害了。

这时，堂后一声大喝："总兵到！"朱元璋铁青着脸，按着佩剑大步跨进堂来。

"前些天我还以不杀人而立威为傲,可今天我非要砍个人头不可!"朱元璋严厉地扫了一眼,"我们刚从滁州出来时,多有掳人妻女之事,以致许多人家夫妇离散。如今这支队伍若是还像先前模样,毫无纪律,何以安抚这城中百姓,何以让百姓的心向着我们?我已经将纪律公之于众,为何还有令不行、有禁不止?"众将领都低着头不敢吭声。

"王得贵!给我滚出来!"朱元璋怒目圆睁,暴雷似的一声大喝,将剑往下一按。

王得贵吓得面无人色,抖抖索索地站出来。

"给我拉出去,斩首示众!"朱元璋又是一声怒喝,震得大堂嗡嗡作响。

几个亲兵立即把王得贵拖下堂去,转眼间,一颗血淋淋的人头就被亲兵用托盘端上堂来。

"你们好好看着,今后谁还敢抢掠妇女,弄得百姓妻离子散,我就叫他脑袋搬家!今天立一条规矩:凡军中所得妇女,当悉数还之!"

他略微停顿了一会儿,又改用劝诫的口吻说:"我也知各位孤身在外厮杀,需要有个女人陪伴。但今后城破,凡所得女子,有夫之妇皆不许擅取,取了则百姓妻离子散,会恨我入骨,坏我大业。那些无夫未嫁者皆可许之。望各位牢记,千万莫以身试法!"

众将十分惶恐,回去后纷纷交出了私藏的妇女。朱元璋令城中已婚男子集中在衙门前,站立两旁,让妇女一个个从衙中走出,宣布:"如果是夫妇,就相认;不是夫妇,不得随便相认。"

许多妇女从衙门走出,和家人得以团聚。这样一来,军队的形象和军民关系得到了很大改善。全城百姓无不奔走相告。一些父老还找到总兵府,称他们是"仁义之师"。

此后,每攻占一个地方,朱元璋都会马上申明军纪,不杀人,不劫财,采取各种安抚人心的措施,这也使得在后来的征战中,军队始终号令严明,招之即来,战则能胜,深受百姓爱戴。

二、军权之争

在和州期间,朱元璋率部与围城的元军对抗了3个月,元军虽然被打跑了,但和州城中万余守军的吃饭问题十分迫切。与和州相对,紧靠长江南岸的太平(今安徽当涂县)、芜湖(今安徽芜湖)是盛产稻米的地方,但是朱元璋部没有船只,只能望江兴叹。而在江北,元世子秃坚(又名秃坚不花,蒙古诸王)、枢密副使①绊住马和民军元帅陈埜先,分屯新塘、青山、鸡笼山等处,阻绝和州饷道。

时值雨季,道路阻塞不通,朱元璋一改消极防御之态,采取主动出击的策略,留李善长守城,自率大军分三路进攻。一群羊哪是饿狼的对手,秃坚、绊住马等人很快便败逃江南,朱元璋缴获了大批物资。

接着,朱元璋又率得胜之师开往鸡笼山,等他们到了那里,鸡笼山的守军早已不知去向。据传这期间还发生了一件很奇怪的事情:朱元璋率军进抵鸡笼山侧稍息之际,突然有一条小蛇从草丛里窜出来,爬到他的胳膊上。左右之人见状嚷了起来,正在打盹的朱元璋睁眼一看:呀!这小家伙竟"有足,类龙而无角"!他认为这是灵异之物,于是在心里默念:"若果真是神物,便到我的帽缨中稍息片刻吧!"这小蛇居然乖乖地钻到他的帽子里去了。朱元璋很高兴地把帽子戴在头上。

由于鸡笼山没有元军,朱元璋决定返回和州。行至城郊的时候,有亲兵来报:"有贼乘虚进攻和州,幕官李善长率部抵挡,杀获甚众。"原来,驻守鸡笼山的陈埜先趁朱元璋出兵,竟绕道来攻打和州城,幸亏李善长早有防备,等陈埜先进至城下,他立刻率城中精锐出战,经过约一个时辰的激战,陈军损失惨重。陈埜先偷袭不成,只得逃走。

吃晚饭的时候,朱元璋取下帽子,发现那条小蛇还在里面安睡。他

---

① 枢密副使:官名。为枢密院副长官。元世祖中统四年(1263年)置二员,为枢密院实际长官。至元二十八年(1291年)后定为从二品,官阶低于知枢密院事、同知枢密院事。

惊讶不已，把小蛇弄醒，它竟与他默默对视。他又拿出酒来准备喝，那小蛇也过来凑热闹，喝了一小盅，最后醉醺醺地爬到屋子里消失了。朱元璋将这件事讲给参谋们听，他们都说这是"神龙之征"。朱元璋闻言心花怒放，独揽军权的野心更盛。

江北的形势一片大好，和州的形势更是喜人。一天，朱元璋正在思考下一步的打算，有亲兵来报：濠州的孙德崖元帅来了。

朱元璋虽不知孙德崖来意，但坦然出迎，待到大厅入座后，孙德崖开门见山地说："淮北一带战乱频仍，又天灾不断，濠州城现在闹粮荒，所以特来找你借点余粮。"朱元璋刚刚满载而归，于是爽快地答应了。但对于孙德崖在城里暂住几个月的要求，他不敢轻允，一是对孙德崖不够信任，担心他是"刘备借荆州——有借无还"；二是担心郭子兴认为他擅作主张。因此，他一边接待孙德崖，一边修书一封送到滁州向郭子兴禀报此事。

朱元璋在和州树立个人威信，提拔任用自己的亲信，组建自己的班底，截留战利品，这些消息早就传到了郭子兴的耳朵里，现在又有朱元璋自己写的信，证明他私通仇敌孙德崖，郭子兴气得直跳脚，带上一班人马连夜赶到和州兴师问罪。

深夜时分，朱元璋得知郭子兴到来，急忙前去拜见。郭子兴满脸怒气，一声不吭。朱元璋自知理亏，跪在地上，默不作声，郭子兴突然发问："下面跪者何人？"

朱元璋答说："回父帅，总兵朱元璋。"

郭子兴嚷道："你知罪吗？你躲得到哪里去？"

"回父帅，若小婿果真有罪，这家事缓急之间都可办理，但外事还请父帅早早拿定主意。"朱元璋赶紧打出亲情牌，并转移焦点。

郭子兴忙问："是什么事？"

朱元璋站起来，在郭子兴耳边小声说道："孙德崖在我这里，父帅若一时忍不住，恐与他冲突起来，他人多势众，最好防备一下。"

"不管怎么说，这姓孙的我是早晚要收拾他的！"郭子兴毫不掩饰地说。

朱元璋故意表现出左右为难的样子，帮郭子兴出主意。孙德崖听说自己的死对头到了和州，内心十分忐忑，担心双方见了面难免会起冲突，因此天一亮他就找到朱元璋说："你家岳翁突然来此，我不便居住，想马上开拔到其他地方去。"

朱元璋劝道："既然你这么为难，我也不好相留，只是现在两军合在一处，若有一方尽数离去，恐怕有人要不安分了。我担心这大军一动要引起些麻烦，若再闹出乱子来就不好了。你不妨断后，待大军顺利出城了再走不迟。"

孙德崖觉得朱元璋说得恳切在理，便答应照办。当天早上，朱元璋担心事情有变，亲自将孙德崖的前军送出城外一二十里。这时突然有人来报，说双方在城内发生了混战，朱元璋不得不赶回城内劝架。孙德崖的部下怀疑有诈，捉住朱元璋不让他走。

而孙德崖也被郭子兴捉住，用铁链锁住脖子，陪郭子兴喝酒，郭子兴又是奚落又是责骂，正感到十分痛快，有人来报朱元璋被孙德崖的弟弟抓住，他大吃一惊，马上提出用孙德崖去换回朱元璋，但是双方都不肯先放人。经过短暂谈判，最后采取了折中办法，郭子兴先派大将徐达到孙营做人质换回朱元璋，朱元璋回营后放了孙德崖，孙德崖回营后再放回徐达。

事后，郭子兴斥责朱元璋道："你为何设计放走孙德崖？"朱元璋不好搪塞，坦诚地说："孙德崖虽然得罪过父帅，但毕竟是患难之交，不应一口拒绝。现在他据守濠州，保我梓桑，并没有什么大的过错，还望父帅宽宥饶恕！若杀了孙德崖，孙家兄弟岂有不来寻仇的道理？到时兵戎相见，难免血流成河。"郭子兴听了一时无话可说，气哼哼地走了。

郭子兴冒险抓孙德崖，非但没伤到他一根毫毛，反而令自己心焦不已。回到滁州后，他郁怒之下，得了一种肝逆症。这好似一种心病，心口添堵，忧闷难舒，从此一病不起，不久命归黄泉。

噩耗传来，朱元璋悲痛万分，星夜赶回滁州奔丧，他抚尸痛哭，几欲昏厥。郭子兴是朱元璋命中的贵人，虽然他不时打压、猜忌朱元璋，但总的来说还是有恩于他，而且从长远来看，他的部队正是朱元璋起家的根本，后来他被追封为"滁阳王"。

郭子兴死后，他的部将归属成了问题。郭天叙、郭天爵兄弟认为父死子继，队伍应当由他们兄弟来统领。但他们心里也明白，只要有朱元璋在，就轮不到他们。因此，他们视朱元璋为眼中钉，必欲除之而后快，几次想毒害他，但都没有成功。朱元璋对此心知肚明，也不对外声张。

一天，郭氏兄弟邀请朱元璋去南山赏菊，朱元璋欣然应允。郭氏兄弟叫人备好下了药的酒菜，携带着一同上路。朱元璋早就猜透了郭氏兄弟的用意，走到半路，他偷偷用针在马身上扎了一下，马儿痛得一声长嘶，腾空而起。朱元璋则双腿夹鞍，紧勒缰绳，仰面望天，嘴唇微动，似乎在与人交谈。突然，他指着郭氏兄弟大骂："你们这两个小人，我有什么地方得罪了你们？刚才金甲神告诉我，你们在酒中放了毒药，想把我害死，是不是这样？老实供来！"

郭氏兄弟慌忙摇头，矢口否认。朱元璋立即跳下马，把那坛酒捧来，倒出一碗，揪着他们的耳朵说："那好，你们两个把这碗酒给我喝了！"

郭氏兄弟吓得脸色煞白，连连告饶，朱元璋也不想逼人太甚，便放他们一马。自此以后，郭氏兄弟再也不敢对他起歹心，都相信有神人在护佑他。之后，张天祐和郭氏兄弟各领兵马，分地驻扎，互不相扰。但这种局面很快便被小明王的一纸委任状打破了。宋国丞相杜遵道被刘福通的亲信害死后，刘福通继任丞相，并加太保衔，将军政大权掌握在自己手中。郭天叙想独掌和州、滁州的兵权，便趁朱元璋率将士攻取和州西南一带负隅顽抗的民寨的机会，让张天祐到亳州找刘福通走门路。

结果，张天祐从小明王那儿带回的任命书竟是以郭天叙为都元帅、张天祐为右副元帅，朱元璋只是左副元帅，坐第三把交椅，等于被剥夺了指挥权。委任状中还规定，从此以后和州城内的军中文告，均用"龙凤"年号。对此，汤和愤愤不平地对朱元璋说："总兵，这是什么混账任命？不能听亳州的，我们应该自己说了算。"

周德兴似乎比汤和看得更长远些，他对朱元璋说："大哥，如果我们听从亳州的，就没有翻身之日了！"朱元璋明白周德兴的意思，现在亳州的韩林儿做了"皇帝"，如果同意在这个"皇帝"手下做事，朱元璋就没有什么前途了，以后也不好自己当皇帝。

他将委任状摔到地上，用脚猛踩几下，说："大丈夫当自己去打天下，岂能受制于人！"他又去征求徐达的意见，徐达直言道："我以为，我们暂时投靠亳州并没有什么坏处，至少北方的各路红巾军不会再来找麻烦，我们可以一心一意向江南发展。"朱元璋同意徐达的观点，他对周德兴、汤和说："我们投靠亳州只是权宜之计，赵均用和孙德崖不是也投靠了吗？现在亳州的势力强大，如果我们不服从，他就很有可能派兵来攻打我们；而投靠他，他就可以为我们阻挡北方的元兵南下，而且如果我们有危险，还可以向他求救。这种只有好处而没有坏处的事情，如果不去做，岂不是太傻了？"

周德兴说："投靠亳州我没有太大的意见，我认为以大哥的能耐和地位，应该做和州城的都元帅才对。"

徐达说："这段时间郭天叙和张天祐肯定非常高兴。"

朱元璋说："就让他们高兴一阵子吧。不过，他们也高兴不了多久了，这支红巾军队伍最终只能姓朱。"他还要说下去，李善长朝他干咳了一声，他猛地醒悟过来，立刻住了嘴。他想，和州的部队大多是他招募或收降的，又经过他的训练，除了他，谁也指挥不动。郭天叙、张天祐只不过图个虚名而已，既然如此，又何必去得罪小明王呢？龙凤政权的组织虽然还是比较松散，但名正言顺也很重要，这对于拉拢广大民众有很大作用。于是他换了一种口气说:"小明王兵多将广,又是首义的大教主,我们兵弱将寡,尊奉他为皇帝,共抗元兵,也是可以的,我们当一个都元帅、副元帅也不亏嘛。"说完,他弯腰捡起那张任命书,掸了掸上面的灰,小心翼翼地揣进怀里。

三、孙德崖计败身亡

这一次,郭天叙虽然被封为元帅,但他也明白自己在队伍中的亲信并不多,威望甚至赶不上张天祐,郭家军的实权依然掌握在朱元璋手中,什么都元帅、右副元帅不过是一纸空文,只有朱元璋这个左副元帅才是真正的元帅,他们即使心里不服气也只能干生气。

小张夫人倒是个聪明人,她知道郭子兴与朱元璋的关系一直很微妙,朱元璋在郭子兴生前服服帖帖,死时悲伤欲绝,但谁敢肯定他不记恨郭子兴?她与郭氏兄弟的关系并不是很亲密,靠他们肯定靠不住,而且她对郭氏兄弟和朱元璋的矛盾也看得真真切切、明明白白。因此,她开始通过养女马秀英与朱元璋拉近关系,甚至想把亲生女儿许配给朱元璋做妾。此时朱元璋不仅有原配正室马秀英,还纳了风水大师郭山甫的女儿郭宁莲为妾,但小张夫人并不计较这些,她需要朱元璋的庇护。于是,在她的一手操办下,朱元璋三入洞房。

过完洞房花烛夜,朱元璋还沉浸在温柔乡里,一连三四天都陪着郭夫人,几乎不出新房一步。李善长和徐达包揽了一切公务,想让他轻松快活几天,没想到孙德崖已经设好一条毒计等着他了。

互不服气和内讧对红巾军可以说是家常便饭。郭子兴死后,他的旧部名正言顺地归附了朱元璋,滁州、和州两地兵马合起来达十万之众。一些将领又推举朱元璋为淮西义军都元帅,朱元璋也没有推辞,欣然接受。消息传到濠州后,孙德崖极为不满,因为他也是濠州义军刚刚推举出来的淮西义军元帅,这样一来,淮西义军又形成了二帅并立的局面。

这就注定了一场新的内斗即将开始。

很快,朱元璋就收到了孙德崖的邀请信,信中声称朱元璋借出的粮食解了濠州的燃眉之急,他对此非常感激,特在濠州南郊兴隆坛设下酒席,诚邀朱元璋赴宴以表谢意。朱元璋料定孙德崖多半没安好心,于是召集众将商议此事。

徐达抢先说道:"孙德崖一向诡计多端,郭大帅曾屡遭其阴谋迫害,元帅千万去不得。"

其他众将也纷纷劝道:"徐将军所言极是,元帅切不可贸然前往!"

这时,李善长接过话头说:"我已接到可靠密报,孙德崖欲设计谋害主公,这次设兴隆宴显然是鸿门宴。"

听了李善长的话,朱元璋说:"如此说来,果然有诈,我这就回书推辞掉。"

李善长忙说:"主公,推掉也不妥,既然孙德崖计谋已败露,我们何不来个将计就计,除掉这个老贼呢!"

朱元璋表示同意,二人商定对策后,又将李善长的内线阮四找来吩咐了一番,让他悄悄潜回濠州。

阮四回到濠州后,找到副元帅赵均用说:"孙德崖欲借兴隆宴之名谋害朱元帅,赵兄若能暗中助我等除奸,事成之后朱元帅必将重金酬谢。而且孙贼死后,所有兵马都归赵兄所有,赵兄日后再也不必屈居人下。"赵均用早想与孙德崖分开,于是一口答应下来。

到了赴宴之日,朱元璋从众将中挑出大将吴桢①作陪,另选50名精壮士卒暗中护卫。

朱元璋走后,李善长又请徐达和胡大海率3000精兵随后跟去,以防有变;郭兴、郭英各领兵千人接应。

当天,孙德崖早早来到濠州城南兴隆坛,命大将吴通等布置妥当,

---

① 吴桢:初名国宝,赐名桢。随朱元璋攻取滁、和两州,屡立战功,授天兴翼副元帅。洪武元年(1368年)封靖海侯。

然后离城10里去迎接朱元璋。他出城后，远远望见朱元璋不过50余人，心中暗喜："这小子中计了。"

双方一阵寒暄过后，孙德崖下令开席，朱元璋随行护卫的五十多人被引入另一帐内酒肉款待。酒过数巡，孙德崖对朱元璋说："去年我去和州借粮，承蒙足下惠爱，让我从郭帅的陷阱逃脱，深为感激。现郭帅已去世半年，兵权无人统领，以辈次论，本应由我掌管，可不久前收到公文，才知足下已为统帅，难道不尊长幼之序了？"朱元璋说："这是郭帅旧部共同推戴的，我不过暂时统辖，他日再当另议。"孙德崖说："今日便可让给我，何必等到日后？"朱元璋起座道："这绝不可能。"

孙德崖闻言，朝吴通使了个眼色，吴通随即右手持刀、左手持杯上前说道："诸位请看，末将手中二物，宝刀一口、玉杯一只，都是唐时西域进献来的绝世珍宝，分别为'昆仑斩王刀''夜光常满杯'。此刀斩铁如泥，此杯精美绝伦，末将现将此杯献给朱将军细品，并舞刀助兴。"随后，吴通将酒杯放在朱元璋面前，并原地拉开架势舞起刀来，一时刀鸣嗖嗖如鬼吐风，白光闪闪似魔送影。朱元璋和吴桢心知肚明，这分明是项庄舞剑！吴桢一个箭步冲上去，叫道："这位老兄好刀法，小弟来跟你切磋一番！"吴桢挥动马刀，很快将吴通逼退。这时，孙德崖大喊道："众将何在？"帐后顿时跳出几十名刀斧手，二话不说便朝朱元璋杀去。朱元璋身旁只有一个吴桢，双拳不敌四手，他情急智生，持剑直奔孙德崖，挟持他作为护盾，冷冷地看着吴桢将敌兵一个个砍死。有几个刀斧手绕过吴桢杀到朱元璋面前，朱元璋一脚踢翻酒桌，手起剑落，刹那间几个刀斧手便鲜血飞溅，倒地而亡！

孙德崖惊得魂飞魄散，他的儿子孙和情急之下举刀欲杀向朱元璋，却被孙德崖一声喝住："眼下情势不妙，不可莽撞！"吴通等恐伤及孙德崖，慌忙住手。吴桢厉声说道："你以前来到和州，我主帅以礼相待，没想到你今天借宴会之名，设下伏兵，引诱我主帅来到这里，想要杀我主帅。试想我主帅应邀而来，人尽皆知，今天要是有什么不测，你不仅不会有好下场，还会玷污了一世英名。"孙德崖急忙问道："依将军之言，现在该怎么办呢？"吴桢道："只要你送我主帅出城，万事好说。"

孙德崖满口答应下来。吴桢揪着孙德崖，护着朱元璋且战且退，一直来到城门口。这时，徐达、胡大海的大军已到达城外，孙德崖见状急了，猛地甩开吴桢的控制，拔腿往回跑。他还没跑几步，只见城门已关，赵均用站在城门上，高呼："朱元璋杀回来了，别开城门！"

孙德崖一听大惊失色，没想到螳螂捕蝉黄雀在后，自己也遭到了算计，眼下一切都完了。他一踌躇，马上被追赶上来的胡大海一斧劈倒，顿时气绝身亡。孙和、吴通等人见孙德崖被害，怒火中烧，便号令已出城门的士卒拼杀过来。几个回合下来，孙和、吴通的人马死伤大半，纷纷往城内逃去。到了城门下，孙和冲着城楼上大喊："快开城门！"但过了很久都没有人理他，他只得绕道而逃。

面前城门紧闭，身后又是朱元璋的数千大军，孙和知道自己已无处可逃，决定拼死一搏。这时，徐达又从侧翼包抄而来，他手握一杆丈八金头红缨枪，骑着一匹高头长腿黑鬃马，飞奔过来拦住孙和的去路。孙和欲作困兽之斗，顺势将枪头扬起向前一戳，徐达侧身闪过，反刺一枪，两人缠斗在了一起。几个回合后，孙和被打落马下。吴通带着几个残兵与胡大海混战一通后，也缴械投降。

之后，朱元璋下令班师返回。徐达说："大帅何不乘势杀进城去？"朱元璋说："赵均用早有准备，再说我们早有约定，不会斩杀他的人马，作为义军，使诈、爽约都是行不通的。"

这让赵均用捡了一个大便宜。孙德崖父子死后，赵均用又处死了孙家上下十几口人，之后带着孙德崖的旧部另立山头。至正十七年（1357年），赵均用自立为永义王。

而朱元璋也牢牢掌握了淮西义军的最高指挥权，控制了整个淮西地区。

四、打过长江去

至正十六年(1356年),红巾军的革命事业走出低谷,渐渐步入高潮。六月,刘福通做出了重大的战略决策,分兵三路北伐,兵锋直指元大都。西路军"陷商州,遂破武关以图关中";东路军"陷胶、莱、益都、滨州,山东郡邑多下";刘福通则率部猛攻开封。在开封城下,刘福通又分兵北略,其中,关铎(关先生)、潘城(破头潘)、冯长舅、沙刘二、王士诚等进攻山西、河北;白不信、大刀敖、李喜喜等进攻陕西;东路军在毛贵率领下由山东北上,几乎在整个山东地区建立了稳固的根据地。与此同时,巴蜀、荆楚、江淮、齐鲁、辽海、甘肃等地义旗高举,相互串联,形成了农民起义的第一次高潮。

外面形势一片大好,朱元璋在淮西也待不住了,想要尽快建立自己的根据地。他认为自己的实力足以雄踞一方,应该尽快向外发展,而不是偏安于和州这个弹丸之地。因此,他一边在和州操练兵马、筹备粮秣,一边与他的智囊们商讨发展方向和作战方略。

此时周边的形势依然很复杂,东面和南面是元军,东南是张士诚占据了扬州,西面是徐寿辉,北面是刘福通。一个小小的和州和交通不便的滁州哪里养得起十万兵马。

欲闯荡天下,必先偏据一方。朱元璋的谋士们早就建议他把集庆作为根据地,但是,从和州到集庆,一路上都有元军重兵把守,直取集庆暂无可能,只能走一步看一步,慢慢向目标靠拢。基于此,朱元璋与他的谋士们制订了一个由北向南、饮马长江、占领那些富庶之地的作战计划。

和州的斜对岸是采石矶(又名牛渚矶,今属马鞍山),要想渡河到南岸,首先得拿下这个小镇。朱元璋的队伍没有渡水作战的经验,因此,他计划做一些水战方面的基础训练。就在他进行训练的时候,有一个人正躲在暗中观察。这个人叫常遇春,字伯仁,怀远(今安徽怀远县）人，出身于贫苦农家，幼年不甘老死田间，于是随人习武。长大后，他体貌奇伟，身高臂长，力大过人，精于骑射，各种兵器都能使用。由于各地兵祸连天，盗匪、义军蜂起，常遇春投奔到绿林大盗刘聚门下，于怀远、定远一带活动。常遇春跟随刘聚拦路抢掠，入宅为盗，起初颇觉新鲜，既能大碗吃肉，又能分得银两。数月之后，他见刘聚只知打家劫舍、四处抢掠，并没有长远计划，便想另寻出路。一天，他随刘聚到和州抢掠，正遇上朱元璋率军攻打和州。常遇春早就听说朱元璋为人仗义豪侠，志在天下。趁此机会，他乔装为百姓暗中观察，目睹朱元璋平易近人，视士卒如弟兄，也亲眼看到朱元璋的队伍纪律严明，不害百姓。他当机立断，决定投奔朱元璋。

朱元璋听说常遇春出身绿林，态度十分冷淡，问道："你是不是挨了饿，想到我的队伍里找饭吃？"常遇春回答说："我在刘聚手下打家劫舍，并不愁衣食，只因刘聚一心抢掠盗窃，胸无大志。我听说将军是贤明之人，特地前来投奔，愿效犬马之劳。"朱元璋又问："你能随我渡江作战吗？"常遇春答道："将军剑指何处，我便愿打到何处，渡江之日愿为先锋。"朱元璋见其言语诚恳，又见其身材魁梧，体魄健壮，就将他留在军中效力。

转眼过了半月。胡大海又引入一人，此人年方二十，威武逼人。朱元璋问其姓名，胡大海代为回答说："姓邓，名友德，与我同是虹县人，现自盱眙来归。"朱元璋又问道："他从前充过何役？"胡大海说："他的父亲邓顺兴曾起义于临濠，与元兵作战时战死；兄长邓友隆也病逝了，经他代任军师，每战得胜。今闻元帅威名，自愿前来效力。"朱元璋笑道："听你说来，他的勇略胜过其父兄，我当替他改一下名字，改一'愈'字，可好？"邓友德当即拜谢赐名。朱元璋十分高兴，马上任命邓愈为管军总管。

朱元璋战前得了两员大将，士兵也训练得差不多了，眼下还有一个最大的难题没有解决——没有足够的船只。为此，朱元璋亲率李善长、冯国用、徐达、汤和等人，去踏勘渡江处所，寻访商船渔舟。他们来到长江边上，放眼望去，只见波浪滔天，江阔水急，偌大一条江上，竟看不到一叶帆影。原来，自朱元璋占据和州后，南岸的元军为防备义军过江，不仅封锁了航道，还把所有的船只抢走，或焚为灰烬，或凿沉江底，沿江几十里几乎没有可载人的船只。

朱元璋正为此而忧虑，巢湖水师廖永安兄弟及俞廷玉父子派人来缴纳粮款，并表示愿率千艘船只前来归附。朱元璋喜出望外，说："这是天赐成功，机不可失。"

巢湖水师属于天完（徐寿辉）红巾军的旁支，由三支分队组成。

至正十一年（1351年），廖永安带领大哥廖永坚、三弟廖永忠从湖北黄冈举家迁居安徽巢湖，开始组织人马结寨自保，训练水手，拉起一支几十人的队伍，廖永安号称"寨主"。后来，他们追随彭莹玉、徐寿辉转战大江南北，廖永坚做了徐寿辉的参政，廖永安被提升为万户。至正十三年（1353年），彭莹玉战死，彭莹玉的门徒左君弼①开始亲近元军，起义陷于低潮。不久，彭莹玉的几个弟子重新拉起队伍，赵普胜②（双刀赵）、李国胜（李扒头）、巢县俞廷玉和他的三个儿子俞通海、俞通源、俞通渊以及廖永坚、廖永安、廖永忠兄弟都是其中的得力战将。他们渡江南下，占领铜陵（今安徽铜陵）、池州（今安徽池州），进围安庆，再下湖口（今江西湖口）、彭泽（今江西彭泽），势如破竹，号称百万水师。俞廷玉的三个儿子和廖家三兄弟、李国胜、赵普胜分别率领一支分队，负责水上作战。左君弼借元军之势欲招降这支队伍，但廖、俞、李坚决不从，由此受到了元军和左君弼的沉重打击，被困在巢湖，缺衣少食，日子很难过。为了摆脱困境，李国胜等人派俞通海向朱

---

① 左君弼：庐州（今安徽合肥）人，至正十一年（1351年）起兵，与巢湖天完红巾军赵普胜部联结。他离开赵普胜后长期独守庐州，洪武元年（1368年）降明。

② 赵普胜：庐江县（今安徽庐江）人，元末红巾军徐寿辉部将，曾投靠朱元璋，后改投徐寿辉。

元璋求援。

朱元璋听说水师为左君弼所困,当下便命胡大海率军前去支援。胡大海部很快来到巢湖口,左君弼和元军禁不起两面夹击,败退而去。廖永安与廖永忠、俞廷玉率三子通海、通渊、通源,及余将桑世杰、张德胜、华高、赵庸等归附,朱元璋不免慰劳一番,而后调集各船扬帆起航,一路畅通,并无元军舟船拦阻。

巢湖水师虽是求援,但帮了朱元璋大忙。舟船到达和州后,朱元璋任命廖永安、张德胜、俞通海、李国胜等为水军统帅,马上布置渡江。他坐在中军虎帐,笑吟吟地对所有将领说:"告诉弟兄们,我们的口号是,过江南,吃饱饭,财帛女子当共享。奋勇向前者赏,畏缩后退者斩。拿下采石矶①,个个升一级!"

时值仲夏,气候变化多端,江上忽然刮起一阵怪风,黑云翻卷,雷声隆隆,霎时间大雨倾盆,河水陡涨。朱元璋打算改变行动计划,但先锋常遇春说,现下河水猛涨,大小船只都可以从小港通行,正好趁敌不备,一举突破。朱元璋觉得这个建议不错,于是下令将船编成几路纵队前进,从小港中冲进裕溪口②,奔向元军大船。元廷中丞蛮子海牙见状,命士卒跃上船头,迎风抵挡。但巢湖水师的船轻捷灵巧,进退若飞,忽东忽西,忽左忽右,而元军船高身重,进退不灵,以致左右不能兼顾,吃尽苦头。

蛮子海牙见无法取胜,忙下令掉转船头撤离。朱元璋督兵追赶,夺了许多器械。元军逃远后,朱元璋率船自浔阳桥而出,直入江中。此时云开日出,红日当空,青山欲滴,水面浩渺,千帆跃动,十分壮观。朱元璋极目远眺,沉思片刻,对胡大海等人说:"从这里出发便是采石矶,那里地势十分险要,元军一定有重兵把守。但欲取集庆,必先攻下采石矶。"众将听令,立刻乘风举帆,千舟并发,直奔采石矶。

---

① 采石矶:位于安徽马鞍山市西南5公里处的长江东岸,与南京燕子矶、岳阳城陵矶并称"长江三大名矶"。

② 裕溪口:古称"濡须口",因濒临裕溪河入江口而得名,位于安徽省芜湖市。——编者注

常遇春的先锋部队很快抵达采石矶。朱元璋传令各军，趁攻势锐利，马上全力攻取采石矶。

采石矶位于江边陡峭处，高出江面数丈，元兵囤积如蚁。元军将领海牙在裕溪江面上失利后，撤到这里加强了防御，他料到朱元璋必乘胜渡江，于是在这里严阵以待。朱元璋亲自督领舟师发起强攻，正要靠岸，猛听得一声鼓号，矶上的矢石如骤雨一般袭来。朱元璋吃了一惊，急令各船后退几十米，一字排开，并下令道："有先登此矶者受上赏，当为正先锋！"郭英应声而出，领着一班长枪手，冒着箭雨往前冲，还没有登矶，就有数十士卒中箭倒毙，郭英也差一点中箭，只得撤退。胡大海见郭英败退下来，怒气冲天，率部奋勇而上，但矶上乱箭齐下，圆木滚石纷纷而落，几乎没有可以躲藏的地方，胡大海也只得退了回来。

这时，朱元璋站在船头，向常遇春喊道："常将军，前方鏖战不下，你若能攻克采石矶，先锋之印非你莫属。"常遇春马上点选50名勇士，乘快舟飞进。勇士们左手执盾，右手挥戈，一边抵挡箭矢，一边登岸。到了距离岸边不远的地方，常遇春大喊着"冲啊"，奋勇当先，飞身上岸，斩杀数名元兵，其余勇士紧随其后夺得滩头。朱元璋见状大喜，马上将令旗一举，船上战鼓齐擂，喊杀声惊天动地，大小船只一起冲杀过去。大军后续人马纷纷下船，蜂拥而上，一举攻取了采石矶。

战后，朱元璋见常遇春脸上溅满鲜血，忙伸手替他抹去，并对他说："常将军奋勇争先，万夫莫敌，攻克采石矶，位居首功，今特拜为总管府先锋。"此后，常遇春一直作为朱元璋的大军前锋，攻城拔寨，立下了赫赫战功。

第五章 挥师东进初奏凯

一、经略太平路

攻下采石矶后,朱元璋部众发现江南果然富庶,米店一家挨着一家,百姓家中俱有粮食积储,山坡上还放牧牛羊。于是,他们停止对元军的追击,四处抢掠。他们以为朱元璋攻下采石矶只是为了抢夺粮食,因此将士的家眷、门人都留在和州。现采石矶已经攻克,斩获颇丰,大部分将领都想收取粮械,运回和州。

朱元璋见状,赶紧召来徐达、胡大海等统兵大将,说:"此次渡江成功打败了元军。如果只是抢了东西就回去,元军马上就会回来,那江东仍然不是我们地盘。将军们都清楚,我们的目标是攻取集庆作为我们的大本营,肃清周边之敌势在必行。若在江东没有落脚点,听任将士们掠抢财物而归,想再渡江就难了。请各位将军赶快下令制止抢掠,驱兵前进。"

徐达有点为难地说:"大帅,这事恐怕有点难办。弟兄们从未吃过饱饭,谁肯丢弃到手的粮食?再说,大帅曾许诺弟兄们'过江南,吃饱饭,财帛女子当共享',现在却下令不准他们抢掠,只怕做不到。"将领们都赞同徐达的看法。朱元璋面露愠色,严肃地说:"本帅并非言而无信,只是我们现在还没有站稳脚跟,不能图一时之快而误了大事。"徐达赶紧改口道:"既然如此,何不进取太平(今安徽当涂县)?太平一下，便可立足江东！只是不好跟归心似箭的将士们解释，那些刚归附的就更难说通了。"朱元璋原本紧绷着的脸露出喜色，微微一笑说："进取太平正合我意。至于号令将士，本帅自有办法。"接着，他把邓愈、常遇春二人叫过来，耳语一阵，定下了一条妙计。

当天夜里，胡大海、常遇春各带一队人马悄悄来到江边，将千余只舟船的缆绳砍断，那些船只顺流而下，几个浪头打来，转眼就不见了踪影。

第二天一大早，朱元璋将大小头领召集到江边，说是准备渡江回去。可大家站到堤岸上，只见江面空荡荡的，一艘船都没有，不由得慌了神。朱元璋也故作惊讶道："船只哪儿去了？"他下令亲兵去追查舟船的下落。

常遇春乘机鼓动说："没有船只，眼下我们暂时无法过江。与其在此干等，耗尽粮草，不如先攻取太平城，过几天快活日子再说。"

徐达接着说："太平离这里很近，我愿与诸将同行，取了再说。"

朱元璋扫了一眼众将，郑重地说："将士们，从采石矶所获，也不过能供我大军二三月所用。干大事者不谋小利。要想成就大业，就不能斤斤计较于蝇头微利。现在我下令各军进取太平，这是要你们与我同心协力，共图富贵。前面就是太平，城中女子、玉帛无所不有，诸位打下了太平，不仅能得到财帛、女子，还可以升官晋爵。若长久占据这富裕之地，你们都能腰缠万贯，到时便可把家眷接来，过安逸的生活。或者衣锦还乡，岂不光彩？何必去抢掠这几粒谷米呢？"

朱元璋这番话很有效果，大大激发了将士们的斗志。

朱元璋说："大家不要急，现在快中午了，我们饱餐后做好准备，今晚就拿下太平。"

当天下午，各路大军由观渡经太平桥直趋太平城下。

太平属于路（元朝行政区划，分为行省、路、府、州、县，路设总管府，置达鲁花赤一员，总管、同知各一员）一级。城里有平章完者不花、万户万钧、大将纳哈出、达鲁花赤普里罕忽里、总管靳义等，他们闭城据守，试图拖延待援。但朱元璋根本不给他们时间，下令各军架梯悬索，不惜代价发起猛攻。太平城各城门都受到了猛烈攻击，元军防守不利，退到内城。完者不花、万户万钧、达鲁花赤普里罕忽里等人见抵挡不住义军的攻势，连夜弃城而逃。总管靳义见城破兵败，便出东门投水自尽。守将纳哈出没有逃跑，被义军俘虏。

天亮前，将士们心里还在盘算明日如何大捞一把，满怀希望而又疲惫地进入了梦乡。此时的朱元璋没有睡，他把李善长、冯国用等人叫来，一起草拟了一份告示，誊写数份张贴出去。

第二天，士卒们兴高采烈、成群结队地奔向街头，准备抢掠，结果发现城中到处张贴着元帅府令："进城义军掳掠者杀！聚众生事者杀！夜不归营者杀！"另外还有巡逻队在大街小巷四处巡查。

这三杀令可不是开玩笑的，将领们心里都很清楚，但并不是每个士卒都能理解并遵守。有个不怕死的小兵偷偷窜进一家民房抢了一件绸衣，巡查的执法队发现后，立刻将这个小兵在十字街头砍首示众。

朱元璋一面抚慰百姓，一面申饬军纪，严禁将士抢掠，经此一番，全城肃然。他听闻靳义忠心赴死的事情后，连连赞叹他为"义士"，并命人准备棺木厚葬了靳总管。

太平城里的富户陈迪见家中财富丝毫未损，连忙捐献了一批金银财帛劳军。同时，朱元璋叫人打开太平府库，搬出库藏官银，加上陈迪所捐财帛，统统分给将士，以示诚信。将士们得了这些甜头，马上把不快抛到了脑后，个个喜笑颜开。当然，也有极少数人心怀不满。

一天晚上，朱元璋和几位将领一起喝酒，庆贺成功夺取太平，同时也为了与最近投奔过来的将领拉近关系。他们喝得正高兴，水军头领李国胜走上前来，请朱元璋明日到水师营中赴宴。朱元璋没有多想，满口应承。

深夜，朱元璋回到住处，正在思考明日要办的事情，亲兵来报，廖永安、廖永忠兄弟在外请求接见。

朱元璋心想，自己与廖氏兄弟接触的次数不算少，若不是有重要的事情，何须深夜来见？他忙叫亲兵请他们进来。

廖氏兄弟进来后顾不得客套，直截了当地向朱元璋报告一个惊天阴谋：李国胜认为渡江、夺取采石矶全是水军的功劳，水军得到的赏赐却不比其他各军多，故心生不满。李国胜的本意并非投附朱元璋，只是想找朱元璋借兵对付左君弼部，现在归附后又不受尊重和重视，于是萌发反心，想趁朱元璋赴宴之际痛下杀手。

朱元璋听了心头一震，那些归顺的将领虽表面看起来服服帖帖，但内心深处到底在想什么，还真令人难以琢磨。他装作若无其事的样子说："每个将领都是有本事的人，对本帅不服气都在情理之中。这说明他们对本帅不够了解，接触得太少了。"然后就岔开话题，与廖氏兄弟二人拉家常。廖永忠很着急，担心朱元璋上李国胜的当。但廖永安知道朱元璋是不想让他们担心，所以才故意做出谈笑自如的样子。目的已经达到，他拉了兄弟一把，说："太晚了，我们不影响元帅休息了，告辞。"朱元璋起身把他们送到门口，轻声嘱咐道："此事不要对任何人提起，二位忠心可嘉，定有厚报。"

第二天，朱元璋召开各军首领会议，讨论招贤纳士、治理太平路的问题。众人一听，还认为朱元璋是想长期驻守太平，开始过安逸日子，于是七嘴八舌地议论如何安民、如何去周边多抢掠东西、如何水陆配合守好太平。但朱元璋的几位高参知道他的意图，要在江南扎根，驻守太平只是为了阻挡长江中上游的元军，为拿下集庆做准备。他开这个会的目的是告诉大家，他的队伍不是只会烧杀抢掠的野蛮队伍，而是纪律严明、爱护百姓、志在天下的正义之师。另外还有一个目的则是麻痹李国胜等人。

晚上，朱元璋只带了耿炳文一人，如约来到江岸大战船上赴宴。席间，大家推杯换盏，没多久朱元璋就有了醉意，他猛地站起来，指着李国胜骂道："你这泼皮，别以为本帅不知道你想干什么，想把本帅灌醉是不是？好，咱们就来较量一下，看谁的酒量好。我输了，元帅你来当；你输了，就从船上跳下去淹死。"

李国胜一听不由得愣住了，不知道朱元璋是真醉还是假醉，也不知道他说的话哪句真哪句假。本想把他灌醉了就动手，没想到朱元璋抢先骂了起来。李国胜稍一踌躇，喊道："来人啊，大帅醉了，带他上岸！"4个兵卒听到行动暗号，立刻一拥而入。耿炳文拔出马刀一横，像一堵墙似的挡住了他们。李国胜慌了："还不动手？"他又喊："快，再来几个人！"

这时船外又冲进来七八个人，但全是朱元璋的亲兵。他们手里拿着大刀和麻绳，直接冲向李国胜，不由分说将他绑得像粽子一般。这时，冯国用走进来，对朱元璋说："大帅受惊了！这个叛贼怎么处置？"

朱元璋没有直接回话，双目逼视着李国胜说："想暗害本帅，不知李统帅还有没有话要说？"

李国胜知道计划败露了，干脆认罪："老子大意了，没能弄死你！是哪个泼皮出卖老子，不得好死。"

朱元璋轻蔑地笑道："你自己找死，怪不得别人。还是想想你自己怎么个死法吧！"

冯国用说："你不是水军统帅吗？不是本领大吗？今天就把你扔江里去，有本事爬上来就能活命。"

朱元璋大笑着表示同意，只听得"咚"的一声，这个"粽子"便被抛进江中。然后，朱元璋宣布对三支水师进行整顿，重新选任将领；同时论功行赏，有功之人都受到了重赏，并官升一级。

事后，朱元璋暗想，现在队伍一天天壮大，且大多数是招降归附而来，并不是自己亲手招募训练。虽然他极尽笼络之能事，恩威并用，但终究无法控制所有人的心。要想军中不生反心，必须在设置密报人员（可算是锦衣卫的前身），专门刺探将士（包括文官）的私事和不轨言行，随时上报。

他几经考虑，决定把甄选密报人员的任务交给亲兵统帅冯国用。选中的人经过训练后再派往各军。自此以后，各部队的一举一动，各将领的一言一行，甚至风传之事，朱元璋都知道得一清二楚，这也成了他治军理政的一种特殊手段。

二、阳谋与阴谋

朱元璋在太平城中,一面安定人心、严明军纪,一面拜访社会上有名望的贤人义士,优礼相待。由于朱元璋的队伍与元军及其他起义军很不一样,城中的贤人义士都纷纷前来面见,提出自己的安民意见。

其中有一位叫陶安①的人,带着全家老小来拜见朱元璋。朱元璋得知这位老人很有学问,在太平城声望很高,便与他一同讨论天下时事。陶安说:"如今群雄并起,四方豪杰勇士揭竿而起,争先反元;但其中大都是攻下城池之后,便杀害百姓,互相混战,只想着自己子女的富贵生活,根本没有拨乱安民的思想,结果多是被元军反杀,或在义军的相互残杀中灭亡。而元帅与他们不同,亲自率领将士们渡江之后,神武不杀,这便是顺天应人,何愁大业不成!"朱元璋问:"我准备攻取集庆,您怎么看?"陶安答道:"集庆是帝王之都,形胜称最,乘此占领,作为根基,然后分兵四出,所向必克。古语有云'天与不取,反受其咎',明公何不迅速出兵,将它占领呢?"陶安的意见和冯国用、李善长等人一致。朱元璋听后大喜,知道陶安分析能力强,也懂察言观色,是个识时务的俊杰之才,于是打算依其所言,稳定军心。

至正十六年(1356年)初,朱元璋将太平路改名为太平府,并在此地建立太平兴国翼元帅府,自任太平翼元帅。任命李习为太平知府、李善长为元帅府都事、陶安为参赞幕府、汪广洋②为帅府令吏,仍沿用宋龙凤年号,旗帜和战衣暂为红色。

二月,江南元军见朱元璋已成功渡江,在太平建立农民政权,且有

---

① 陶安:字主敬,安徽当涂人,博览经史,尤精通《周易》。元至正初举乡试,授明道书院山长。

② 汪广洋:字朝宗,江苏高邮人,元末进士出身。历任山东行省、陕西参政、中书省左丞、广东行省参政、右丞相职务,受封忠勤伯。

攻打虎踞龙盘之地集庆的动向，元将蛮子海牙又遣兵而来。元水军会合亲元义军元帅康茂才部开到采石矶附近的江面，截断义军归路；陆军则会合亲元义军元帅陈埜先部从陆路展开进攻。朱元璋闻讯大怒，说道："此乃野狗末路穷途撒泼也！我等手下败将，竟敢来兵攻我太平，气焰甚是嚣张，诸位将领对此有何应对之策？"

大将徐达说道："元将蛮子海牙连败两次，必然怀恨在心，这次一定是为报仇而来！我们应该先把他的前军打败，挫其锐气，那样他来势汹汹也不足为惧！"

邓愈接道："末将愿率领手下众将，依徐将军所言，破其前军，挫其锐气！"

朱元璋点头表示同意，又问："诸位将领有何妙计，可以使前锋陈埜先惨败？"

这时，李善长上前献上一计：派一队猛将绕到敌人后方，潜伏于襄城桥，等城中将士将陈埜先击退，再突然杀出。

朱元璋连连称妙。随后，在朱元璋的安排下，徐达、邓愈二人率领几百精兵潜伏于襄城桥下；常遇春率水师迎敌，汤和、郭英和两大元帅（郭天叙、张天祐）率领步卒，在城门正面阻击敌军。

刚刚部署完毕，元军前锋陈埜先的队伍水路共2万人就来了。

陈埜先已经与朱元璋交过几次手，深知朱元璋的厉害。蛮子海牙心有畏惧，加上他所率士兵多为汉人，所以全军上下士气低落。陈埜先野心勃勃，抱着侥幸心理而来，若能取胜，就能提高他在蒙古人心目中的地位，所以他打算拼死一搏。

然而，挡在他面前的是两位久经沙场的大将——汤和、郭英，他们各带一支人马从城门杀出，陈埜先没料到义军会先发制人，慌忙下令主攻部队迎战。城墙下面聚集了约3万人马，双方混战在一起，只能靠衣服的颜色分辨敌我。约半个时辰后，陈埜先见部队伤亡惨重，忙下令后撤，想等蛮子海牙的主力到来后再作打算。陈埜先率部有序撤退，刚靠近襄城桥，只见一群浑身金甲的义军涌出，还拥着一位器宇不凡的大将，此人正是朱元璋为之改名的邓愈。陈埜先正暗自惊奇，空中突然出现一道霞光，结成黄云。信号响过后，桥对面又出现一支队伍，领头的将军正是徐达。这两支披着金甲的义军，浩浩荡荡杀了过来，陈埜先的队伍顿时乱了阵脚。前段厮杀已经消耗了他们不少体力，人困马乏，本想后撤进行短暂休整，没想到遇到如此凌厉的伏击，陈埜先内心叫苦不迭，但又无路可逃，为了保住性命，他只得手持长枪，与邓愈交战。不到十个回合，陈埜先手忙脚乱，长枪被邓愈用矛打落在地。随后，邓愈催马上前，将陈埜先拉下马来，将之生擒。

陈埜先的部队见主将被擒，纷纷溃散。元军主帅蛮子海牙听说先锋陈埜先被擒，已经没有胆量来找朱元璋报仇了。

事后，朱元璋对陈埜先好言抚慰，劝他弃暗投明。起初，陈埜先还显得颇有骨气，瞪着眼睛，凶狠地对朱元璋说："要杀便杀，你们这些反贼，哪来这么多废话，留着我有何用？难道想等我再来剿灭你们这些反贼吗？"朱元璋见陈埜先身材壮硕，称得上是勇士，便耐着性子劝道："现今天下大乱，豪杰并起，胜者就可以得到别人的依附，而败者必须依附胜利者！你既然自称俊杰，为何不识时务、不懂变通呢？"陈埜先说："若非真正的明主，岂能让我依附？"

朱元璋听后，紧蹙的眉头稍稍放开，立刻命人向陈埜先的部队传达自己的优抚政策。

陈埜先见状，转换语气说："只要我的余部得到保全和优待，我愿意向明主投降。"

于是，朱元璋收服了陈埜先，授以千户之职。之后，冯国用私下对朱元璋说："大帅，末将细观此人蛇头鼠耳，属无义之相，不仅不可信任他，还当斩首，以除后患。"

朱元璋说："斩降诛服，不义之举。就算怀疑他，也要用他。"

太平城保卫战获胜后，城中十多万军民人心振奋，朱元璋乘势动员大军继续前进。众将领认为，速取集庆不可行，但可以进行试探性进攻，弄清元军的部署和实力，同时在江南扫除集庆的屏障。

于是，朱元璋兵分两路，一路向西攻打芜湖筹集粮草，一路向东，溧水（今南京溧水区）、溧阳、句容，全都顺利攻下。

朱元璋、张天祐及驻守滁州的郭天叙这3位大元帅，都想在攻打集庆中立下首功，当东征元帅。最后，经众将商议，决定由张天祐挂帅。

七月，朱元璋第一次攻打集庆。张天祐选将的时候，陈埜先说："在下承蒙主帅不杀之恩，愿意率领旧部为主帅效忠，前去进攻集庆路！"朱元璋同意陈埜先的部众随同参加作战，陈埜先本人则留在太平作为人质，但这次行动没有成功。

朱元璋写信要张天祐到滁州邀郭天叙一起行动。八月，郭天叙、张天祐率邵荣、赵继祖等嫡系大将在集庆外围作战，为再次攻打集庆做准备。他们在方山地区一举攻克了元将左答纳识里的营地，元军四处逃散。

九月，郭天叙、张天祐从集庆东南的溧水、句容一带进攻集庆东城门。按照作战计划，朱元璋本应率主力从太平出发，由西向东夹攻集庆。朱元璋只派陈埜先出征，其妻子则被留在太平做人质。出身地主的陈埜先心里对红巾军十分痛恨，只是迫于形势才投降了朱元璋。现在朱元璋对自己有所怀疑，他心中更加有气。他暗地里嘱咐部下表面上装装样子，出人不出力，并不真打。他率几千部下屯驻于板桥一带，表面上是攻打集庆的西路先锋，暗地里却与近邻的元将福寿取得了联系。过了一段时间，他给朱元璋发来书面报告说：近日与元军的小股部队遭遇，我军杀获不可胜数，生擒5人，获马数十匹。同时提出建议："集庆城池，右环大江，左枕崇冈，三面据水，以山为廓，以江为池，地势险阻，不利于步战。想当初……（西晋、东晋、隋朝进图集庆皆靠水师）而今集庆环城三面阻水，元军又与苗军勾结，连寨30余里，倘若攻城，担心他们阻断我们的后路；若是逐次攻拔这些寨子，又怕耽搁时日以致粮运不继，到时还是会误了大事。依在下看来，不如采取长久围困之计，我军南据溧阳、东捣镇江，据险阻以绝其粮道，假以时日，集庆城就可以不攻自破。"

李善长看后提出疑问："陈埜先狡诈，难道想要我们打持久战？"

朱元璋洞若观火，知道陈埜先使的是缓兵之计，想拖延时日，寻找有利时机，但他早有准备，并不怕其使诈。所以，他让李善长给陈埜先回复，质问他为何要舍全胜之策，而采取迂回之计。但不知何故，朱元璋并没有把这一情况通报郭天叙和张天祐。

再说，郭天叙有心抢先攻取集庆，然后南面称王，所以他迫切求战，与张天祐率军东下，兵马直抵秦淮河。

集庆东面有元军重兵把守，主要是防范张士诚的。驻军主帅正是福寿。张天祐和郭天叙本以为这支元军没有战斗力，而且见福寿只是一个身材普通的蒙古将领，于是有些许轻敌。但是，两军交战中，元将福寿显得胸有成竹，厮杀异常凶猛。他手持大刀，左旋右舞，无人能挡。郭天叙与他交手，自知难以取胜，于是招呼张天祐联手来攻他。张天祐上前与福寿杀了十几个回合，渐感体力不支，回马撤走。还没走多远，迎面遇到一支队伍，他近前一看，原来是降将陈埜先。张天祐大喜过望，以为他是前来接应的，忙上前求援。不料陈埜先挺枪过来，对着他一顿猛刺，张天祐毫无防备，急忙抵挡，最后还是被刺中咽喉，一头栽下马。

正与福寿缠斗的郭天叙见张天祐被杀，惊骇不已，勒马转身便逃，马被石块绊了一下，打了个趔趄，郭天叙刚稳住马，福寿已追赶过来，一刀劈下了他的脑袋。随后，福寿与陈埜先整顿兵马，对红巾军进行追杀。红巾军大败，伤亡近两万人。

郭天叙、张天祐的残部继续往溧阳方向奔逃。陈埜先得意忘形，一口气追到葛仙乡附近，人困马乏，饥渴难当，于是让士卒沿途抢掠。葛仙乡的村民立刻将这一情况报告民兵头目卢德茂。葛仙乡有民兵数百人，卢德茂迅速组织了50多人，穿着青衣，埋伏起来准备对陈埜先进行突袭。然后，他带领几个村民持牛酒出村相迎。陈埜先不知是计，仅带十几个人先行进村。走到离村子不到1里的地方，50多个青衣兵从道路两边杀出,持枪便刺,陈埜先及其亲兵寡不敌众,全军覆没。

陈埜先之子陈兆先得知凶讯,带大队人马赶来报复,但卢德茂已率众离去,乡民也全部逃离,只剩空屋数百间。陈兆先抢无可抢,杀无可杀,眼看就要天黑,他不敢久留,便率部返回,屯驻江宁方山。

郭天叙、张天祐的部将有几人得以逃脱,他们把事情的经过详细报告给朱元璋。朱元璋闻报心里一阵狂喜,脸上却表现得无限悲戚,抽泣着说:"怎么会这样呢?天叙呀,我叫你别去,你偏不听,叫我如何向家里人交代?"说着,他捶胸顿足,放声号哭起来。在场的各位将领和郭子兴的旧部听了,也都泪水盈眶。李善长、徐达等人上前再三劝慰,说郭天叙、张天祐之死不是他的错。他们本不知兵,又不听劝,强要出头,以致身首异处,实在是咎由自取。朱元璋这才慢慢止住泪水,说:"不能这么说,这也是因为我不知兵,指挥有疏漏!快传令全军举哀,我要亲自为他们二人祭奠。"

随后,朱元璋命邵荣等人收拾残部进行整编,又与高参们商议进攻方案,誓为两位战死的大元帅报仇。

三、应天开府

朱元璋几次试探性的进攻,既除掉了叛贼陈埜先,也除去了两个最大的竞争对手,还把元军的虚实摸得一清二楚。这对朱元璋来说可谓一举三得,意义非凡。

集庆西面、南面分别是驻采石矶的元中丞蛮子海牙部和驻集庆城东南方山的陈兆先部;驻守东面和城内的是福寿部。

至正十六年(1356年)三月一日,信心十足的朱元璋亲率大军攻打集庆。他分兵两路,其中一路以常遇春为主帅,以水战为主,攻打采石矶的蛮子海牙。为了与元军的大船对抗,朱元璋命人铸造了一批火炮,并将它们装到一些大船上,以增强远程作战能力。常遇春知道蛮子海牙实力强大,便避敌锋芒,设疑兵来分散元军兵力,元军被迫一分为二来应对，结果遭到常遇春主力的两面夹击。但蛮子海牙并不畏惧，仗着船大兵多，横冲直撞。一开始，蛮子海牙还凭借顺风，方便击射，相持半日后，风向转变，常遇春部顺风发射炮弹纵起火来，风助火势，火仗风威，霎时间把蛮子海牙的船缆烧断，部分船板也被烧着了，连扑救都来不及，哪里还有心思作战？常遇春见状，指挥各船聚拢，士卒乘势跃上敌船，一阵乱砍乱剁，可怜元兵不是落水而亡，便是死于刀下。元军大败，约万人被俘虏，蛮子海牙改乘小舟，率余部逃往集庆。

朱元璋的另一路人马则负责夺取陈兆先驻守的方山。陈兆先的队伍未做激烈抵抗。三月三日，朱元璋到达集庆西南30里的板桥，招降了盘踞集庆东南方山一带的陈兆先部36000人，由于先前的叛变，陈兆先的部将担心朱元璋会杀了他们，为了安抚降军，朱元璋从中挑选500名壮士作为自己的贴身卫队，由冯国用率领。晚上，朱元璋在他们的护卫下解甲酣睡直到天亮，降将们见朱元璋如此信任自己，立刻打消了顾虑，与红巾军一起投入攻打集庆的战斗中。自此，集庆西南屏障尽除。

与此同时，张士诚的队伍也在集庆东南面发起猛烈攻击。

大约10天后，朱元璋令冯国用率500名降兵作为先锋，急驰至蒋山（即钟山，又名紫金山）发动突袭。降兵因受到信任和重用，人人奋勇当先，如离弦之箭冲向敌阵，一鼓作气拿下了蒋山。于是，红巾军呈居高临下之势，集庆城就在脚下。

朱元璋得报后，急忙催促水陆军主力加速前进。这不仅是因为他打下太平后已经等待了八九个月，更因为东南面的张士诚也想得到这块宝地。

蛮子海牙虽然逃到了集庆，但已经没有什么战斗力了，城里实际上只剩下福寿的部队在孤军作战。福寿顽强抵抗，誓不投降，使攻城之战打得很惨烈。朱元璋的主力逼近城下后，将士们以云梯火速登城，尽管伤亡惨重，但他们前赴后继，毫不退缩，一波又一波地涌向城墙。城下又以箭矢、火器相配合，城头的元军被打得晕头转向。同时，水军也发动了攻势，福寿的守将们精疲力竭，西门、南门先后被攻破。

城破城门后，福寿仍不愿放弃抵抗，督促元兵利用地理优势进行巷战。部将们劝他赶快逃走，但他已经下定了战死的决心，坚决不逃。几个元兵想拖着他走，结果悲愤至极的福寿对他们"叱而射之"。最终，他被追赶过来的红巾军乱刀砍死。

此战，元平章阿鲁厌、参政伯家奴及集庆路达鲁花赤、达尼达思等人战死。御史王稷、元帅李宁等300多人被俘；水寨元帅康茂才、苗军元帅寻朝佐、许成、刘哈剌不花，水军元帅叶撒及阿鲁厌部将完都等人率众归降。而多次与朱家军交手的蛮子海牙则投奔了张士诚。

进入集庆后，朱元璋亲自召见元朝官吏和士绅代表，对他们说："元王朝腐败，导致干戈四起，我来到这里是为了替民消乱，保一方平安。你们不要担心害怕，像以前那样各司其职、各尽其能为百姓效力。我将礼用有才能的贤士，废除不好的旧政，不使官员贪暴殃及老百姓。"大家听了都欢欣鼓舞，人心安定了，秩序也逐渐恢复。

朱元璋对元朝官员十分宽大，对被俘的元兵也给予厚待。他还厚葬了元御史大夫福寿，以旌其忠。

朱元璋着手治理集庆军政，将集庆路改为应天府，设立元帅府，任命廖永安为统军元帅、赵忠为兴国翼元帅，镇守太平；并征用了夏煜①、孙炎②、杨宪③等10余人。此时朱元璋已有水陆军10万人，各个方面军称为"翼"，领军将领称为元帅。此后每攻克一个较大的城市，都设一翼，各翼元帅全面行使军政大权。朱元璋建立了帐前总制亲军都指挥使司，交由亲信冯国用统率，下设前、后、左、右、中五翼，人数为3万，其众多亲信猛将精兵多属这一系统。

为了整肃军纪，朱元璋与徐达合谋，上演了一出"假斩徐达"的

---

① 夏煜：字允中，江宁（今江苏南京）人。初为中书省博士，洪武元年（1368年）总制浙东诸府，后镇守庐州。

② 孙炎：字伯融，应天府句容（今江苏句容）人，朱元璋攻克集庆，用为中书省首掾。为朱元璋招揽了刘基、章溢、叶琛等人才。

③ 杨宪：本名杨毕，字希武，太原阳曲（今山西太原）人。元末投朱元璋，洪武元年任中书参政兼詹事丞，二年升为右丞。

好戏。

至正十六年（1356年）四月初，军中传出一个惊人的消息：徐达将军因纵军掠夺，已被抓了起来，明天午时三刻要开刀问斩。

第二天上午，朱元璋将全军将士召到校场上，让刽子手将徐达押上断头台，由朱元璋亲自监斩。

午时一到，执法官大声宣布："徐达身为统兵大将军，不知管束将士，军中屡次发生欺压百姓、抢夺民财的事情，败坏红巾军的名声。为严明军纪，对徐达斩首示众！"

众将士一听都吓得脸色惨白，一时不知如何是好。帅府都事李善长硬着头皮给朱元璋跪下，说："徐大将军作战英勇，屡立大功，当下军务紧急，正是用将之时，望元帅宽恕他！"

众将也纷纷跪下，为徐达求情。朱元璋腾地站起来，假装怒气冲冲地说："我们起兵是为了什么？"

众将士异口同声地回答："替天行道，除暴安民！"

朱元璋点点头，语气缓了下来，说："大家说得对，我们起兵反元，就是因为元朝官府欺压百姓。如果我们推翻了元朝，反过来又欺压百姓，不就和元朝官府一样了吗？"

李善长见朱元璋语气有所缓和，又乘机哀求道："徐大将军跟随元帅多年，战必胜，攻必克，劳苦功高，这一次就饶恕他吧！"

朱元璋听后沉吟半晌，才指着徐达喝道："这次就饶了你，以后若再发生欺压百姓之事，定斩不饶！"说罢拂袖而去。

松了绑的徐达又恢复了大将军的威风，当场宣布："以后打仗，一不许烧房，二不许强抢，三不许欺凌百姓，四不许调戏妇女。违者斩首示众！"

自此以后，徐达成了严于治军的典范。他与士卒同甘共苦，史载其"善拊循，与下同甘苦，士无不感恩效死，以故所向克捷"。出征之时若军粮不足，士卒吃不饱饭，他便不饮不食，不进营帐休息。士卒生病负伤，他总是前去探视慰问，给予医药治疗。他不仅要求部下听从指挥，而且严禁他们骚扰百姓、抢劫财物，如"有违令扰民，必戮以徇"。

几天后，朱元璋带领徐达等人游览集庆城，不由得感叹道："应天险固，古所谓长江天堑，真乃形胜之地也。而且这个地方仓廪实、人民足，我们今天既得此地，若继续诸位同心协力，何愁功业不成？天德（徐达字），你怎么看？"

徐达谦恭地回道："建功立业非偶然，今得此地，大概也是天授明公了！"

小明王韩林儿得到集庆捷报后，升朱元璋为枢密院同佥，不久又升他为江南等处行中书省平章；升李善长为左右司郎中，以下诸将均晋升为元帅。郭天叙、张天祐二帅死后，其嫡系大将邵荣、赵继祖仍控制着二人的余部。郭子兴的老班底实力雄厚，小明王封郭天爵为中书右丞，邵荣为行枢密院同知，为名义上的最高军事长官，地位仅次于朱元璋，此举有牵制之意。

朱元璋对小明王的封赏并不满意，他需要更高的头衔，以增强自己的号召力，巩固和扩大根据地。占据集庆后，他的注意力全部集中在事业上，一心开创霸业。

四、与张士诚交恶

朱元璋占据集庆路改称应天府后，江南的形势发生了很大变化，在应天东部，元将定定（吐鲁番人，字伯安）扼镇江，青衣军张明鉴据扬州；在南部，别不华、杨仲英屯宁国（今安徽宣城），八思尔不花驻徽州（治所在今安徽歙县），石抹宜孙守处州（今浙江丽水），石抹厚孙守婺州（今浙江金华），宋伯颜不花守衢州（今浙江衢州）。

朱元璋知道，要想使应天成为牢固的基地，周边的这些地方都得收入囊中，而镇江（今江苏镇江）作为应天的东北门户，当务之急就是拿下这个锁江重镇。

然而，就在朱元璋渡江的同时，苏北的张士诚和湖广的徐寿辉也渡过长江，力图向南发展。两年前，张士诚在高邮突破元军的围剿后，南下攻占了江北重镇扬州。扬州是京杭大运河的咽喉。张士诚占领扬州，就切断了大运河的漕运。元廷在江南一带征收的粮食，主要通过大运河往大都等地调发，现在大运河被切断，整个元朝北方包括大都在内，随时面临着缺粮的危险。因此，张士诚成了元廷重点剿灭的对象。元廷虽然已被张士诚戏弄了两次，派去的两名使者被杀，但他们似乎不愿在红巾军之外树立更多的对手，于是厚着脸皮第三次派出使者招抚张士诚，许以更高的官职。但是，张士诚在高邮奇迹般地逃脱覆灭的命运后，深信自己得了上天的眷顾，更加看不起虚弱的元朝廷。

至正十五年（1355年）夏，元廷使者来到高邮后，张士诚再次无情地戏弄了元朝廷，再度杀死使者。同年秋天，江阴义军首领为仇敌所逼，投靠了张士诚，请他发兵南下，攻占富庶的江苏南部地区。于是，张士诚派他能干的二弟张士德①带兵渡过长江，试探拓展江南的可能性，结果战事顺利得让人难以置信。张士德仅率三四千人渡江，二月就攻占常熟，三月拿下苏州，此后又接连拿下昆山、嘉定、崇明、松江、常州、湖州，攻城略地就如下地捡白菜一样容易，不到两个月时间，东南富庶之地皆成了张士诚的囊中之物。

对于这一意外收获，张士诚喜出望外，很快将他的都城从高邮迁到苏州，试图抢占江南半壁江山。此后，他又派兵连续出击，不仅略定江苏南部，而且将势力延伸到了浙江北部。

就在朱元璋向应天进军的同时，即至正十六年（1356年）三月，张士诚自率主力进驻平江（今江苏苏州），将平江改为隆平府。不久，张士诚定都隆平府，并改建承天寺作为王宫，设省、院、六部等中书机

---

① 张士德：本名张九六，江苏泰州人，至正十六年（1356年）被朱元璋部将徐达设伏擒获杀死，又一说为赵德胜所擒，绝食而死。

构,以李行素为丞相、张士德为平章、蒋辉为右丞、潘元明为左丞、史文炳为枢密院同知、周仁为隆平太守,并在寺中树碑录功。

朱元璋夹在张士诚和徐寿辉之间,不仅要面对元军、地主武装,还要面对这两支义军。徐寿辉倒好说,他的天完国地盘在长江中游一带,在江南打完秋风还得回去。而张士诚经略江南已久,与朱元璋发生冲突是不可避免的事情。

朱元璋很清楚当前的形势,于是想抢在张士诚之前拿下东面的门户镇江。攻打镇江由徐达挂帅,汤和、张德麟、廖永安各领兵马协助,阵容十分强大。临行前,朱元璋还不放心,叮嘱道:"自起兵以来,我从来没有妄杀一人,现在命你们领兵前往,自然要好好体会本帅爱护百姓、优待俘虏的心意。你们要严格约束部下,城下之日,不得焚掠、不得杀戮!有犯令者,处以军法;纵之者同罪,罚无赦!"

就在朱元璋出兵镇江的同时,张士诚的部将赵打虎攻陷了湖州。因张士诚迁都江南后,广兴农桑,兴修水利,减免赋税,颇受江南百姓爱戴,很多人都来投奔他。不久前归降朱元璋的陈保二见张士诚势大,又复叛投奔张士诚,并诱捕了朱元璋的两位将领。朱元璋如同吃了一只苍蝇般恶心,但他又不能因此与张士诚交恶。

在攻打镇江的大军出发后,朱元璋思来想去,觉得还是应该跟自己的盟友打个招呼,免得发生误会。于是,他派杨宪出使平江,规劝张士诚不要只顾争地盘,争得太多不容易守住,关键是要治理好。他在给张士诚的亲笔信中说:"从前(东汉初年),隗嚣(yín)在天水(今甘肃天水)称雄,现在足下也在姑苏(苏州)擅立国号称王,你们事势相等,我深为足下高兴。守境睦邻,与邻邦保持友好,这是古人崇尚的美德,我心里十分钦慕。希望今后我们能够互通信使,不要被谗言迷惑,致使在友邻边境生出事端。"

这封不知出于哪位高参之手的书信,显得有点不伦不类。张士诚看信后心想,如果朱元璋是表达"睦邻守境"的愿望,为什么要拿东汉的隗嚣与我相比。隗嚣是汉代割据陇西的一个将军，起初依附农民军更始帝刘玄①，不久属光武帝刘秀，随之叛降割据四川的蜀王公孙述②，最后被光武帝逐杀，是个没主见、没骨气的小人，这岂不是有意贬低我？而且，朱元璋还说我在姑苏擅立国号称王，岂不是骂我妄自称大？想到此张士诚十分愤怒，不但不予回信，反而扣压了使者杨宪，决定等待时机还以颜色。

再说，朱元璋派出的几员大将很快就攻占了镇江，苗军元帅完者图出走，守将段武、平章定定等战死。徐达等人率部从仁和门入城时，军容严肃，城中安然，很多老百姓都不知道城头已换了大王旗。朱元璋闻讯非常高兴，马上改镇江路为江淮府，朱元璋又增设了淮兴、镇江翼元帅府，命徐达、汤和为统军元帅；过了几天，又增置秦淮翼（水军）元帅府，以俞通海为元帅。从此，镇江成为朱元璋水陆共治的重镇。

朱元璋威名日著，部下纷纷劝他晋爵为王，朱元璋不同意，授意部下联名要求小明王封自己为吴国公，小明王只好照办。

朱元璋随即设立江南行中书省，自任最高长官，把元朝的江南御史台变成自己的江南行省官邸，自行任命和提升文武官员，赐给他们爵禄和官印。其中，李善长、宋思贤为参议，陶安、李梦庚等为左右司郎中、员外郎都事等。另增置江南行枢密院，以徐达、汤和为同佥枢密院知事；置帐前亲军，以冯国用为总制都指挥使。他从濠州带出的亲信以及巢湖水师的领袖，都晋升为方面军的将领。

至此，朱元璋完全实现了自立门户、建立根据地的梦想。这也是当年冯国用等人为他谋划的成就霸业的战略构想。

消息传到张士诚那里后，他暴跳如雷，决定发兵攻打镇江。

至正十六年（1356年）七月三日，张士诚的水军进抵镇江。朱元璋指示徐达不要死守镇江，以免被动挨打，应趁士气正旺，在击退张士

---

① 刘玄：自称西汉皇裔，是光武帝刘秀的族兄。——编者注

② 公孙述：称帝于蜀，国号成家，年号龙兴。新莽末年、东汉初年割据势力。——编者注

诚的水军后，反攻常州（今江苏常熟西北）。反正大家已经撕破脸皮，也就无所顾忌了。他还给徐达增兵3万，以做反攻的后备军。

张士诚的水军进攻镇江，好比鸡蛋打在石头上，碰得粉碎。徐达、汤和加上俞通海的水军，轻而易举地击溃了张士诚的水军，然后遵照朱元璋的命令直取常州。

张士诚没想到朱元璋会反戈一击，常州若破，他的都城隆平就危险了。因此，他急派张士德率数万大军增援。张士德身长8尺，虎背熊腰，惯舞两把双刀，骁勇无比。几个月前，他渡江南下，攻城略地、横扫江南，傲气十足，根本没有把朱元璋的军队放在眼里。他一到常州，就在东门10里外下营，第二天一早便到徐达营前叫阵。徐达派冯国用、王玉出战，二人合手也不敌张士德。

徐达看出了张士德的骄横，决定诱敌深入，下令队伍后撤30里，在距常州城18里的牛塘谷埋下伏兵，然后计诱张士德来追。张士德果然上当，负伤被捉，其部下四散逃窜。

张士德被俘令张士诚十分沮丧，来硬的看样子是不行了，那就来软的。他遵从母亲的指示，派使臣孙君寿到应天求和，表示愿意每年给朱元璋提供20万石粮食、200两黄金、300斤白银，罢战弭兵，和睦相处。

朱元璋见张士诚服软，并没有同情和原谅他。现在主动权在自己手中，和谈条件不能让张士诚一个人说了算，要利用张士德狠狠敲诈张士诚一笔。朱元璋对黄金白银不稀罕，十余万将士吃饭最重要，所以他回书提出"馈粮50万石，当即班师"。张士诚盐贩出身，行走江湖多年，还是有点骨气的，当即严词拒绝。

和谈陷入僵局，朱元璋命徐达继续攻打常州。常州是拱卫隆平的北大门，张士诚对常州的防御一直很重视，布有重兵把守，守将吕珍手下有3万多人马，城防工事也很坚固。但张士诚担心吕珍守不住，令其子张虬为先锋、张士信为元帅、吕升祖为副将、赵得时为五军都督，统兵十万驰援常州。

张士信将援军一分为二，一路前往常州城内，一路则去攻打牛塘谷。徐达与张士信的部将张虎、张虬在牛塘谷交战，因粮草被叛徒所毁而被困。徐达报称："镇江的新附军队被张士诚诱降，在牛塘叛变，我差点被他们困住，幸好常遇春、廖永安、胡大海等人前来支援，才侥幸脱险。"

八月，朱元璋亲自写信批评徐达，虐降致叛，督导无方，劳师无功，并下令徐达以下将官一律降一级。他又命常遇春为元帅、吴良为先锋，领兵5万去支援牛塘谷；汤和为元帅、胡大海为先锋，去助攻常州城。

九月，朱元璋到镇江参拜孔子庙，遣儒士告谕当地百姓，劝农桑，同时对水军将领进行了调整，并做好随时支援常州的准备。两个月过去了，常州城仍未攻下。朱元璋又到镇江亲自督师，于十一月调拨2万精兵援攻常州，但常州岿然不动。因为张士诚也在不断向常州增兵，第三次还把驻守都城的大元帅李伯升也派来了。

徐达挨了批评，又得到两次增兵，知道朱元璋对常州是志在必得，不计成本，打下常州无论是政治意义还是军事意义都十分重大。他决定孤注一掷，把几员战将一股脑地全派了上去：汤和、胡大海、郭英、张德胜4将继续围困常州；常遇春、俞通海领兵一万，抄捷径到牛塘谷口埋伏；赵德胜、廖永忠领兵一万，去劫张士诚部将李伯升的老营；令邓愈、华高领兵一万，冲左突右，扰乱对方防线及后勤补给。围城时日渐久，到了冬天，城中军民断粮，渐生恐慌。守城主帅吕珍屡次出城掠食，都被徐达击退。又过了3个多月，即至正十七年（1357年）三月，围困了8个月之久的常州终于被攻陷。

常州之战后，廖永安被升为行枢密院同佥、俞通海被升为行枢密院判官、常遇春被升为中翼大元帅、胡大海被升为右翼统军大元帅，宿卫帐下，以示优渥。不久，朱元璋改常州路为长春府（后称常州府）。

朱元璋打开张士诚的北大门并不是要攻取他的都城，而是想以此相胁迫，蚕食他的地盘。

但张士诚也不是容易认输之人，他忍下了暂时的失利。此后，双方在东线摩擦不断，但是谁也无法攻破对方的重要防线，形成了长期的战略相持和阶段性拉锯战。这一时期，浙西、皖南还有宁国路①、徽州路、建德路②、衢州路③、婺州路④、处州路⑤等大片地盘仍处于元军松散的控制下，这几块骨头要好啃得多。因此，东线形成相持后，朱元璋和张士诚都转而拓展南线，浙西一带成为双方交战的主要场所。

---

① 宁国路：属江浙行省，治所在宣城（今安徽宣城宣州区），辖境相当于今安徽省芜湖市以上的水阳江、青弋江流域。

② 建德路：属江浙行省，治所在建德（今浙江建德），辖境相当今浙江建德、淳安、桐庐等。

③ 衢州路：属江浙行省，治所在西安县（今浙江衢州），辖境相当今浙江衢州、江山、衢江区、常山、开化等。

④ 婺州路：属江浙行省，治所在金华县（今浙江金华），辖境相当今浙江金华江流域及兰溪、浦江诸市县。

⑤ 处州路：属江浙行省，治所在丽水县（今浙江丽水），辖境相当今浙江丽水、缙云、遂昌、松阳、云和、青田、龙泉等。

第六章 千帆竞发克江南

一、西截南堵，蚕食"大周"

由于元军将大部分兵力用于对付刘福通的三路北伐大军，在中原和江南地区的兵力相对薄弱，朱元璋自从得到集庆这块风水宝地，便开始在江南大展拳脚。

至正十七年（1537年）二月，朱元璋在督战常州的同时，派出大将耿炳文去攻打长兴，又派赵继祖、吴良等攻取江阴。长兴和江阴是两个战略要地，长兴扼守太湖西口，是张士诚陆路通往西部的要道，取之可以断绝张士诚西进的道路；江阴枕大江、蔽姑苏，是长江岸边的交通要道，取之则可使张士诚的水师难以从长江西进。只要打下长兴和江阴两个地方，就可以把张士诚的手脚捆住，使其无法对朱元璋控制的地区构成威胁。

长兴守将是张士诚手下的骁将赵打虎，单使一条50多斤的铁棍，百步之内无人敢靠近他。听说耿炳文领兵来攻，他点选铁甲军3000人出来迎战。耿炳文浑身缟练，头戴一顶五云捧日的银盔，穿一件双狮线球的银铠，素净得如清明月色，手执画戟，骑着白友驹，腰佩纯钢剑。他这副打扮是因为他的父亲耿君用战死，3年父丧期未满。

赵打虎和耿炳文势均力敌，两人斗了十几个回合，谁也没有占着便宜。赵打虎勒住马叫道："对阵的可是耿将军？我知道你是个英雄，你也见识了我的厉害，今日我们各为其主，必要分个高低胜负。我提议咱们都吩咐下去,不许放冷箭,就咱们两人刀对刀,枪对枪,一决高低,如此就算死也甘心了。"耿炳文表示同意。双方又纵马交战,斗了百余回合,仍然不分胜负。天色已近黄昏,赵打虎提议暂时休战,于是双方各回营寨休整。

赵打虎回到营中,对众将说:"我的刀枪并矛戟的技法可以说是天下第一流的,没想到耿家儿子小小年纪竟练得跟我不相上下,倘得他做个助手,必将如虎添翼。只可惜他为朱家卖命,成了我的死敌,眼下该怎么对付他呢?"他的部下提议他诈败诱敌,让弓箭手伏击耿炳文。赵打虎不想这么做,但又没有什么好主意,心中闷闷不乐。

与此同时,耿炳文也在帐中思考对付赵打虎的方法。他想,人们传称赵打虎是天佑国第一好汉,今日一交战果然名不虚传,明天要怎样才能打败他呢?既然答应对方不用阴招,大丈夫自当一诺千金,但不使阴招又无法胜他。到了吃晚饭的时候,耿炳文小酌了几杯便有了睡意。蒙眬之中,一阵冷风把灯烛吹灭,接着一个模糊的人影飘然而至,对他说:"炳文,我是你的父亲。前日你受了主公命令,来此攻取长兴,我便一直随你在战阵中。今日与赵打虎一战,你二人手段一般,但他的马上功夫略胜于你。明日再战,你可对他说'昨日马战,今日当步战'。你与他较拳,方可赢得他;倘他逃走,你也不须追赶。"耿炳文梦见父亲,不禁大哭起来。巡夜的士卒听见后,进来叫醒他,才知道只是一场梦。耿炳文再也无法入睡,干脆起床到帐外练起拳来。以一技之长击敌之短,当不算阴招。

第二天一早,赵打虎又到阵前邀战。耿炳文依从梦中父亲教导的话,对赵打虎说:"今日你我步战如何?"赵打虎听了不觉大喜,心里思忖:我的步战法无人不夸,这毛孩现在要与我步战,真是自寻死路。他得意地说:"如此甚好!你后悔还来得及。"耿炳文微微一笑,翻身下马。

二人手执武器,你来我往,你进我退,打了四五十个回合,都累得气喘吁吁,汗流浃背。赵打虎停住手,整理了一下衣服说:"我与你斗拳可好?"赵打虎的拳脚功夫同样厉害,他曾在五台山披剃的长老那里学了少林拳法,行走江湖,处处闻名。耿炳文见赵打虎神情傲慢,料想他的拳脚功夫不会太差,得小心防他,但父亲已在梦中提醒,他相信父亲的在天之灵会保佑自己,于是毫不迟疑地便应道:"行啊,这也公平。"

两人把戟叉一扔,一交手就各出了三十几招。赵打虎的脚上功夫略超耿炳文,他反穿着鞋子,飞脚过来,虎虎生风。耿炳文早有准备,当赵打虎再飞脚踢来时,他顺势后倒,抢过赵打虎的脚猛地一拽,赵打虎一时立不住,扑倒在地。

耿炳文拖他的脚,使出吃奶的力气,左拧右扭,然后把他的腿扛到肩上,旋转了几圈,一松手,赵打虎就飞了出去,在前面约3丈(10米)的地方摔下来。赵打虎胸口震得无法呼吸,两眼也直冒金星,好一会儿才喘过气来。他的手下忙冲过来,把他抬回营去。耿炳文没有下令追击,反而鸣金收兵。

当天晚上,身受重伤的赵打虎就撤到湖州去了。第二天,耿炳文率部冲入敌营,横冲直撞,轻松地降服了赵打虎殿后的队伍。随后,水军守将李福、安答失蛮等率部归降。

耿炳文此次攻陷长兴,缴获战船300多艘。朱元璋改长兴为长安州,在县署内设立永兴翼元帅府,耿炳文任总兵都元帅。耿炳文纳儒士温祥卿于幕下,协助策划防守。

四月的一天,朱元璋正在思考下一步的行动,冯国用建议道:"张士诚目光短浅,胸无大志,眼下接连被我们拿下常州、长兴,他吃了大亏,必不敢再来生事,只需派兵防他即可。若逼急了他,依他反复无常之性,恐怕会投降元王朝,成为一大祸患。若舍他而南进,直指宁国、徽州、婺州、衢州,这些地方皆为元兵所占,兵势极弱,而且易如反掌,取之又可以稳住张士诚之心。而且仅打元军,可获得天下人的赞许。这个避强打弱的计策,不知是否妥当。"

朱元璋闻言喜不自胜,连连夸奖道:"先生高见,先生高见!"他明白，稳住张士诚，可使其成为元军进攻自己的一个屏障。而攻下宁国、婺州等地，既可完成对张士诚、方国珍的战略包围，又可扩大地盘，免得陷入陈友谅、张士诚的肘腋之下。他当即下令徐达、常遇春班师南下，直取宁国。

守卫宁国的是元将别不华，协防守将杨仲英、张文贵等人没什么本事，但他们手下有一名悍将名叫朱亮祖，六安（今安徽六安）人，智勇双全，在乡曲称雄，元朝廷任命他为义兵元帅。听说徐达、常遇春来围攻宁国，他就联络守将，悉心防御。

徐达攻城时，朱亮祖出城迎战，一支长枪耍得如花飞舞。徐达的部下抵挡不住，节节后退。攻打多日，宁国城仍岿然不动。常遇春心中焦躁，亲自率众攻城。朱亮祖弯弓搭箭，正中常遇春左臂，顿时血流如注。常遇春咬牙将箭一把拔出，又往云梯上爬。士兵们受到鼓舞，一个个舍生忘死，冒着矢雨往城上攀。这时，朱亮祖叫人将煮得滚沸的桐油当头浇下，登城的士兵一个个痛得往后栽倒，朱亮祖趁机指挥手下将云梯拖上城来。徐达担心诸将有什么闪失，急忙鸣金收兵，被朱亮祖追杀一阵，伤亡千人。第二天徐达又与朱亮祖交战，仍没捞到一点好处。

朱元璋闻报后不怒反笑，说："要想擒他也不难，明天出战就是了。"他星夜赶赴宁国，第二天一早，他将4员大将吴桢、周德兴、华云龙、耿炳文叫过来嘱咐一番，让他们随驾出征；随后命唐胜宗①、陆仲亨等人带上几千步兵并授以密计，让他们先走。

两军对阵时，吴桢首先跃马上前，与朱亮祖交战几十个回合，然后转身便逃。朱亮祖追来，周德兴又提刀接战，战了一会儿也纵马回阵。华云龙再战也是如此。等到耿炳文出战的时候，朱亮祖已经对车轮战不耐烦了，挺枪追赶耿炳文，驰入朱元璋的阵内。朱元璋让四将并力围攻，朱亮祖一人战四将，渐渐觉得体力不支，就想找机会杀出包围。但

---

① 唐胜宗：濠州人，元至正十五年（1355年）从朱元璋起兵，征战有功，历任中翼元帅、骠骑卫指挥同知，安庆卫指挥，洪武三年（1370年）封延安侯。

吴桢等人紧紧盯着,一点也不肯放松。朱亮祖且战且退,快要回到城里的时候,唐胜宗和陆仲亨忽然杀出,拦在马前。二人夹击朱亮祖,左右开弓,对其战马一顿乱砍,战马经受不住,扑倒在地。

这时,吴桢、耿炳文已经追了过来,双枪并举,刺向朱亮祖。朱亮祖急忙转身抵挡。陆仲亨趁他不注意,摆好绊马绳,朱亮祖没有防备,右脚一蹚,踩到套子里。陆仲亨使劲一拉,朱亮祖一下子摔倒在地。将士们一拥而上,将他捆起来抬走了。朱亮祖曾在太平战役中被朱元璋俘虏,后又叛归元廷,这次是他第二次被俘。

朱元璋下令收兵回营,亲审朱亮祖,再给他一次选择的机会。朱亮祖大声说:"你要是放了我,我就为你尽力,否则就杀了我,何必多言!"朱元璋赞道:"好一位壮士!"随后亲自为他松绑,朱亮祖叩谢。

第二天,宁国城被攻破了。守将张文贵杀死妻儿,自刎身亡。

六月,吴良①、赵继祖、郭天禄等人奉命攻打江阴。

江阴是长江下游入海之地,人称"南龙之末端"。作为南北交通要道,江阴自古也是兵家必争之地。张士诚听说朱元璋派兵来攻打江阴,立刻派兵至秦望山,加强江阴的外围。这本来是一个很好的战略决策,不料却被朱元璋军利用。

吴良、赵继祖在向江阴发起进攻前,先让行军总营王忽雷去夺取制高点秦望山(今江阴市南闸街道境内)。恰逢风雨大作,王忽雷率部冒雨杀了上去,杀得守兵四处奔散。次日雨过天晴,王忽雷从山上放起火炮,直接落入江阴城中,城中烈焰熊熊燃烧起来。四门城上因靠近山边,人难蹲立,吴良、赵继祖、郭天禄架起云梯,径直杀进城去,打开了西门。

与此同时,邓愈、胡大海率兵直达徽州城下。元军守将八思尔不

---

① 吴良:初名国兴,后赐名良,濠州定远人,从朱元璋起兵,以指挥使镇守江阴10年,抵御张士诚的进攻,成为朱元璋政权的东南屏障。

花、万户侯吴纳等人开门迎战,很快便大败而归。八思尔不花趁夜潜逃,邓愈、胡大海率军入城。之后,朱元璋将徽州改为兴安府。

不久,胡大海又率军攻克了著名的"状元县"休宁,并向婺州继续挺进。徐达、常遇春则攻占了常熟。

张士诚疲于应对,因为他不仅要应付朱元璋,还要应付南面的土霸主方国珍。

八月,元朝廷命方国珍出兵征讨张士诚,方国珍率5万水军进攻昆山,张士诚命史文炳、吕珍率水师7万迎战,大败而归。方国珍七战七捷,直抵昆山城下。一年来,张士诚失城折将,现在又败兵于国门之内,他出于无奈,只得派使者向元朝廷请降,元朝廷授封他为太尉。方国珍也因征讨之功受封太尉、江浙行省左丞。

至正十七年(1357年)对朱元璋来讲是斩获最丰的一年,他在主战场东线和南线,攻无不克,战无不胜,攫取了不少地盘。此外,在西面,常遇春攻取了池州;在江北,除据守泰兴外,缪大亨又从青军元帅张明鉴手中夺取了扬州,还为朱元璋寻得了一位"面如出水芙蓉,腰似迎风杨柳"的美女,也就是孙夫人(后受封贵妃)。

朱元璋主力南下的时候,东线江苏的长兴、江阴、常州分别由耿炳文、吴良、汤和守卫。这3人都是朱元璋的心腹,朱元璋要求他们谨守门户,因此,他们3人按照朱元璋的指示高挂免战牌,并击退张士诚的多次进攻,确保城池不失,为朱元璋稳定了后方。

二、巧施离间计

如果说朱元璋与张士诚互相攻伐,是因为张士诚不属于红巾军的任何派系,是一个单干户的话,那么朱元璋西边的陈友谅则是正宗的天完系,他在至正十二年(1352年)就已经成为徐寿辉天完军倪文俊部的领兵元帅,先战元军于湖北,攻下武昌、汉阳等十余城,然后转战湖南,攻占岳州、常德等城,后入江西,克安庆、赣州,而后再入福建、浙江诸省，连下十八路。陈友谅共下城池近百座，斩杀元军数十万，尤其安庆之战更显反元之功。

然而，就在朱元璋和张士诚在东南线交战正酣的时候，徐寿辉天完国的内部也斗得不可开交。至正十七年（1357年），大权在握的天完国丞相倪文俊想谋弑徐寿辉自立，事情败露后逃奔黄州，驻守此地的正是他一手提拔的亲信干将陈友谅。螳螂捕蝉，黄雀在后，陈友谅乘衅杀了倪文俊，兼并了他的军队，然后自封为平章政事，一跃成为天完国举足轻重的人物。

陈友谅本是渔家出身，原本姓谢，祖上倒插门嫁入陈家，后代随了女方的陈姓。为了改变命运，陈友谅的父亲省吃俭用供陈友谅读书，使他能略通文义。有一天，一个江湖术士看到陈友谅家的祖坟，说道："风水很好，当出贵人！"这使陈友谅心中暗喜，更加发奋读书，后来学有小成，在县衙里当了一名小吏。

但是，陈友谅并不满足于当一辈子小吏，他想干一番大事业。徐寿辉起兵时，他马上投笔从戎，加入义军，先是在倪文俊手下当小文书，不久便独立领兵出外发展，很快成为天完政权的领兵大帅。

陈友谅"素怀大志"，野心极大，而政局动荡、战事频仍正好给他提供了舞台。兼并倪文俊部后，陈友谅于至正十八年（1358年）初率部从汉阳顺江东下，攻取安徽安庆。

安庆的地理位置十分重要，上扼武汉，下锁应天，为长江要塞。元军驻守主将为淮南行省左丞余阙，蒙古人，是元代著名理学家、文学家吴澄①的学生，出身进士，曾做过翰林修撰，参加了由丞相脱脱主持的《辽史》《金史》《宋史》的编写工作，是个地道的文官。元末乱世中，他弃文从武，为元王朝镇守安庆。陈友谅攻打安庆时，余阙率部拼死抵抗，正月初七，城池被攻破，余阙自刎而死，他的妻子和一儿一女投井

---

① 吴澄：字幼清，晚字伯清，元抚州崇仁（今属江西乐安县）人。元武宗即位，召为国子监丞，升司业，迁翰林学士。泰定帝时为经筵讲官。元代理学家、经学家、教育家。

自尽，城中千余兵民也自焚而死，这是元朝末年守城军民为元朝廷殉难最为壮烈的一幕。陈友谅入城后，厚葬了余阙，并称他为"天下第一人"。

此前陈友谅与朱元璋并没有什么交集，也谈不上什么恩怨，直到朱元璋开始打池州的主意，才跟陈友谅有了第一次接触。

至正十七年（1357年）五月，池州路铜陵县元廷官员迫于天完红巾军的压力，主动到宁国向徐达、常遇春投降，常遇春便率部进驻铜陵。接着，池州路总管又来投奔，告知城中布防空虚的情况。十月底，常遇春、廖永安等自铜陵逆江西进，杀了天完将领洪元帅，从天完军手中夺取了池州。这一军事行动为朱元璋和陈友谅后来的大规模冲突埋下了伏笔。

陈友谅占据安庆后，继而将兵锋指向对岸的池州。陈友谅作为渔家子弟，其作战意图明显，重点攻取的地方大都是水上交通方便的城镇，而且他的水师十分强大。池州是陈友谅南进的必经之路，所以他派手下猛将赵普胜率军猛攻池州。赵普胜曾归附过朱元璋，后来又归附了徐寿辉，效力于陈友谅麾下。至正十八年（1358年）四月初，陈友谅挑选几万精兵分两路南下，一路以赵普胜为主帅，突袭池州，擒杀了朱元璋手下大将赵忠；一路由陈友谅亲自挂帅，连破江西龙兴（今江西南昌）、瑞州（今江西高安），然后分兵攻取赣江中游的吉安、福建富屯溪边的邵武。

赵普胜攻克池州后，又进袭太平。朱元璋十分恼怒，急遣徐达等人进行反击。双方开始了长达一年的反复争夺，池州几次易手。

至正十九年（1359年）四月，朱元璋派俞海通率水师突袭赵普胜的栅江大营，再次夺回池州。但赵普胜不甘心，最终又把池州夺了回去。朱元璋因为主力在东南线作战，一时腾不出手，只得暂时忍耐，等待机会。

这样一来，陈友谅盘踞长江中游两岸，直接威胁到下游朱元璋应天府的安全。双方的梁子越结越深。

转眼到了重阳节,朱元璋忽然起了登高的兴致,于是率文武要员一同登上钟山。望着红色的枫叶、黄色的银杏、常绿的松柏,文官武将个个心潮澎湃,指点江山,纵论天下大势,唯有朱元璋一言不发。他独自步行至紫金之巅,极目远眺,只见扬子江上云锁雾罩,一片苍茫。这使他心里十分不安,一下子又想到了陈友谅。他觉得上游的陈友谅是悬在他头上的一把刀,下游的张士诚则是束缚他手脚的绳子。朱元璋召来文武百官,让他们极目四方,巡视一番,并说:"诸位,应天果真是虎踞龙盘,然而北有元兵,南有方国珍,西有陈友谅,东有张士诚,四面受敌,若我们苟且偷安,最终将死无葬身之地。为今之计,非得拼死外囹,方可自保。诸位都是独当一面之人才,不妨为我筹划今后的征讨方略。"

大将邵荣是个文武全才,立即献策道:"元人无道,凌辱汉人,天下英雄举义都是为了推翻元人统治,我们可乘大宋北伐之余威,再举重兵北伐,直捣元廷大都、上都,若成功必令群雄敬服,主公便可称王称帝,号令天下。"

朱元璋听了,觉得邵荣的想法和各派系的义军领袖,包括刘福通在内都是一样的,以为谁推翻元廷,谁就可以号令天下,这实际上是一个很肤浅的想法。因此,他摇了摇头,说:"此议不妥。元鞑子虽荒淫贪暴,人心尽失,但兵多将广,我们目前还无力与之争锋。退一万步讲,即使元人主动退出政治舞台,天下也未必就能实现太平。"

李善长则主张往西打,因为西边实力较强的只有徐寿辉,而且西边的地盘大。

朱元璋也摇摇头,说:"如今天完主掌兵权的是陈友谅,他将目光放在了江南富庶之地,占有湖广、江西各州县,地广粮足,且占据应天上游,已得地利。我若与其公然相争,只能是两败俱伤。"

这时,徐达按捺不住了,上前说道:"主公,将士们都是淮西人氏,可乘刘福通北上之际,举兵北上,夺取淮北之地。"

朱元璋闻言面色一沉,厉声说道:"淮北、淮西、豫东都是刘福通的地盘,天德(徐达字)身为大将,为何如此不明大义事理?我既已奉大宋之龙凤年号,理应臣服小明王,现在去攻打刘福通,岂不是犯上作乱?乱臣贼子,人人得而诛之。况且刘福通在北面与元军激战,将元军主力屏挡于外,我们正可借机休养生息,图谋发展。"

冯国用见朱元璋发怒,忙插嘴道:"末将不才,想谈谈自己的一点愚见。现在天下大势尚不明朗,敌友难分,而我们又羽翼未丰,所以不一定要急于去跟谁争胜负,无端树敌,现在要选择我们的急需之地和必争之地去争,以经营要地为目标。比如,上游的池州、东南面的富裕之地处州(今浙江丽水)等,如此才能跳到张士诚的外围去。"

朱元璋听了终于面露微笑,冯国用所言与他的思路接近,于是他总结说:"诸位所说都有一定道理,可惜没有着眼全局,统筹大势。刘福通我义不能取,陈友谅我力不能取,方国珍我远不能战。唯有张士诚与我比邻而居,尽占江南富庶之地,近而易攻。不久前他又投靠了元朝廷,这就更应攻打了。但冯将军说得对,此后相当长的一段时间里,我们都应以据地为主,不图打败谁;要由近及远,先弱后强,削弱对手,发展自己。"

朱元璋深谋远虑、鞭辟入里的分析,令大家眼界尽开,无不钦服。大家纷纷称颂他天纵英明,见识超凡。朱元璋继而提出了"取刀解绳"(即拿下上游陈友谅的池州,打破张士诚东南面的封锁)计划。

大政方针既定,朱元璋心情大好,带领大家到山中道观去赏菊。大家见满圃灿黄,不由得眼睛为之一亮,纷纷叫随从拿酒持蟹来。朱元璋酒至半酣,赋诗云:

百花发时我不发,
我若发时都吓杀。
要与西风战一场,
遍身穿就黄金甲。

邵荣读过几卷经史，抢先恭维道："昔日曹孟德83万人马下江南，夜宴酒酣，持槊赋诗道'月明星稀，乌鹊南飞'，传为千古佳句。但据末将看来，其气势与主公相差甚远。"

文武官员也异口同声地附和："主公好气魄，真乃帝王气概，令我等心折！"

重阳节过后，朱元璋派亲信携重金去劝说陈友谅让出池州，并使离间计说池州守将赵普胜有自立之心。赵普胜不知道自己被人算计，前几次接待陈友谅来使时，都扬扬自得，大夸自己的功劳，很有"舍我其谁"的架势。再加上他与徐寿辉越走越近，处处对陈友谅形成掣肘，陈友谅正对他有所猜忌，现在听朱元璋使臣如此说，便起了杀心。

至正十九年（1359年）九月下旬，陈友谅以会师为名，从江州（今江西九江）领大军忽至安庆。赵普胜没有任何心理准备，亲自带上烧羊美酒去迎接。坐在船头的陈友谅一脸笑意，两船交会时，赵普胜跨上陈友谅的战船，快步上前见礼。就在他刚跪下的一刹那，一道寒光闪过，他的脑袋便从脖子上滚落在地。

赵普胜被杀后，朱元璋派部将徐达、俞通海在贵池、青阳一带设伏，大破陈家军，又夺取了池州。

与此同时，常遇春攻克衢州，俘虏了元将宋伯颜不花。朱元璋改衢州路为龙游府。同年十一月，胡大海攻占处州，元将石抹宜孙败逃。

三、高筑墙，广积粮，缓称王

从至正十七年到至正十九年（1357—1359年），朱元璋与张士诚争来斗去，江南最终形成三足鼎立之势。其中，张士诚控制浙北富庶的四个府，朱元璋控制浙西较贫穷的4个府，方国珍则仍保有其旧地浙东沿海。

朱元璋对所占据的各城都精心治理，从不贪一时之财。为了固守江阴，在张士诚眼皮下钉个钉子，他提拔吴良为常州枢密分院院判，负责镇守江阴。他还特别诫谕吴良说:"江阴是我们的东南屏障,你一定要约束士卒,谨守城池。切记不要与外界结交,不要接纳逋逃,不要贪图小利,不要与敌争锋。你的主要任务是保境安民,固守城池。"

吴良谨守朱元璋的命令,每天晚上都睡在城楼上,不贪财,不好色,事必躬亲,严格训练部队,十年如一日,丝毫不敢懈怠。

闲暇时,他也从不饮酒作乐,而是延请儒士讲授经史,并且兴学校,开屯田,均徭省赋,安定民心。吴良十年镇守,将江阴城整治得如同铁桶般牢固,紧紧扼住了张士诚的咽喉,深得朱元璋的欢心。

坐镇徽州的是邓愈。邓愈遵照朱元璋的指示,每到一地都查访当地名儒。当他打听到徽州儒士朱升①很有学问,便快马传书向朱元璋做了报告,并请示是否将其送至应天。

朱升本是休宁人,后来移居徽州,他幼年时曾跟随著名学者陈栎学习朱子(即南宋大儒朱熹)之学。至正四年(1344年),朱升登乡贡进士第二名,后出任池州学正,秩满南还,隐居于家乡石门山,闭户著书不辍。

朱元璋接到邓愈的报告后,决定效仿刘备亲顾茅庐请出诸葛亮的办法,亲自登门拜访。恰好当时朱家军正在攻打婺州,久攻不下。朱元璋就将访贤与亲征合在一起,一并处理。这次亲征,他调集了杨璟等部十万大军,如此兴师动众,一是显示了他势在必得的决心,二是想要迅速解决浙西问题,三是向盘踞于浙东的方国珍等部示威。

以十万大军取婺州自然不在话下,朱元璋并不着急,所以他先赴徽州。朱元璋不顾途中劳累,一到城内就把一批"故老耆儒"召集起来,向他们了解民情。其中包括儒士唐仲实②、姚琏③等人,朱元璋对他们

---

① 朱升:字允升,安徽休宁(今休宁县)人,元末明初军事家、文学家,明朝开国谋臣,官至翰林学士。因向朱元璋建议"高筑墙,广积粮,缓称王"而闻名。

② 唐仲实:名桂芳,一名仲,字仲实,号白云,又号三峯,歙县人。元末明初著名学者、文学家,被称为"白云先生""三峯先生"。著有《白云集》。

③ 姚琏:又名廷用,字叔器,渔梁人。元至正中任太平教授,后弃官归隐。著有《凤池山房集》。

说:"自天下丧乱以来,老百姓多失生业,人人都渴望天下能够大治,就如一个渴极了的人对于水的盼求一样,这些我们都是知道的。"

唐仲实接道:"回主公,自从大军克复此地,老百姓也算是得到了归属。"

朱元璋又问:"邓愈将军在这里修筑城防,老百姓有什么怨言吗?"

唐仲实见朱元璋说话实在,也就不再隐瞒地说道:"颇有怨言。"

"筑城是为了大家的安全,老百姓怎么会有怨言呢?一定是邓愈过于心急,才激起百姓不满!那好,从今天起就停止城防的修建。"朱元璋顿了顿,接着说,"听闻您博古通今,必然熟谙古今成败兴亡的缘由,如汉高祖、光武帝、唐太宗、宋太祖、元世祖这几位英武君主,他们的方法是怎样的呢?"

唐仲实说:"主公如此抬举,鄙人十分惶恐。这几位君主都不滥杀无辜,故能一统天下,此为常理。若要谈论戡乱治平的大道,恐怕还是枫林先生(朱升)最有见地。"

第二天天还未亮,朱元璋便由邓愈陪同,微服从连岭出发,赶往朱升的家乡石门山,向他请教平定天下的大计。

此时正是仲春时节,天气乍暖还寒,天上起着牛毛般的雾露,阵阵凉意袭人。朱元璋赶到廻溪(位于今江苏无锡)以西的一个山头,见夜空中稀稀疏疏的星星正眨着眼,晓月西沉,犬吠如豹,心中诗意油然而起。他骑在马上,轻声吟哦,终成一首七律:

忙着征衣快着鞭,
回头月挂柳梢边。
两三点露不为雨,
七八个星犹在天。
茅店鸡声人过语,
竹篱犬吠客惊眠。
等闲推出扶桑日,

社稷山河在眼前。

吟完诗后，同行者竟无一人称赞，朱元璋正觉无趣，忽然看见石门山上一个大户人家正在上梁，周围人山人海。中柱上有副对联，上联为"竖柱喜逢黄道日"，下联为"上梁恰遇紫微星"，梁上横匾为"吉星高照"。朱元璋上前询问，上梁的这个日子是谁定的。主人说："这个日子是朱老进士定的，梁上的对联也是他写的。"

在山人的指引下，朱元璋来到一间茅庐前。他跳下马，整了整衣冠，亲自去叩柴扉。朱升的夫人正在厨房切菜，菜刀都没有来得及放下，就出来开门答礼。而朱升在为洪家写好对联后，知道朱元璋这天定来拜访自己，于是避而不见，夜半遁入石门洞。

朱元璋一行牵着马，步行来到石门，还离着几丈远，就看见一个40多岁的儒士从屋里匆匆走出，衣冠虽然整齐，一只靴子却忘了穿，光脚套一只布袜踏在地上也未察觉。他一边迎出门来，一边说："早知明公会来，却未料到会亲临山门。不曾远迎，还望恕罪。"

朱元璋见状会心一笑，谦恭地拱手道："朱先生学问天下皆知，万人敬仰，即便是三顾茅庐，也不足以表明我心之诚，何况只是到了这并不偏远的山门。"

朱升闻言十分感动，连忙跪拜说："早知明公兴仁义之师，所向无敌，迂儒何其仰慕。今日有劳明公远道来访，得慰仰慕之情，真是三生有幸，荣耀之至！"

朱元璋赶紧扶起朱升，说："乱世豪杰群起、英雄辈出，却少有高瞻远瞩、定鼎天下之谋士，皆不知修法度以明军政，所以不能成功。朱先生早已深知'两河兵合尽红巾，岂有桃源可避秦'，若肯走出山门，定有挥洒经天纬地之才的机会。"

朱元璋拉着朱升之手，与他并肩步入室内，直奔主题，向他请教夺取天下、安定邦本之计。

朱升分析了一番天下大势，又沉吟片刻，说："我思虑日久，已为明公想好了一策，概而言之，仅九个字而已。"

朱元璋已深为朱升的风度、学识、见地、言谈所折服，一听有九字真言，不由得洗耳恭听。于是，朱升将"高筑墙，广积粮，缓称王"之策进献给了朱元璋。

朱元璋如获至宝，抑制住心头的激动，问道："请教先生，这'高筑墙'是不是要我广揽人才，敬师兴教，除苛政，减刑罚，轻徭薄赋，让百姓各安其生，以巩固我的根据地？"

朱升点着头，高兴地说："明公果真英明，所见极是。"

"那'广积粮'是否要我给民户田，劝民农桑，垦荒屯田，广储食粮，以使兵食充足，国有所赖？"

朱升由衷地表示敬佩："明公英明，英明。"

"至于'缓称王'，是否要我继续臣服小明王，不要另立旗号，以免树大招风，成为众矢之的，而是韬光养晦，暗中发展壮大自己？"

朱升"扑通"一声跪倒在地，连连叩头说："真乃明主啊，天下苍生之大幸！"

朱元璋喜出望外，赶紧扶朱升起来，请他给自己当参谋。

回到徽州后，朱元璋叮嘱去攻打婺州的将士们说："你们应当牢记杀降不祥，唯不嗜杀人者，天下无敌。"

随后，朱元璋亲临婺州前线，先把劳苦功高的胡大海由枢密院判升为佥枢密院事，再命人前往婺州招降，但没有成功。朱元璋并不着急，而是想出了一个围城打援之计，即先打掉石抹宜孙的援军，切断婺州与外围的联系。石抹宜孙被胡大海赶跑后，婺州城里人心浮动，冲突渐生。不久，元廷枢密院同佥宁安庆、都事李相打开城门向朱家军投降，朱家军乘机杀入城中，元廷浙东廉访使杨惠、婺州达鲁花赤①、僧住等皆战死，南台侍御史帖木烈思、院判石抹厚孙等人被俘。

---

① 达鲁花赤：由成吉思汗设立，原意为"掌印者"。后来成为长官或首长的通称。在元朝各级地方官府均设有达鲁花赤一职，掌握地方行政和军事实权，是地方各级的最高长官。一般由蒙古人或色目人出任。

四、双管齐下，巩固根据地

朱元璋带着朱升回到应天后，马上召集文武百官，商议经略江南浙东之策。

到至正十九年（1359年），朱元璋的根据地已经建立起来，但要巩固根据地，就得有相应的治理措施，包括建立政权、出台政策等，即使是"战时体制"也并不意味着只抓军事而不抓民事，因为这两者是密切相关的。朱元璋首先说道："自元主失道，中原鼎沸，群雄并起，海内瓜分，生灵涂炭。我们以前都是濠州的平民百姓，进不能上达，退不能自安，不得已而起兵，以图自保。"他停了停，又说："过去我和大家只是谋求生存而已，自渡江以来，才有了救民之心。现今基业初创，欲扫平天下，救民于水火，成就汉祖唐宗之伟业，还需要尔等同心协力，舍生忘死以相扶助，望诸公临财毋贪婪，临难也不苟且。若夺得天下，个个都是开国功臣，封妻荫子，何愁得不到富贵！"

朱元璋的开场白，公然表明了他一统天下的雄心壮志，也期望文官武将能从这个大局出发来讨论根据地的建设问题。他接着说："如今，天下之强莫若陈友谅，天下之富莫若张士诚，而我们没有任何优势可言。因此，我们要做的是，一方面向浙东富庶之地进军，另一方面做好对现有地盘的治理，招贤选能，设机构，立法度，安民心，固邦本。"

朱元璋说完后，众人纷纷发表意见，最后议定治理浙西，同时挥师东进。

婺州为浙东重镇，东西南北四通八达，为军事要冲之地。朱元璋巡视了周围地形，决定把它经营成夺取江浙的根据地。为了安定民心，每到一城，他都下令开仓放粮，同时整饬军纪。

一天夜里，朱元璋带着两个亲信去城中巡查。他刚来到城门，就被巡军拦住，对他说："奉大元帅令，城中实行宵禁，无中军令箭不得通行，违者拘禁候审。"

朱元璋随行的亲兵头领张焕上前说:"你难道没看出这是位大人吗?为何胆敢阻拦,不让通行?你不怕吃罪吗?"

那巡军却不买账,说:"我不认得什么大人,只知道无凭夜行,就是犯夜者。"

朱元璋闻言哈哈一笑,叫张焕打马回营。

第二天,他叫张焕召来巡军,赏给他二石米,并通报全军进行褒奖。此后月余,城中平安无事,朱元璋为部下遵守号令、严守军纪而感到高兴。

一天,朱元璋接到密报,一位叫黄一夫的亲兵在一家商铺强拿了一双袜子和一双布鞋,没有付钱,老板敢怒不敢言。旁人见状都为老板打抱不平,非要报官不可。

朱元璋闻报大怒,立即下令将黄一夫抓来。黄一夫跟随朱元璋六七年,为人勤谨且擅长揣摩心意,很讨朱元璋的欢心。他被抓至中军帐内,见朱元璋脸色阴沉,早已吓得面无血色。

"你跟随我多年,应知军纪如山,为何明知故犯,掠劫商家财物?"朱元璋强忍怒气,厉声质问道。

黄一夫哆哆嗦嗦地讲明了事情的原委。原来,黄一夫家中父亲病重,他在应天时把积攒的几两银子都捎回了家中。这次随朱元璋从应天远征婺州,长途跋涉,鞋袜都已破烂不堪,苦于无钱购买,便从商铺取了一双鞋袜。他原以为这只是小事一桩,现在看见朱元璋的脸色,才知大事不妙,吓得连连告饶。

朱元璋让黄一夫脱下鞋子,那双粗布袜子果真前后都磨了个大洞,时值隆冬,里头湿漉漉的,他不禁心头一颤,没想到在外征战多年的士卒竟是这般寒苦。但转而一想,倘若将士们都因此而不守军纪,军队将会变成什么样呢?哪个违反军纪的人会找不到理由?他沉吟片刻,说道:"尽管事出有因,但法不容情,我不得不拿你这颗脑袋来号令三军。你怨我恨都随你,但我对谁都无法网开一面。"说完,他挥手让亲兵把黄一夫拉出去斩首,并在城内及军营张贴告示。事后,朱元璋派人携

500两银子飞马送往黄一夫家中。

时值天下大乱，兵员众多，吃穿用度确实是个大问题，而且农时也往往因战事和天灾而耽误。即使富足如江浙，也并非想象中的那样取之不尽、用之不竭。因此，粮荒时不时就会找上朱元璋，他不得不向应天、镇江、太平三地的富民借粮，并四处征询解决之法。这时，一个叫王宗显的人给他想了一个"屯田"的法子。朱元璋觉得这个办法不错，立刻在军中推行。他下令应天的卫戍部队管种蔬菜，这样既可以磨炼士兵吃苦耐劳的精神，又可以让他们有所收获。他还派元帅康茂才为营田使，到城池驻军中进行监督指导。

鉴于历来官吏的扰民、害民举动，在康茂才临行前，朱元璋再三叮嘱道："大抵设官都是为了老百姓好，而不是去妨害他们，如果官吏出现增饰馆舍、迎送奔走之类的扰民、害民举动，那绝不是我的本意，你们要好好体会我的一番苦心！"

这年（1359年）十一月，朱元璋还设立了管领民兵的万户府一职，他在告谕行中书省的报告中说："古来就讲究寓兵于农，有事则战，无事则耕，耕作的闲暇则讲武事。而今兵争之际，当因时制宜，在已经平定的郡县中，民间自然不乏武勇之材，应当对他们精加简拔，编入地方军队中。设立民兵万户府正是为了统一领导他们。"

同时，朱元璋任命单安仁①为提刑按察司副使，并命提刑按察司佥事分巡各乡县，对在押的罪犯从轻、从快发落。他在敕令中说："天下干戈未宁，人心初附，百姓有冒犯禁令的，被拘禁在官府中，着实让人怜悯。所以，自今年十二月二十日天黑之前，凡犯法的官吏军民，不论罪行轻重都予以释放，若有人再犯，将接受应有的惩罚。"这实为收揽人心之举。

这些措施，正是对朱升九言之策的具体落实。

朱元璋希望建立一个模范区，树一个榜样，以利于扩大自己的影

---

① 单安仁：字德夫，濠州人，官至工部尚书、兵部尚书。

响,便于制造轰动四方的效果。最终,朱元璋选定了婺州,将婺州改为金华府,除设置金华翼元帅府这样的军事机构外,还组建了一个领导班子。为了巩固这一地区,他还选拔了宁越七县的富民子弟来充当自己的宿尉,叫"御中军",其实也有把他们当作人质的意思,目的是防止富民煽动作乱。

金华号称"小邹鲁",人才济济,朱元璋一入金华,马上宣布:"贤人君子有能相从立功业者,吾礼用之!"将儒士范祖干、叶仪等招至帐下效力。

范祖干面见朱元璋时,果然不失儒士本色,手中居然拿着一本《大学》。朱元璋问道:"敢问先生,治道当以何为先?"

范祖干举了举手中的《大学》,说:"不出乎此书。"

"恕我愚钝,还请先生仔细说明下!"

范祖干慷慨陈词道:"帝王之道,自修身齐家,以至于治国平天下,必上下四旁均齐方正,使万物各得其所,而后可以言'治'。"这是再正统、再经典不过的儒家理论了。

朱元璋接道:"圣人之道,所以为万世法。我自起兵以来,号令赏罚一有不平,何以服众?来日武定祸乱,文致太平,想是贯彻此道无疑了。"

朱元璋又翻开自己专门收录各地人才的花名册,派专人携带金帛,四处访求,恳请他们出山相助,或封以名号。

绍兴人王冕是放牛郎出身,慷慨有大志,靠苦读自学成才,善绘画,通经史,隐居于九里山中。朱元璋闻其贤名,立即派人持币延聘为谘议参军①。

王冕见到朱元璋后,献上一本仿照《周礼》而写的书,诚挚地说:"明公,这是我精心撰构的书,凭此书,可致太平。"

朱元璋欣赏他的自强不息,又发现他确有独到见解,对他颇为倚

---

① 谘议参军:官名,也称谘议参军事。即咨询谋议军事。西晋置,为镇东大将军、丞相府僚属,掌顾问谏议之事。

重,可惜他不久就病死军中。

胡大海推荐了饱学之士宋濂①,朱元璋马上派宣使奉书币,将宋濂请来。经过几次晤谈、询问和察访,他认为宋濂为人方正,又熟读经书,便任他为五经师②。

后来,好学的朱元璋又召儒士许元、叶瓒玉、胡翰、吴沉、汪仲山、李公常、金信、徐孳、童冀、戴良、吴履、张起敬、孙履共13人入自己的幕府,每天叫两个人共同进餐,为自己讲解经史,敷陈治道。并要求他们从《史记》《汉书》《论语》中总结出治国平天下的方略。

军政与民政就像一辆大车的两个车辖辘,缺一不可。金华府成了朱元璋驻兵和指挥的中心,军政机构趋于完备。这时,朱元璋向朱升请教:"处州离这里很近,可以马上征伐吗?"朱升点头道:"往浙东必取处州。处州有刘基③、叶琛④、章溢⑤,皆王佐才,取处州不仅可得富裕之地,或许还能得几位贤才。"于是,朱元璋调兵遣将,先后攻取了处州、衢州。随后,胡大海大破吕珍堰水灌城之计,攻占了诸暨县城。

朱元璋对张士诚全力攻打,而对距离较远的方国珍则采取安抚拉拢之策。在治理金华期间,他派出主簿蔡元刚、儒士陈显道前往庆元(今浙江宁波)招谕方国珍,也就是给他打声招呼。

方国珍素无大志,对自己控制东南沿海丰富的渔盐资源感到心满意足,无心争夺天下。

但朱元璋攻占处州时,福建的陈友定和江浙的张士诚对他的地盘进一步挤压,使他的生存空间受到了威胁。因此,方国珍遣使奉书来拜见

---

① 宋濂:初名寿,字景濂,号潜溪,别号龙门子、玄真遁叟等。元至正中荐授翰林编修,辞不就,隐居龙门山著书十余年。应朱元璋召至应天,任江南儒学提举,兼授太子经书。
② 五经师:教授五经的学官。
③ 刘基:字伯温,处州青田县(今属浙江温州)人,至正二十年(1360年)朱元璋召至应天,洪武元年(1368年)任太史率更令,授御史中丞。洪武三年授弘文馆学士,封诚意伯。
④ 叶琛:字景渊,明初大臣,浙江丽水人。博学有才,朱元璋召至应天,授营田司金事,升洪都知府。死后追封南阳郡侯。
⑤ 章溢:字三益,龙泉(今浙江龙泉)人,号匡山居士,别号损斋,朱元璋召至应天,授金营田司事,管理户籍,确定税赋。官至御史中丞、赞善大臣、太子赞善大夫。

朱元璋，表示愿合兵共灭张士诚，并献黄金50斤，白金100斤，金织、文绮百段。朱元璋没有同意。不久，方国珍又来试探朱元璋，若打败张士诚，愿以自己占有的温州、台州及庆元三路献给朱元璋，并以次子方关作为人质。

朱元璋明白，方国珍虽然纳款，但他一向首鼠两端，对元廷也是时降时叛，于是将人质和金玉统统退了回去，说："我正四方征讨，所需的是文武贤才，所用的是谷粟布帛，至于宝玩并不是我所喜欢的。你既诚心结盟，便应推诚相交，当如青天白日，明明白白，何必互相怀疑而要用儿子作为人质呢？"

朱元璋这样说并不是出于对方国珍的信任，而是根本不打算与他合作。他正在全力以赴实施横扫浙东的计划，不想让方国珍这样的墙头草插手进来，但他也不想马上与方国珍为敌，所以只能虚与委蛇。

稳住方国珍后，朱元璋命胡大海从诸暨转战杭州，同时命邵荣从余杭援攻杭州。

同时，李文忠随邓愈攻打建德，元兵闻风奔溃。朱家军一路追击至淳安，缴获战船30艘、俘虏3000人。元廷江浙行省左丞杨完者①率军来攻，结果被邓愈击败。随后，李文忠率兵东进，攻打浦江县，不久攻克。杨完者率领苗兵数万人来夺，李文忠斩下苗军首领脑袋，做了一个木筏运载而下，元军水师见状胆战心惊，不敢再犯，掉转船头逃跑。

杨完者回到杭州后，城内的元军发生内讧，杨完者被杀，他的部将黄宝、蒋英等率3万驻守桐庐的苗兵投奔了李文忠。这又为朱元璋攻夺浙东扫除了一大障碍。

---

① 杨完者：元武冈路赤水（今湖南城步县）人，字世杰，蛮族首领杨再思的后裔。元末受元廷招纳，初为千户，累官至元帅。至正十六年（1356年）赴杭州，以行省参政，升任添设左丞（一作右丞）。

第七章　招贤纳士得奇谋

一、得谋士，如虎添翼

朱元璋这次攻取处州，最大的收获就是得到了谋士刘基，从此如虎添翼。

在此之前，朱元璋便多次听人说处州有一个像神仙一般的刘基，懂得谋略，识得天象，能掐会算，可预知未来。事实上，刘基堪称哲学家、谋略家、文学家、军事理论家、天文学家等。刘基博学多才、智谋超凡，他的身世及教育背景又是怎样的呢？

刘基，字伯温，高祖刘集之父刘尧仁曾举家由临安迁至处州，居住在距现在处州30里的竹州。后来刘集又从浙江丽水迁至青田县的南田镇，刘基于至大四年（1311年）出生在南田武阳村。刘基的父亲刘㸅曾任遂昌（治所在今浙江遂昌县）教谕①。出生在书香门第的刘基，自幼博学强记，"于书无所不窥"，并且"神知迥绝，读书能七行俱下"。

泰定元年（1324年），14岁的刘基来到处州，在郡庠（府学，地方官办学校）上学，人们从来没有看见过他执经读诵，却无不默识于心，很得老师器重。他的老师郑复初对刘基的父亲说："您家祖德深厚，

---

① 教谕：官名。宋朝始置于太学附属小学，掌训导、考校、责罚学生。后各州武学、各路医学亦置。南宋初，州学不置教授者亦置教谕，掌学事。元朝于县儒学及医学置。儒学由任满并考试合格之直学选充，任满后考查合格者再升学正、山长。明朝置为县学正官，不入流。每县一人，掌学政，教诲生徒。清朝沿置，改为正八品。

这个孩子一定能给您家带来荣耀。"

在郡庠①读书期间，刘基曾去紫虚观赏玩，与道士吴梅涧建立了深厚的情谊。吴梅涧是个仁德长者，热情好客，而少年刘基聪颖过人，谦逊懂礼，两人结成了忘年交。他们同游紫虚山水，吴梅涧不但为刘基一一介绍处州风土人情，还常常以酒饭菜肴招待他。刘基对吴梅涧很有感情，后来一直念念不忘。

刘基少年时已显露出超凡的才气，他认真学习儒家经典，能诗会文，尤其对天文、地理、兵法、术数之类更是潜心研究，颇有心得。他的记忆力非常好，有过目不忘的本领。元至顺四年（1333年），刘基到大都参加会试，曾经在一家书店中翻阅一本天文书，翻过一遍后竟然能马上背出来，书店主人要把书送给他，他却说："书已经在我的胸中了，要书何用？"

此次会试，刘基中三甲第二名进士，初露锋芒，深得名流赏识，有人称赞他是"诸葛孔明之俦"。

刘基作为元至顺四年（1333年）的进士，直到至元二年（1336年）才得到了一个高安县丞的官职。县丞是协助县令处理政务的小官，秩正八品。此后20多年，刘基先后担任过江浙儒学副提举、行省考试官、行省都事、行枢密经历、行省郎中、处州路总管府判等官职。在这些官职中，儒学副提举是从七品，行省都事是七品，处州路总管府判是正六品。自负不世奇才的刘基极为郁愤，而他的性格又是"疾恶如仇，与人往往不合"。

至正十三年（1353年），42岁的江浙行省都事刘基因建议捕杀方国珍，与朝廷抚绥政策相左，次年春被羁管于绍兴。刘基因此"发愤恸哭，呕血数升，欲自杀"。门人密理沙劝阻道："如今朝廷是非混淆，岂是先生自杀的时候？况且太夫人在堂，您若死了，她老人家怎么办？"实际上，羁管绍兴，倒让刘基享受了一生中一段难得的轻松时光。他纵

---

① 郡庠：科举时代称府学为郡庠。——编者注

情山水，写下了不少关于绍兴的游记。不过，绍兴的山水之美，并不能使刘基完全忘情其中。至正十六年（1356年）春，江浙行省的一纸调令又激起了他心中的涟漪，治国平天下的强烈愿望再度被激发。他离开绍兴，出任江浙行省枢密院经历①，与枢密院判官石抹宜孙等同守处州。

在此期间，进入不惑之年的刘基似乎什么都看明白、看开了，他与石抹宜孙彼此赋诗酬唱，甚是投缘。然而，刘基虽然守土功大，但元朝廷仅将升他为处州路总管府判②，并不给予兵权。这一职位变动，使刘基对朝廷失望到了极点。据说他收到朝廷的谕令后，即于庭中设香案，拜敕书，称："臣不敢辜负世祖皇帝，今朝廷授此官职，实在是无从效力。"他决定弃官归田，隐居在南田山下。他不是不愿为朝廷效力，而是朝廷不重视他，让他无法干一番经天纬地的事业。

刘基回到南田武阳村，一边组织乡人于乱世中自保，免遭方国珍的骚扰；一边著书立说。他将自己的思想及对社会、人生的见解进行了一番总结，创作了著名的《郁离子》一书，以寄托自己的一腔幽愤。西蜀名士赵天泽在品评江左人物时，将刘伯温列为第一。

刘基辞官后不到一年，朱元璋就开始攻打处州，并很快把石抹宜孙赶跑，攻占了处州。随后，朱元璋下令部将缪美寻找刘基的下落，务必把他请到应天。缪美"赍币往聘，犹不肯起"。为了完成任务，缪美只得强制将刘基带回应天。当时朱元璋正在前线督战，没能亲自接见刘基。朱元璋心想，既然刘基被评为"江左第一术士"，那就让他做做卜算吉日、察看风水、预测天气星象变化之类的事情。但刘基坚持要走，朱元璋只好下令放他回去。

回到应天后，朱元璋任命了一批所占领州（路）县的军政官员，

---

① 经历：官名，金元时期置于枢密院、诸大都督府、通政司、都察院等衙署，执掌出纳文书等事宜。

② 总管府判：元朝于各路设置总管府，为地方最高行政机构，管理地方司法民政事务，兼管农事，江北诸路另兼诸军奥鲁。置达鲁花赤、总管、同知、治中、判官、推官、知事掌官。判官参决民政，或兼捕盗之事。品秩自正五品至正八品不等。

其中，孙炎被任命为处州总制官。这使朱元璋又想起了处州的"神仙"刘基，于是就把请刘基出山的任务交给孙炎。

孙炎身高6尺余，面黑如铁，一条腿有点跛，不怎么爱读书，但喜欢赋诗，往往有奇句，又善于雄辩，一开口就是数千言，人人都怕他那张嘴。他还非常喜欢喝酒，喝了酒后作诗辩论，有如神助，豪情万丈。孙炎交友广泛，夏煜、宋濂、汪广洋都是他的好友。

至正二十年（1360年）春的一天，孙炎来到浙江青田县武阳村，登门拜访隐居在此的刘基，希望他为朱元璋效力。刘基虽然归隐乡间，但对天下大事了然于胸。此时，在北方打着"小明王"旗号的数支义军，遭到元军的多次围剿，已经锋芒不再。元朝廷对刘福通深恶痛绝，一心只想置义军于死地，巩固自己的统治，于是倾其精锐，派出最凶狠的两支军队，分别由扩廓帖木儿①和孛罗帖木儿率领。其中，扩廓帖木儿移军洛阳，加紧对汴梁（今河南开封）的进攻；孛罗帖木儿则竭力切断汴梁与山东的联系，拼命攻打曹州（今山东菏泽）。不久，曹州陷落，红巾军首领阵亡。孛罗帖木儿继续挥师北上伐代州（今山西代县）、丰州（今内蒙古五原县南）、云内州（今内蒙古托克托县东北），进驻大同，切断汴梁与中路大军的联系。同时，扩廓帖木儿则移军虎牢，分兵南进攻取归、亳、陈、蔡各州，北出汴东，置战船于黄河内，派兵据守黄凌渡，对大宋政权的包围一步步缩紧。北方各地义军转攻为守，已呈强弩之末。

在南方，张士诚虽已降元，但只是权宜之计，此时他仍然手握重兵，坐拥杭州，南近绍兴，北逾江淮，直抵徐州，地盘相当之大；徐寿辉和陈友谅看似珠联璧合，实则貌合神离，陈友谅暂时屈居于徐寿辉之下，但久之必非池中之物；实力最差的是方国珍，他主动与朱元璋结盟，甘愿拜在其麾下；朱元璋以大宋名义行事，不声不响地发展壮大自

---

① 扩廓帖木儿：元沈丘人，汉名王保保。中书平章察罕帖木儿之甥、养子。察罕帖木儿被刺死后，拜太尉、中书平章政事、知枢密院事。元都陷落后，率众奔甘肃，后拥兵塞上。

己,手下谋士、战将如云,多朝古都应天府已经成为他的称王之地,可见其志不小。

十几年前,刘基在淮北云游时,曾与朱元璋有过一面之缘,对这位放牛娃的奇貌印象极为深刻,并从他身上感受到了天子之气。据说,刘基曾夜观天象,根据星位移动对应固定的人事变幻之道,猜测出新生帝星必在这几人之中。

再仔细分析,帝星最有可能对应两个人——陈友谅和朱元璋。方国珍乃一方土霸,趋炎附势,胸无大志;张士诚偏安一隅,进取心不强。不过,陈友谅薄信寡义,阴险狡诈,嗜杀狠毒,虽有霸气,却不得人心,难成大器。刘基认为朱元璋必成大气候,辅佐他完全是大势所趋。

但刘基毕竟为元廷效力多年,改换门庭并非易事。他自小受忠君教育,国破臣尽节;君虽无道,臣不改节。作为元廷臣子,旧主犹在,却去投奔新主人,这岂不是背叛?而且,他也不知道朱元璋是否诚心纳贤。所以,孙炎第一次来便吃了闭门羹。

孙炎以善交友、能言善辩见长,他知道要请高人出山,须下一番苦功夫。第二次去的时候,他带上了刘基的两个好友叶琛、章溢。临行前,宋濂拉住孙炎问道:"你这次打算怎么去请?"

孙炎说:"我这次不仅带着黄金五百两,还有胡深①写的亲笔信……"

"黄金?"宋濂说,"你若不带黄金,可能他已经来了。"

孙炎不解地看着他,希望他继续说下去。

宋濂接着说道:"刘伯温在元廷为官,家境颇丰,他若前来归附,必定是为了功名和事业。你拿黄金给他,他不需要,反倒认为你小看了他。"

孙炎恍然大悟,于是只带了胡深的信去。胡深虽是武将,却颖异有

---

① 胡深:字仲渊,处州龙泉人,元末兵乱,聚众自保。受元将石抹宜孙任命,为元帅。元至正十九年(1359年)降朱元璋,积功官吴王府参军,守处州。

智略，通经史百家之学，也是刘基的好友。但刘基还是不肯相见，孙炎只得托人把信送去。刘基看完胡深的信，长长地舒了口气：看来大家已归于一处了，现在就剩自己一人了。但他还在犹豫，想再等等。他将自己的一把宝剑送给孙炎。几天后，孙炎还回了宝剑，并附了一首诗，题为《宝剑歌》："宝剑光耿耿，佩之可以当一龙。只是阴山太古雪，为谁结此青芙蓉。"这首诗前面讲宝剑之好，可是剑不能要，因为"还君持之献明主，若岁大旱为霖雨"。刘基看完诗后，心想，就连孙炎这样的人不也是跟着朱元璋干？宋濂、叶琛、章溢也都投附到朱元璋帐下，甚至朱升、胡深也甘愿为他效命，我为什么不能？朱元璋身边有的是人才，还三番五次来请自己，再不去就是不识抬举了。刘基思索良久，终于答应与孙炎见面。

孙炎非常高兴，设下酒宴，与刘基对饮，谈论天下大势、古今成败，好像大河奔腾、峡谷决堤，滔滔不绝。刘基佩服不已，感慨地说："我本以为自己比您强，听了您的议论之后，哪里敢跟您比呢！"

刘基回到家中，将出山的打算告诉母亲富氏，富氏劝儿子说："自古衰乱之世，不辅真主，岂能获万全计哉！"无疑，处于各种势力相互争斗之际，声名在外的刘基想要安安稳稳地隐居几乎是不可能的，他必须做出选择，以"获万全"。

至正二十年（1360年）二月的一天傍晚，朱元璋在应天府接见刘基，这也算是他对刘基的一次面试。朱元璋对于刘基的了解，似乎局限于其"象纬之学"，即观天象、验谶纬的本领。所以，他征用刘基的最初目的也许是想借助刘基的术数之学。他试刘基的第一句话是："伯温先生能作诗吗？"刘基回答说："吟诗作对，是读书人的雕虫小技，我略知一二。"朱元璋指着手中的斑竹筷子，让刘基即兴赋诗。刘基随口念道："一对湘江玉并看，二妃曾洒泪痕斑。"朱元璋见起句平平，蹙眉道："秀才气味。"刘基接着说："汉家四百年天下，尽在留侯一借间。"留侯指汉初张良，曾借刘邦吃饭用的筷子，用以指画当时天下大势，为刘邦出谋划策。刘基引用"借箸"的典故来自比张良，既紧扣了咏筷这一题目,又气势雄伟,胸中的抱负和非凡的才情一览无余。朱元璋品出了其中韵味,不由大喜。他对刘基的印象由一个术士转变为一个张良般的谋略之士。

随后,朱元璋就目前江浙的军事形势问道:"我已经招降方国珍,并派常遇春、胡大海两支大军去攻打张士诚,伯温先生认为胜负会如何?"

刘基也不拐弯抹角,直接打开天窗说亮话:"方国珍归降主公不过是一时之计,屡降屡叛于他是家常便饭,切莫当真。"

朱元璋觉得对付方国珍完全不在话下,因为他根本不把姓方的放在眼里,眼下最重要的对手是张士诚,于是又问:"那张士诚呢?"

刘基轻抚长髯,答道:"天时、地利、人和都在张士诚身上,主公想胜他并不容易。"

朱元璋闻言一惊,连忙问道:"伯温先生此话怎讲?"

刘基娓娓道来:"连年灾荒,朝廷无粮,而张士诚占据杭州富庶之地,粮饷丰厚,他就可以此挟持朝廷供给他兵力,此为天时;隆平府(今苏州)、杭州为江浙重地,地位历来显要,此为地利;张士诚与江浙行省左平章识达帖木儿勾搭成奸,朝廷任其呼风唤雨,此为人和。天时地利人和皆集于他一身,自然占据上风。"

尽管朱元璋与张士诚交战多次,张士诚败绩颇多,但就凭这一席话,他对刘基的认识进一步加深,知道刘基不是一个单纯的术士,也不是一个只会作诗的文人,而是一个具有远大抱负的儒生,对天下大势看得十分透彻。

朱元璋当即赐刘基上坐,从容与他论经史,并咨以时事,刘基应对如流,"论天下安危,义形于色"。朱元璋越听越感兴趣,恳切地说:"我为天下屈先生,先生幸不弃我!如有指陈,愿安受教。"于是,刘基向朱元璋呈上《时务十八策》。

大略看过煌煌万言的《时务十八策》,朱元璋拍案叫好,赞叹不绝:"好!好!好!伯温先生不愧是举世无双的高才,不愧是我的张子房！天底下也只有你能想出如此妙计！先生的建议甚合我意！"

刘基听了大为欣慰，此番出山，果然是正确的选择！他出山并非为名为利，更非为高官权位，只求能被明主赏识重用，以不负平生所学。

"我在想给伯温先生一个什么样的职位合适呢？万不可委屈了先生。"朱元璋手舞足蹈地问道。

"在下何德何能蒙主公如此器重，十分惶恐！"刘基谦虚地说，"在下不求高位，只求能伴随主公左右，为主公出谋划策、解忧去愁，在主公需要在下之时助一臂之力。"

"伯温先生高才，不必谦逊。我寻思着将先生留在身边，当我的军师，在中军参与谋议，不知先生意下如何？"

刘基满口答应下来，于是，朱元璋帐下又多了一位幕僚。后来刘基一再表现出他在政治、军事等方面的卓越才华，被人们誉为大明开国第一军师。

二、从"避强打弱"到"打强防弱"

正至二十年（1360年）三月，常遇春和胡大海在杭州、绍兴攻城失利，刘伯温的预测应验了！

攻打杭州之初，朱元璋告诫常遇春说："克敌在勇，全胜在谋。昔日关云长号称'万人敌'，然而终被吕蒙所败，就是因为无谋！你应当以关云长为戒。"常遇春多次强攻不克，反倒损兵折将，有两个原因：一是城池固若金汤，二是元军也在此驻防。

朱元璋对杭州本来志在必得，没想到两员大将双双失利，他感到非常意外，但也无可奈何，只好将常遇春和胡大海召回应天府，从长计议。

朱元璋征询刘基的意见，刘基稍一思索，用了一个成语"螳螂捕蝉，黄雀在后"来帮他解惑。

朱元璋心想："螳螂"就是自己，"蝉"就是张士诚，那只"黄雀"

肯定不会是方国珍，他就算有贼心，有贼胆，也没那么大本事。那么，只有一个人会是那只"黄雀"——陈友谅。张士诚是守成之主，自己是进攻一方，却轻视了比张士诚更加强大的敌人——陈友谅。

朱元璋问道："伯温先生是说我们攻打杭州就像螳螂捕蝉一样吗？"

刘基笑了笑说："主公说得对，谁先去抢这块肥肉，谁就会成为'螳螂'。不过，若让主公放手定然会舍不得。如果一定要把肥肉抢到手，必须先灭'黄雀'。"

朱元璋说："可是，这与我自举兵以来的作战方略相悖啊！"其实，朱元璋也不是没考虑过对付陈友谅，只是之前的方针是打弱防强，首先抢占富庶之地，将之经营成牢固的根据地，因此，才将首要攻击目标锁定为较富的张士诚，其次才是陈友谅。而且，近两年他与张士诚的交锋总是胜多败少，这足以证明以前的战略决策的正确性。朱元璋觉得刘基可能刚出山，不了解东线作战的实际情况，所以才提出先啃硬骨头的设想。

朱元璋急于攻占杭州，于是让各将领随时做好出战的准备。

这一时期，陈友谅趁朱元璋与张士诚打得不可开交之际，大举进军江南，犹如风卷残云，略地千里，不到半年便已占领江西全境。之后，陈友谅又遣兵攻克襄阳。不久，王奉国又得信州，邓克明进兵福建。此时的陈友谅可以说是兵强马壮，地广财多。朱元璋根本没想过要跟陈友谅硬碰硬，抱着人不犯我、我不犯人的态度。

是年闰五月，朱元璋准备再次发兵攻打张士诚，忽闻上游的陈友谅挟了徐寿辉，率水师数万东下，进攻太平。同时，陈友谅还鼓动张士诚与其合作，由东南向西夹击朱元璋。朱元璋急召下属商议对策，大家都同意迅速发兵增援太平。然而军队还没出发，便传来了太平失守的消息。紧接着，陈友谅又冒天下之大不韪，杀死天完国主徐寿辉，自立为帝，国号汉，改元大义；以邹普胜为太师，张必先为丞相，张定边为太尉。之后，陈友谅率领汉军水陆主力直逼应天，大有一举犁庭扫穴、拔应天之帜的气势。

驻守太平的是黑将军花云和朱元璋的养子朱文逊,他们都是能以一当百的战将。但陈友谅的水师船大兵多,马上功夫很好的花云率部把陈友谅的汉军挡在城外,鏖战三日。陈友谅见久攻不下,便趁下雨水涨,领大船转攻西南隅,他将大船依城墙停靠,令士卒通过船头高处攀上城墙,跃进城内。花云人马不足,又兵分几处,最终无法抵挡,退入城内,又巷战一夜。花云虽然勇猛,但只虎难搏群狼,不幸力尽被擒。汉军捆得他很紧,他大骂道:"你们这群乌龟王八蛋!今日这般对待老子,来日我家主公一定会将你们碎尸万段!"骂着骂着,花云"奋跃大呼而起",一使劲居然把捆绑自己的绳子挣断了。他趁机夺过一把刀,一连砍翻了五六人,才被制伏。陈友谅下令将花云吊在大船的桅杆上,以乱箭射死。知府许瑗、院判王鼎也都殉节。

朱元璋看着奏报,因没有详情,便问:"怎么会这样?我的义子文逊怎么样了?"送信的士兵答道:"想来可能尽忠了。"朱元璋再也忍不住了,失声恸哭,众将围上来极力劝解,但他还是泪流不止。良久,朱元璋把眼泪一抹,召开了紧急军事会议。

据说,这次会议是朱元璋举义以来分歧最大的一次。有人主张逃跑,有人主张投降,只有极少数人主张据险要之地进行阻击。刘基是最后加入义军的,见诸将有的主战,有的主和,有的主守,有的主退,也有的打算逃往滁州,他瞪大着眼睛,一言不发。

朱元璋看出刘基有话要说,便请他进入内室。没等朱元璋开口,刘基就愤愤不平地说:"主公,请速将主降及逃跑者斩首,以免扰乱军心。"

朱元璋问道:"方才众将都纷纷出主意,先生为何不发一言?"

刘基说:"请赐臣宝剑,先斩主张投降和逃跑的人,我再说话也不迟。"

朱元璋说:"我想先听听你的议论,再赐你宝剑。"

刘基说:"如今主公刚刚在应天立足,若想图谋天下,必须与强敌陈友谅的汉军决一雌雄,胜者为王,败者为寇。在这种关键时刻,主公不能有半点犹豫，怎么能听任部下意见不统一呢？"

朱元璋心中大喜，问道："那先生是主战吗？看来先生已胸有成竹。"

刘基说："在下并非胸有成竹，此战是大势所趋，不战则亡，逃则必垮，大局无可挽回矣！……主公若打开府库，奖赏军士来鼓舞士气，开诚布公地征求建议来稳定军心，那么主公的王业就可以建立起来了。"这番话无疑是告诉朱元璋：两军交战勇者胜，在生死存亡的关键时刻，不应当被将领们的不同意见迷惑，而应该开诚布公，整合人心，努力奋战，争取胜利。

刘基见朱元璋还有些犹豫，又说："何况在下曾经望二国气，敌衰我旺，此战一定能够打败陈友谅。"

朱元璋连连点头称是。刘基豪气满怀，信心十足地说："陈友谅凭借夺取太平城的胜利，浩浩荡荡地沿江而下；而我军此时士气不高，迎战必败。陈友谅如今是江南势力最强者，他骄横一世，无一日忘却应天，如今拥重兵而来，必欲与我军决一雌雄。不过，他表面看起来气势汹汹，内心还是胆怯的。他弑主称帝，属不仁不义、不忠不孝之举，必然导致内部不满，士气不振，他兵未举却已输我军一筹。所谓'天道后举者胜'，他劳师伐远而我军则以逸待劳，后发制人，又胜他一筹。主公若能倾府库，开至诚，士心必固，此又先胜一筹。此三者是抵御强敌的要旨。而且我军在自己的地盘上，可选择有利地形，埋下伏兵，用计诱他深入，便可一举退敌。"

朱元璋听了信心大增，但是，打伏击必须要把敌人引入伏击圈才行，奸猾狡诈的陈友谅会上当吗？

他们正在苦思诱敌良策，忽然亲兵来报，康茂才有要事求见。

朱元璋有点不耐烦，正待说不见，突然计上心来，对刘基说："诱敌之计正在此人身上。"

原来，康茂才是陈埜先旧部，智勇双全，陈埜先兵败被俘后，康茂才感谢朱元璋不杀且重用之恩，投降后始终勤恳忠心。至正十八年

（1358年），朱元璋命他为营田使，修堤防，兴水利，屯田垦荒，筹备军饷，业绩甚佳。康茂才还是徐寿辉的同乡，与陈友谅也颇有交情。这次陈友谅来攻，他一是想报答朱元璋的知遇之恩；二是痛恨陈友谅杀徐寿辉自立，于是主动前来请战。

康茂才进来后，朱元璋对他说："康将军的忠心和勇气实在可嘉，但这次陈友谅倾巢而出，其锋正锐，其气正骄，硬碰硬不是办法，所以得请将军唱一出戏。"

"唱戏？"康茂才不解地说，"末将可不会唱戏。"

刘基笑道："康将军，不是要你登台唱戏，而是要你在战场上使一计谋。主公定下诱敌之计，而诱敌的主角就是你。"

朱元璋接着问道："康将军与陈友谅有旧，能否以诈降诱他前来？"

康茂才沉思片刻，说："末将昔日在蕲州（今湖北蕲春），陈友谅趋奉徐寿辉，常来我家做客。我家门房老仆康福与他相识，现在老仆仍跟随在我身边。待我修书一封，让老仆送去，就说我在大帅处受尽歧视，欲重投旧友，他必定不会怀疑，即可诱他前来。"

朱元璋听了，愁眉舒展开来，高兴地说："好，有劳康将军了。"

刘基又针对具体细节与康茂才商议了一番。

第二天，朱元璋在中军帐赐刘基宝剑，令诸将拜他为军师，有不服者立斩之。诸将悚然听命。

刘基乘机给将领们打气说："眼下陈友谅居西，张士诚居东，陈友谅包饶、信，跨荆、襄，几乎占据了半壁江山；而张士诚仅拥有沿海之地，南不过会稽，北不过淮阳，且首鼠窜伏，暗地里反叛元朝，表面上则依附它，仍采取守势，胸无大志，不可能有什么作为。天下之强虽莫过于陈友谅，但他劫君而胁迫其下，名号不正，徐寿辉的旧部皆敢怒而不敢言，离心离德。陈友谅本人剽悍轻死，野心勃勃，因四出征战已弄得人民疲困。下怨则离心，民疲则不附，所以陈友谅虽强也易于打败。"

朱元璋从未听见过有人如此透彻地分析时局，不觉听得入了神。

刘基继续说道："俗话说，'攫兽先猛，擒贼先强。'今日之计莫若先伐陈友谅，伐陈则张必袖手旁观，乐观虎斗，东方无虑。若先图张士诚，则陈友谅地据上游，且时时刻刻都在惦记应天，必袭出我方侧背，使我们腹背受敌，陷入危险境地。若先伐西，灭掉陈友谅，张士诚势单力薄，一举可定；然后北向中原，则王业可成。"

听了这番谋划，朱元璋有茅塞顿开之感。他终于明白，过去只看见长江下游富庶，张士诚势弱，陈友谅势强，故而想打弱避强。朱元璋没有想到攻打张士诚时，陈友谅会乘虚而入，所以过去数次打张士诚，西部都有战事，使自己陷入腹背受敌的境地。若先打陈友谅，守财奴张士诚很可能按兵不动，从而避免腹背受敌的困境。

就这样，朱元璋采纳了刘基的建议，改"避强打弱"为"打强防弱"，西线战事顿起。

三、龙江之战

陈友谅东进时，曾邀张士诚夹击朱元璋。正如刘基所料，张士诚本无争夺天下大志，况近期连连遭到朱元璋的打击，心有怯意，不愿轻启战端，自寻挫折，于是婉拒了陈友谅联手进攻朱元璋的提议。

陈友谅对此并不在意，因为他也没把张士诚当回事。如今他已占有江西、湖广之地，拥有江南地区最强大的武装力量，自认为打败朱元璋易如反掌，不一定要和别人联手。

这天，陈友谅身穿绣金衮龙袍，头戴冲天冠，坐在太平府大堂上，满怀喜悦地与文武大臣商量攻打应天事宜。忽有亲兵来报，说有个老头声称是皇上旧友康茂才派来送信的，他也与皇上相识，请求拜见。

陈友谅新登帝位，正愁没有机会炫耀，于是连忙下令召见。

很快，一个衣着破旧的老头走了进来，双手捧上书信。陈友谅认出此人是旧友康茂才的老仆，哈哈笑道："康福啊，都是老熟人了，何须多礼！"

他一边拆信一边说："这么多年了，康福为何还是这般寒酸，想必你家主人在朱和尚那边混得不如意。你瞧瞧寡人,还是当年那个渔家小子吗?如果老朋友混得不好,他完全可以到寡人这里来,寡人不仅保他荣华,还保他富贵做官。"

康福听了立刻哭泣起来,向陈友谅诉说康茂才投靠朱元璋后的种种冤屈和苦状,并且说悔不当初,但后悔已经来不及了。

陈友谅打了一个哈欠,说:"怎么会来不及,我大汉国的门永远向老朋友敞开。你家主人已经在信中表明了投奔之意,倒也是个识时务之人。我亲自给他回信,只要他按回信中所说的去做,那就为我大汉立下首功了。"他顿了一下,又问康福,"不知茂才现在人在何处?"

"康相公现在是江东桥的守将。"

"江东桥?是一座什么桥?"

"说是守桥将军,不过是一座小小的木桥而已。"

于是,陈友谅在信中约定,三天后三更时分在江东桥会面,以"老康"为暗号。

康福走后,太师邹普胜将康茂才的来信看了一遍,信中说康茂才在朱元璋处终日惶恐,惴惴不安,故打算做陈友谅的内应,请汉军速来攻打应天。信中还把应天城中的兵力部署一一详告,并劝陈友谅兵分三路,各攻一门。他愿在城外江东桥相候,亲自来接应他,诓开城门,直捣朱元璋帅府,生擒朱元璋作为见面礼。

邹普胜看后有点疑惑,又把信递给太尉张定边,两人低声议论了一会儿,跪奏道:"皇上,康茂才投降朱元璋多年,事实是否如他信中所说尚不得知,不可轻信。今日来信投降,恐怕其中有诈。"

陈友谅哈哈大笑道:"老康是个本分人,我是了解的。如果前两年他来投诚倒是不可信,现如今寡人贵为一国之君,他来投奔我完全在情理之中。他不来投寡人,又去投谁?难道守着朱和尚一起等死吗?"

太尉张定边说:"兵者,诡道也。朱元璋诡计多端,且谋士众多,不得不防啊。"

张定边是陈友谅的结拜兄弟,也是渔家出身,举事之初两人就在一起打拼，对陈友谅可以说是忠心无二。但陈友谅内心正得意，哪里听得进，他不耐烦地说："我30万大军水陆并进，势不可当；朱和尚除去各府驻军，才不到10万人马，就算有诡计，又能奈我何？"

陈友谅当即点齐20万人马，亲率百余艘大船，如"塞断江""撞倒山""混江龙"等，另有小船数百、小艇无数，从太平顺流而下，矛头直指应天。一时间，长江上舳舻衔尾，鼓声震天，旌旗蔽日，绵延几十里，声势撼人。

夏初是长江中下游的梅雨季节，凄风苦雨连下数日不停，天色阴沉沉的，夜晚更是漆黑一片。陈友谅水师分前中后三路，熄灯灭火，悄悄向应天进发，太平城仅留3000人防守。

陈友谅的战船进入内江后，航道越来越狭窄，只够三船并进。邹普胜觉得不妙，劝陈友谅提防。陈友谅认为康茂才是自己的老朋友，绝不会骗自己。不过，他也觉得邹普胜言之有理，于是传令自己的弟弟"五王"率轻舟数十只，掉头驶向长江边地势较为开阔的龙湾，在那里登岸立栅，以便在这一带站稳脚跟，并掩护中路主力登岸。他自己则驱战船继续驶向江东桥。

然而，朱元璋得到康茂才的情报后，已经派李善长带人撤掉了秦淮三汊河段那座木质的江东桥，换在更窄的地方改建了铁石桥。千余人忙活了两个昼夜，桥总算是修成了；同时，又在进入内河（长江入秦淮河）的新河口（龙湾附近）修筑了比较坚固的工事。他和刘基料到陈友谅在内河受阻后必定会拿龙湾作跳板（比较适合大部队登陆），所以在这一带埋伏了重兵。

陈友谅亲率3万先头部队，于三更时分到达江东桥。他让人去桥上接头，那人走到桥上，按约定暗号连呼三声："老康、老康、老康！"

四周静悄悄的，没人回应。陈友谅心中有点慌乱，又叫人去查看是不是那座木桥。不一会儿，那人回报说："陛下，这江东桥不是木桥，而是新改建的铁石桥。"

陈友谅一听连呼上当，大骂康茂才："这条该死的老狗，老子要亲手宰了他！"若是木桥，他的战船就可以将桥撞垮，直达城墙下。现在只有登岸了，他立刻采取紧急措施，下令3万精兵登陆。由于天黑，加上命令下达得比较突然，船队乱成一团，有的人甚至搞不清哪一方是进，哪一方是退。

这时，附近山上突然响起几声惊天动地的炮响，四周涌现出无数灯笼火把。陈友谅正在惊惧之时，喊杀声已漫山遍野席卷而来。

陈友谅知道自己深陷重围，后撤已经来不及了，船只哪有岸上的人马跑得快呢？他只能一边挥刀抵挡箭矢，一边对身边的将领下达就地阻击的命令。

可是，队伍上岸后都乱了阵脚，纷纷向江边撤退。这时，左边又飞起一阵号炮，火光中，常遇春、冯胜率兵从左右分别杀出。

已经失去指挥的汉军士卒怎挡得住左右夹击，在刀箭之下纷纷倒地，其余的抱头鼠窜，3万精兵转眼间便死伤大半。

陈友谅拿出看家本领，挥舞大刀，率领余众杀出一条血路，逃至新河口，立即登船。此时天色已经大亮，陈友谅慌忙前往龙湾与弟弟"五王"会合，同时下令所有主力战船折往龙湾登陆立栅。

朱元璋身披紫茸甲，率徐达、邵荣所部坐镇于紧靠长江边的庐龙山（今南京狮子山）上，将陈友谅大军的一举一动都看在眼里。汉军主力的数十只战船停在江湾边，士卒还在陆续登岸。朱元璋的部将们要求马上出击，他看了看天色，不慌不忙地说："快要下雨了，大家先吃饭吧，待会儿下了雨，凉爽时再打也不迟！"

约莫过了半个时辰，一轮红日当空，骄阳如火，酷热难耐，汉军中路主力刚刚登岸完毕，士卒们个个汗流浃背。陈友谅也饥肠辘辘，于是下令就地安锅挖灶，煮饭休息，待吃饱后再向城内发起进攻，怎么也不能让20万大军白跑一趟，况且进入内河的战船还没有全部撤出来。火头军开始寻柴生火，河滩上、田野里烟雾弥漫，忽然一阵狂风吹起，朵朵漆黑的厚云如奔马涌来，霎时间，铜钱大的雨点劈头盖脸地砸将下来。

下雨的时候，朱元璋的军队都在用膳，而陈友谅的部队则到处躲雨。大雨一停，朱元璋将红旗举起，这是命令部队攻打龙湾营栅的信号，只见几支队伍争先恐后地冲出去，直扑营栅。陈友谅还以为是朱元璋的主力，忙亲自披挂上阵。汉军一看皇帝都上阵了，也随后杀出。

结果这只是一次试探性的进攻，雷声大雨点小，双方混战了一阵便各自撤回，汉军被搅得手忙脚乱。

此时双方在陆上的兵力旗鼓相当，但陈友谅还有后路未登岸的水军作为后援，无论是攻是守，他都占据优势。然而，他没有及时做出决定，而且朱元璋和老天都没有给他太多犹豫的时间。很快朱元璋又挥动手中的黄旗，这是主力出击的信号。

徐达、邵荣各率部出击，张德胜、朱虎的水军也向龙湾逼近，形成两面夹击之势。汉军仓促抵抗，死伤无数。陈友谅见形势不妙，忙下令向新河口撤退，那里水深，可以乘大船逃走。也许是老天对陈友谅不公，恰在此时，江水退潮了！

陈友谅已经登岸的几万水师想撤退，但大船搁浅了，动弹不得；后援的水军也无法靠岸，只能眼睁睁看着他们的皇帝跟朱家军拼杀，忧心如焚。而且，朱元璋在新河口修筑了工事，那些落在河滩、堤岸上的汉军成了朱家军的活靶子。

朱家军乘的都是小船，轻便如燕，争先恐后从汉军的大船间穿梭快进，将龙湾滩头的汉军团团围住，奋勇厮杀。冯胜、常遇春又从内河岸上追杀过来。

汉军被杀的、淹死的在5万人以上，仅被俘的就多达2万人。朱家军缴获了汉军巨船"混江龙""塞断江""撞倒山""江海鳌"等百余艘及数百其他战船，可谓大获全胜。有人在陈友谅的战船里把康茂才的那封书信搜回来拿给朱元璋看，他禁不住笑道："这姓陈的愚蠢到这种地步，真是太可笑了！"

被困于内河和龙湾滩头未能逃走的汉军将领张志雄、梁铉、俞国兴、刘世衍等不得不举手投降。

陈友谅一向引以为傲的水军在此战中几乎没有发挥什么优势。他见大势已去，无力挽回，便挥刀奋力砍杀，抢了一只快船冲出重围，又冒险溯江而上，一路收容溃散士卒，向江州（今江西九江）逃去。

四、吊民伐罪，纳顺招降

龙湾之战后，朱元璋一鼓作气，派几路大军乘胜追击西进。徐达、冯胜、张德胜、朱虎、廖永忠、华云龙等人收复采石矶、太平、池州、安庆。朱元璋升亲军左副都指挥李文忠为同佥枢密院事，驻守严州（今浙江省西部）。严州虽然只是一个小城，但它靠近安徽、江西。不久，胡大海又攻克了信州（今江西上饶）。

刘基见朱元璋操之过急，便劝他徐而图之，稳扎稳打，先从江西开始。朱元璋虽已见识过刘基的才智，但并不明白为什么要从江西开始。刘基解释说，陈友谅之强，强在水军，要与他决一死战，眼下还不是最佳时机。因为朱元璋的水军装备、人数等都很有限，而做这方面的准备需要时间，不如先蚕食陈友谅的地盘，在条件具备的时候，再与其决战。朱元璋连连点头称妙，尊称刘基为"老先生"，不再直呼其姓名。

小明王见朱元璋在南线取得了出色的战绩，便加封朱元璋为吴国公。邓愈被任命为中书省参政，仍兼佥行枢密院事，总制各翼军马。枢密院同知邵荣被提拔为中书省平章政事，同佥常遇春为参知政事。朱元璋手下大将几乎都加了官。

而陈友谅从龙湾败退后，很快又在江州站稳了脚跟。他躺在以前徐寿辉的龙床上睡了几天，把自己的教训归结为轻信老友，中了奸计，只不过是让朱和尚捡了个小便宜而已。他这样一想，很快便从失败的懊丧中摆脱出来，又振奋起来了。他迅速召集人马，打算报这一箭之仇。

至正二十年（1360年）夏末，陈友谅遣大将李明道攻夺信州。信州是胡大海不久前才打下的，哪能让他转手夺去？胡大海略施小计，结果，李明道兵败被俘，陈友谅只得回头去打安庆，在采石矶附近与徐达、张德胜所部相遇，激战约一个时辰后双方撤兵而还。此战中，张德胜不幸战死。随后，陈友谅又把安庆夺了回去，让张定边驻守。

安庆失陷的消息传到应天，正在庆贺胜利的朱元璋立即清醒过来：手伸得太长了容易被人抓住！既然刘基建议徐而图之，那就老老实实做些准备再说。他立即飞书传令胡大海把降将李明道驰送应天，他要详细了解江西的军情民情是否有可乘之机，以确定下一步攻占江西的策略。

李明道交代说："自从陈友谅杀死徐寿辉，自立为帝后，将士皆离心。陈友谅的汉政权政令不一，手下擅权者多，政出多门，令人无所适从。且像赵普胜这样的骁勇之将，他都忌而杀之，所以他的得力干将和心腹并不多。人数虽众，但顶用的没几个，可以说是外强中干。"

"好一个外强中干！"朱元璋听后喜不自禁，随即召集部众详议徐图江西之策。

各方面的情报显示，陈友谅弑主称帝后在江西很不得人心，徐寿辉旧部个个与他离心离德，对他的命令是阳奉阴违。因此，谋士们建议朱元璋反其道而行之，纳顺招降，树立义军形象；同时公开抨击陈友谅的不义之举，号召军民对他进行讨伐。朱元璋最后决定打着为徐寿辉复仇雪恨的旗号来安抚民心，招纳徐氏旧部为己所用。同时，水师也开始招募新兵，日夜操练。各种装备也在打造之中。

至正二十一年（1361年）六月，朱元璋登上新打造的龙骧巨船，以李明道为向导，亲率徐达、常遇春诸将，溯江而上，督战江西。

龙骧巨舰上树起两面大旗，上书8个斗大红底黄线绣金字："吊民伐罪，纳顺招降。"巨船后面紧跟着大小船只近百艘，诸军乘风而上，场面格外壮观。船队就像一个流动广告牌，走到一处宣传一处，响应者云集。汉军沿江驻兵见朱元璋的军队声势浩荡，均望风奔逃。

4天后的中午，过了池州就是陈友谅的地盘了，众将都劝朱元璋不要再往前走了，但朱元璋执意不肯。结果，船队刚来到安庆城下，便受到了汉军张定边部的阻击。

张定边是陈友谅手下第一员大将，有勇有谋，攻守得法。朱元璋率部从下午攻打到日落,部队损失不小,但连城墙都没有靠近,更别说破城了。

首战受挫,朱元璋心中十分焦躁,下令挑灯夜战,务必在天亮前把城攻下。

刘基在一旁劝道:"主公不可性急,陈友谅在安庆经营多年,此城墙高池险,强攻绝不是好办法。若久攻不下,对我方极为不利。再说安庆也不在我们现阶段徐图的范围之内,与其在此苦战,不如连夜移师江州。陈友谅以为我们必下安庆,已派重兵把守安庆,其老巢必定空虚,正好打他个措手不及。"

朱元璋沉思片刻,说道:"先生高见,传令各军掉转船头快速西进,直取江州。"他派人在长江南岸树上挂了很多灯盏,以迷惑对岸的张定边,然后弃安庆悄悄离去。

朱元璋进至小孤山(今江西彭泽北),收降汉将傅友德、丁普郎,然后进驻湖口(今江西湖口县),再败陈友谅的江面巡逻水军。败军一概招降,稍有不服,便立刻杀掉。

第二天早晨,陈友谅刚刚醒来,朱元璋攻打江州的战报便送到了他手上。陈友谅揉着眼睛,嚷道:"是不是见鬼了,难道他一早就长翅膀飞到江州来了?"他昨晚才得到军报,说朱元璋正在安庆城下与张定边激战,并将安庆重重围困。但眼前这份战报的确是天亮前送过来的,写的就是朱元璋亲自督战江州。他想,一定是朱元璋在玩调虎离山之计,他的目标肯定是安庆。陈友谅跑到外面登高一看,只见远处江面白茫茫的一片全是朱元璋的战船,旌旗连云,一望无际。他正疑惑时,城下鼓角震天而起,喊杀声阵阵传来。

陈友谅顿时吓得腿都软了。要是朱元璋拿下江州,就等于卡住了江西的咽喉要道,那他在江西的地盘落入朱元璋手中就只是时间问题了。他醒过神来后,连忙下令部署防务。

江州又称九江口、浔阳,号称"三江之口,七省通衢"与"天下眉目之地",紧扼着鄱阳湖口,前临长江,后枕庐山,侧倚鄱阳,地势十分险要，也是一座坚城。

朱元璋一连两天每天攻城四次，但江州城仍岿然不动。到第三天傍晚，朱元璋不耐烦了，下令收兵，然后把刘基找来询问江州久攻不下的原因，是否有破解之法。

刘基来到龙骧巨船上，和朱元璋一道登上舵楼，四下眺望。东边的江面上风平浪静，灰蒙蒙的一片，显然陈友谅还没有从安庆呼叫援军；再往城内看，城头灯火点点，人影绰绰，口令问答有序，防守严密，城下往来行人步履从容，似乎白天根本没有发生过战争。城内的防御看起来无懈可击。再往西看，东南方向有一段城墙深入湖中，说明那里的湖水很浅。朱元璋也注意到了这一点，他指着城墙边缘说："先生是否需要派人过去看看？"刘基没想到朱元璋观察得如此细致，心生佩服，点头表示同意。

朱元璋立刻叫来廖永忠，让他带几个水性好的人摸到东南边的城墙下，摸清城堞的高度、湖水的深浅及潮汐时间。侦察的士卒回来后，朱元璋根据他们提供的信息，派人到山中砍来几十根笔直的杉木，连夜赶制了十几架高达丈余的梯子，然后制成天梯，架在大船的舵尾处。

第二天晨曦渐露时，十几艘搭着天梯的大船悄悄驶出，朝东南方向的城墙驶去。这十几艘船在伸入湖中的城墙下停靠，天梯刚好与城堞相齐。船上的士卒顺着天梯登上了城堞。坚不可摧的城墙缺口就此打开了。

就在陈友谅为江州城防稳固而自鸣得意的时候，一阵喊杀声响了起来，显然是朱元璋的军队杀过来了。几个亲随侍卫冲进陈友谅的卧室，给他披上衣服，拖着他就往外跑。陈友谅住处后面的台阶下是一条通往长江的人工小河，他带着妻小和几个心腹将相跳上快船，突围逃往武昌。

江州是陈友谅的国都，此城一失，江西全境震动，汉军沿岸守军不战而逃。

安庆虽然位于江北，但朱元璋考虑到安庆处于应天上流，汉军占据此地不利于他向西发展，于是决定再攻安庆。

十月，朱元璋兵分两路，一路由徐达、常遇春率先头部队继续西进，一路由他自率水军主力顺流而下。已经归附朱元璋的于光等徐寿辉旧部率江西赣江的水军，出鄱阳湖至江州城下与朱元璋会师。

朱元璋大军长驱直入，进逼安庆。安庆守将张定边固守不战。朱元璋采取陆路佯攻，以水军直取水寨的战法，击毁陈友谅军战船80余艘，一举攻克安庆。

陈友谅逃到武昌后，马不停蹄地部署防御。而徐达、常遇春则进驻沌口（今湖北武汉汉阳区西南），同时分兵攻克南康（今江西庐山星子镇）等县。

朱元璋下令乘胜扫荡江西和湖北。南康、蕲州、黄州（今湖北黄冈）、黄梅、广济、兴国等地守军都不愿为陈友谅卖命，相继归顺。朱元璋又命赵德胜、廖永忠、邓愈等分兵四出，略瑞州、临江，拔浮梁、乐平，均顺利得手。朱元璋"吊民伐罪，纳顺招降"的策略取得了辉煌成功。

不久，驻守龙兴（今江西南昌）的江西行省丞相胡廷瑞，派外甥康泰携其亲笔信向朱元璋请降。

胡廷瑞在信中说："所领将校因相处日久，上下融洽，人情相安，都担心投顺后，大元帅将他们编散，让他人统领，故心存疑虑。故恳请大元帅在投顺后，仍让罪官保存原有军队，则罪臣立即率部来投。"

朱元璋一目十行地将信看完，脸色立即沉了下来。这个胡廷瑞真是癞蛤蟆打哈欠——好大的口气，就连陈友谅都是我的手下败将，胡廷瑞不过是陈友谅手下的一个行省丞相，居然如此无理！他扫视了一圈属下臣僚，正要大发雷霆，却见刘基在给他递眼色。他顿时恍然大悟：招降纳顺是大事，条件是可以废弃的，先把他招降了再说。于是，他立即堆起笑脸，说："这不过是件小事，允其所请，兵不编散一个，将不调走一员，所有将领仍旧统领各部便是。"

随后，朱元璋提笔写了封回信，说："大丈夫相遇磊磊落落，一语契合，洞见肺腑。所以我对归顺之人皆诚心相待，按其才能任以官职，兵少的将领拨兵给他统领，位卑的将领给他授予高爵，乏财的将领则赐以厚赏，从无彼此之心。这便是我待士之法，所以十年以来，四方豪杰贤士纷纷来投，我又怎会调散你的部属，使人自疑，而辜负你来归之心呢！"

胡廷瑞见信后，立即决定举部投顺。朱元璋亲自前往龙兴受降。胡廷瑞率属官迎谒于龙兴新城门外。

朱元璋远远看见他们，便跳下马来，缓步前行，与他们一一握手言欢。大家见他如此宽厚，悬着的心顿时安定下来，无不雀跃鼓舞，额手称庆。朱元璋还在城北龙沙上搭台，召集城中父老绅耆举行了盛大的庆祝仪式，并盛赞胡廷瑞说："他灼见天道，即率你们来归，实为你们之福。"

朱元璋还与父老绅耆们约法三章，动情地说："你们都是我的子民，现与你们约法三章，是希望你们都能安居乐业。我今天郑重地向你们宣布，凡遵守约法者都是良民，凡各保父母妻子者也都是良民，我将重赏，否则将受重罚！"

他还当场宣布废除陈友谅向百姓征收的各种苛捐杂税，父老士民无不感悦，民心安定下来。

事后，朱元璋还亲自到胡廷瑞家中拜见其母，并奉上厚礼一份，令胡廷瑞感激不已，愉快地接受朱元璋叫他留任的命令。

朱元璋随即将龙兴路改为洪都府，任命邓愈为江西行省参政、叶琛为知府、万思诚为都事，留守洪都。朱文正为大都督，统率赵德胜、薛显等与邓愈一同镇守。

十一月，已故苗军元帅杨完者的部将、元廷江浙同佥郑某率众投降；不久，徐寿辉的旧部欧普祥[①]等人以袁州（今江西宜春）降。陈友谅闻讯派出"独眼龙"陈友仁前去征讨。欧普祥也非常强悍，不仅打败了敌人，还活捉了陈五王。陈友谅无奈，只得派太师邹普胜前往袁州

---

① 欧普祥：元末南方红巾军将领，随徐寿辉起义，屡获战功。——编者注

与欧普祥讲和，双方约定以后各守其境，不互相攻伐，欧普祥才同意释放了陈五王。

同时，原来在采石矶溃散的汉军余部，先前都被迫潜藏在一些河汊港湾里，这时又集结起来开始蠢蠢欲动，以舟船剽掠附近的无为州（今安徽无为县），朱元璋得报后，对于这些漏网之鱼没有采取武力措施，而是实施安抚政策。他发了一道大赦榜文，让那些人前来自首，并且承诺：原来有官职的一律复其原职，一般的士卒则赏发优厚的津贴。于是，汉军余部纷纷赶来投诚。

消息传开后，余干、吉安、龙泉守将相继来投。江西全境、湖北东南部全部纳入朱元璋的版图。朱元璋与陈友谅的第一次正面交锋大获全胜。

又过了一段时间，南康守将因不满陈友谅杀徐寿辉，举城以献，投降了朱元璋。

四川的明玉珍[①]则下令封锁瞿塘峡，与陈友谅断绝关系，并在重庆为徐寿辉立庙，岁时祭祀，以表崇敬，不久又自立为陇蜀王。

陈友谅陷入了众叛亲离的境地。

---

① 明玉珍：原名瑞，字玉珍，湖广随州随县（今湖北随县）人，至正十一年（1351年）聚众千余人，占据青山。徐寿辉称帝，玉珍归附，任元帅，守沔阳。升任陇蜀行省右丞。陈友谅杀徐寿辉后，玉珍自称为陇蜀王，于至正二十二年（1362年）即帝位，国号夏，年号天统。

第八章　双雄争锋鄱阳湖

一、软硬兼施平叛乱

至正二十二年（1362年）春，第一次西征获胜后，胡大海留守金华，耿再成留守处州，本是犄角相应，固若金汤。但这两个地方多苗军，胡大海和耿再成执行朱元璋"纳顺招降，吊民伐罪"的政策，分别招降了苗将蒋英、刘震、李福、李佑之、贺仁德等人，并对他们一律优待，不料他们狼子野心未灭，密谋暴动。

蒋英、李福与刘震等人先通过书信联络处州苗将同时举兵，然后禀请胡大海，请他观看士卒弓弩射击演练。胡大海不知有诈，欣然前往。他正要上马的时候，一个叫钟矮子的苗将跪到马前，诈称要汇报蒋英的罪状。胡大海还没有来得及答复，回头看蒋英，蒋英突然拿出铁锤，一下击中胡大海脑部，顿时脑浆迸出，胡大海当场毙命。随后，蒋英又胁迫胡大海手下将他的儿子胡关住和郎中王恺等人杀死。典史李斌揣着官印，逃至严州告急。

李文忠急忙派何世明、郭彦仁等前去征讨，大将张德济也从信州奔赴浙江金华平乱。

金华之乱还未平息，处州又发生了暴乱。当时，耿再成正在陪客人喝茶，闻变立刻带上20余人前去处理，他们还未动身，李佑之等人已经杀了进来。耿再成呵斥道："贼奴！主公什么地方对不起你们，竟敢造反？"话未说完，李佑之等已举着长矛枪刺了过来，耿再成拔剑猛砍，接连砍断几支长矛,但终归寡不敌众,身中数枪而死。省部事孙炎和知府王道同也不幸遇害。耿再成的儿子耿天璧正奉命在处州征发苗兵,听说事变后,一边派人到李文忠那里求援,一面纠集耿再成旧部,急赴父难。

消息传至应天,朱元璋极为震惊,悲愤不已,赶紧找刘基等人商议对策:"金华、处州有失,衢州恐怕也会发生兵变,如何处理为好?"刘基略思片刻,回答说:"叛贼不过是乌合之众,不必太过担忧,而且严州有李将军在,可就近赴援,平定叛乱绰绰有余。如果担心衢州有变,在下愿前去镇抚。前段时间因兵事倥偬,在下的母亲去世了还没有安葬,正好乘机回籍丁忧。"朱元璋很高兴地答应下来:"先生愿往,那就再好不过!"于是挑选了一队精壮将士,让刘基带去,以便差遣。刘基星夜兼程,第三天一早便到达了衢州。守将夏毅汇报说:"衢州叛乱多属流言。"刘基说:"这也无妨,正可防患于未然。"当即派员进驻各部队,并揭榜安民。

半个月之后,金华叛将蒋英等人败投张士诚,处州叛将李佑之等人则被李文忠部将与耿天璧等杀死,叛乱就此平息。朱元璋闻报甚感欣慰,任命李文忠为浙江行中书省左丞,总制严、衢、信、处诸州军马;又命耿天璧袭父职,留守处州。刘基则直接回籍丁忧。

至正二十二年(1362年)秋,朱元璋召集各军将领商议下一步的行动计划,规划战斗方略。

中书省平章政事邵荣首先提议说:"张士诚占据苏、湖饶沃之地,富有钱粮,而我军粮饷匮乏,下一步可先取此二城以增强我军实力。"

平章赵继祖附和道:"主公,邵将军言之有理,陈友谅稍远,且他受我军打击,心理上已经胆怯,必然不敢来攻。而张士诚离我们颇近,我们若继续攻打陈友谅,张士诚必乘虚攻占我们后方。"

诸将纷纷应和,要求主力东调,先攻打张士诚。

朱元璋仔细权衡了当前形势和两个对手的情况,知道邵荣和赵继祖是畏强胆怯,贪图张士诚的钱财,于是说:"打强防弱,是我与刘先生所定方略，不能随意改变。陈、张二人，一个凶悍狠毒，做事不择手段，骄横不讲理；一个狡诈懦弱，器量狭小。一个志骄气盈，好生事端；一个心胸狭隘，眼光短浅。陈友谅虽屡受挫败，但元气未伤，亡我之心不死，我若先图谋张士诚，他必空国而来，到时我将疲于应对，困难就大了。若先攻陈友谅，张士诚必坐山观虎斗，不敢走出姑苏一步，袭我助他。"

说到这里，朱元璋神色一凛，加重语气说："邵荣、继祖，你们两人都是濠州老兵，跟随我多年，应以大局为重，岂能只顾打下苏、湖，发笔大财，装满腰包，而不惜坏我夺取天下之大计？"

邵荣、赵继祖听了羞愧不已，狼狈地退下。

会后，朱元璋决定继续执行"打强防弱"的方略。然而，一波未平，一波又起。浙东的叛乱刚刚平息，洪都（今江西南昌）城里又出现了祝宗、康泰的叛乱。守将邓愈舍命砍杀，才捡回一条性命。"浙东四杰"之一的洪都知府叶琛不幸被杀害。

邓愈逃回应天后，朱元璋本想以失城逃亡之罪将他斩首正法，但他转念一想，关于这次叛乱，刘基事先曾提醒过自己。苗兵叛起，是自己疏于防范，怪不得邓愈。况且邓愈16岁即率军投奔自己，在招降平定江西时又战功卓著，对自己忠贞不贰，实是难下杀手，于是长叹一声，放了邓愈一马。

随后，朱元璋下令急调正向武昌发动进攻的徐达回援洪都，平息祝宗、康泰之叛。祝宗、康泰二人听说徐达率大军前来，吓得连夜弃城出逃。但徐达行动迅捷，逃得较慢的祝宗刚出城就被抓住杀了头，康泰逃到应天，向朱元璋求情。朱元璋看在胡廷瑞的面子上，将他这个不争气的外甥放了。

事后不久，李善长劝朱元璋吸取教训，对降将严加提防，至少不能让他们担任一军主帅。

朱元璋没有答应，反而责怪李善长目光短浅："你想想看，我的手下有多少降将，常遇春算不算？康茂才算不算？跟我在濠州起兵的只有二十几人。如今我手下战将上千人，大部分是归降来的，我若不让他们统兵，谁来替我打仗？如何得到天下？我若想一统江山，不招降各路英才猛士，我要多花多少气力，多流多少血汗，多费多少时日？你叫我提防他们，若让他们知道了，谁还会来投我？你这不是聪明一世，糊涂一时吗？"

朱元璋这番话说得李善长心服口服。但朱元璋心里也明白，并不是所有降将都那么忠心耿耿。很多人归顺只是被迫的、暂时的，对这些人既要用之，也要疑之、防之。事实上，他对将领的控制从来不曾有过半点松懈。早在渡江南下之前，他因为害怕控制不住手下将领，便把出征将领的妻子儿女留在和州，归马秀英管领，以作人质。打下应天后，他又把这些家眷留在应天，规定："与我取城的总兵官，妻子都要在京居住，不许外迁。"

朱元璋重视儒生，但严禁将领们私底下结交文人名士，以免文武勾结，图谋不轨。他规定，凡来投顺的儒士，一律由他亲自考查任用。所克城池，皆令将官镇守，不允许儒士在左右议论古今，只设一吏，管办文书事务。

他的外甥李文忠在婺州任用儒士屠性、许元等人干预公事，朱元璋立即派人将他们带到应天，将屠性等人处死，并将王祎、王天锡、许元发充书吏。

为了掌握将领们的行动，知晓他们的心思，对他们有所牵制，朱元璋除设置检校外，还大养义子，比如李文忠、朱文正、沐英、朱文逊、朱文刚等，令他们去监督各级将帅。

有一次，朱元璋得知胡大海与李文忠不和，特派使者去调解。他对使者说："最近听说李指挥与胡院判两人不和，而李指挥是我的亲人，胡院判是我的心腹，身包其心，心才能安定。心若安定了，身体自然安定。你应当叮嘱李指挥，对胡院判真诚相待，节制自己，坚守城池，共谋大业。"

汤和是朱元璋小时候一起放牛的伙伴，曾劝朱元璋投军，对朱元璋忠心耿耿。有一次，他在常州因为一桩事被朱元璋驳回，心中很不舒服，便独自喝闷酒。酒喝多了，他忍不住胡言起来："我汤某坐镇常州，出了城门就是张士诚的地盘。我就像坐在屋脊上，想往西倒就往西倒，想往东倒就往东倒，谁又能奈何得了我？"这醉话马上被朱元璋的一个义子报了上去，朱元璋气恼不已，也因此记恨了汤和一世。

朱元璋绞尽脑汁，采取了许多控制部将的措施，但是仍发生了浙西和洪都的叛乱，这使他感到必须迅速增强自己的实力。正所谓力强人附，力弱附人。当自己拥有了天下最强的实力，敢于叛变的人就没几个了。因此，他决计采用一切手段拓展地盘，纳顺招降，使自己的实力迅速扩展。

此外，他在重要地盘都是派亲人镇守。他的外甥李文忠为浙东等处行中书省中丞，坐镇婺州，总制浙西军民；他的侄子朱文正任大都督府左都督，坐镇洪都，全权掌握江西防守大权；他本人则坐镇应天。这样一来，朱氏天下的最初格局基本形成了。

二、挥泪杀反臣

朱元璋一路高歌猛进之际，却遭受了来自集团内部的陆续重创，令他元气大伤，不少重镇被陈友谅趁机侵占。正所谓祸兮福所倚，福兮祸所伏，这个时候，方国珍主动向朱元璋示好了。

原来，刘基在家丁忧时，方国珍写信前来表示慰唁，刘基复信时把朱元璋的仁义德行以及军事才能大大夸赞了一番，并规劝方国珍归附朱元璋。过去方国珍几次想投朱元璋都不得其法，这次有了刘基作为中间人，方国珍喜不自禁，马上派人前往应天，并送上一份大礼。

朱元璋正在思考整军备战方略，思路尚不明朗，方国珍的投附给了他很大的启发：有的时候，把敌人变成朋友比消灭敌人更有价值。他可以利用方国珍来牵制张士诚，自己则打着小明王的旗号，名正言顺地清剿叛贼陈友谅。于是，朱元璋写信给刘基，一是对他表示奖赏和慰劳；

二是准备去援救小明王，请刘基进一步替他谋划谋划。

至正二十二年（1362年）八月，大宋都城汴梁被元将察罕帖木儿攻陷后，小明王韩林儿随刘福通退守亳州。由于元廷一直把刘福通当成第一号敌人，经过几年的围剿，刘福通已成穷途末路之势。察罕帖木儿的人马紧跟着就追了过来，刘福通又被打败，至正二十三年（1363年）初，他带着小明王和残兵败将退至安丰（今安徽寿县），并向朱元璋求援。

刘基来信表明不赞成去救援小明王，原因有三：一是迎来小明王就等于把刘福通的帽子戴在自己头上，使自己成为元朝廷的头号大敌，会招来元军的大规模围剿。二是安丰是淮西藩蔽，若要得淮西，必取江南，而陈友谅的汉军必从江西来夹攻，陈友谅虽遭到重创，但他的实力仍然很强，随时都有可能进行反扑；坐山观虎斗的张士诚见朱、陈在争战中损兵折将，已经蠢蠢欲动，极有可能帮元军攻打刘福通。三是朱元璋军队内部出现数次叛乱，军心有所动摇。

但刘基不在应天，仅靠书信并没有说服朱元璋。三月，朱元璋亲率徐达、常遇春等人兼程而往。等他们赶到时，安丰已经被张士诚和庐州的左君弼联手攻陷，刘福通被杀，韩林儿不知去向。

张士诚的部将吕珍据城列栅，水陆连营。徐达率部拔他中垒，乘胜进击，不料前面阻着一条很大的壕沟，一时难以逾越；后面吕珍的主力又分为左右两翼杀了过来，结果把有"战神"之称的徐达围困住了。幸亏常遇春率军横穿过来猛攻吕珍右翼，三战三胜，才把吕珍赶走。常遇春追了一程，吕珍中途得到左君弼的支援，又杀了个回马枪，徐达和常遇春联手才将他们杀退。

也许是老天对朱元璋格外关照，就在朱元璋与张士诚、左君弼杀得不可开交的时候，元军主帅察罕帖木儿被山东的田丰、王士诚合谋刺杀。左君弼与张士诚都是察罕帖本儿的部下，噩耗传来后，他们无心作战，军心动摇，战斗力大减。朱元璋抓住这一时机，命徐达等人进攻庐州，他自己则率兵去救韩林儿，找到韩林儿后，又派人送他到滁州老营暂住。随后，朱元璋火速赶回应天，因为他得到消息，张士诚的另一支人马正在攻打应天，此时驻守应天的只有几千人，再加一班文臣。朱元璋赶回应天时，刘基已经从老家回来了，有军师在，应天总算是有惊无险。如果陈友谅不是急于就近攻打龙兴，而是与张士诚联手，那么应天可能就不保了。

经此一事，朱元璋更是视刘基为神人，对他可以说是言听计从。刘基回到应天后的第一件事，就是帮朱元璋整顿军队，扩充军备，全员备战。

朱元璋历来重视练兵，他说："兵不贵多而贵精。多而不精，徒累行阵。"他还亲自进行检阅，加以督促指导。

这个时候，朱元璋继续打着大宋政权的旗帜。当时，朱元璋的官职始终与邵荣只差那么一点点。朱元璋升为仪同三司①江南等处行中书省左丞相后，邵荣为中书省平章政事，此人颇有野心，不甘心久居朱元璋之下。不久前，朱元璋的军队连续发生几次叛乱，邵荣等人也蠢蠢欲动。

一天，朱元璋受邵荣之邀，到三山门外邵荣的兵营中去阅兵。他刚出门就出现了不祥之兆：一阵没有来头的龙卷风将亲兵手中的绣龙大旗卷到半空中。朱元璋颇为迷信，又联想到刘基要他谨慎行事的嘱咐，便马上打道回府，不去校场阅兵了。他暗中派亲兵去打探情况，想知道这不祥之兆到底预示着什么。

朱元璋的几个亲兵悄悄从邵荣兵营的后门进去，发现在几座帐篷里埋伏有带刀甲士，便赶紧回去向朱元璋禀报。朱元璋马上明白了邵荣邀他阅兵的真正目的，但他不明白邵荣为什么要谋害自己。难道是因为几次驳回邵荣的提议吗？那也不至于恨他到这个地步。抑或是赏赐少了吗？邵荣已经是行中书省平章，职位在徐达、常遇春之上。朱元璋正在

---

① 仪同三司：官名，本意指非三公（司马、司徒、司空）而给予与三公同等的待遇。元朝为正一品。

疑惑，亲兵来报，邵荣兵营的元帅宋国兴有急事求见。

朱元璋觉得事有蹊跷，宋国兴作为带兵元帅，一定知道点内情。他立即作了一番布置，准备恐吓宋国兴，诱使他说出实情。

宋国兴被带了进来，一见国公府内森严的阵势，顿时吓得毛发悚然。朱元璋满脸杀气，全身戎装站在虎案旁，一见宋国兴便"唰"的一声拔出宝剑，厉声喝道："宋元帅，你可知罪？"

宋国兴一听这话，加上朱元璋没有如约去阅兵场，料定他们的预谋败露了，他双膝一软，"扑通"一声跪倒在地。其实，朱元璋并不知道内情，故意喝道："你若把今日之事如实交代，我可饶你一死。"

宋国兴吓得直打冷战，结结巴巴地把邵荣、赵继祖的政变阴谋和盘托出，然后连连叩头，请求饶命。

原来，邵荣、赵继祖对朱元璋早已心怀不满，准备效仿陈友谅所为，趁这次阅兵的机会除掉朱元璋，然后取而代之。

朱元璋问明情况后，表面不动声色，只是让亲兵去通知邵荣等人说，昨天因有急事需要处理，未能前去阅兵。但阅兵不能免，明天上午照常举行，他要亲自检阅，并颁赏赐。

邵荣、赵继祖信以为真，第二天一早便亲率一干人迎接朱元璋。这次，朱元璋来了300多名亲兵，分列于道路两旁，排场很大。邵荣、赵继祖对这些亲兵丝毫不加防范，结果，还没等朱元璋下马，亲兵们就在迎候的地方将邵荣、赵继祖拿下。那些埋伏在营帐四周的士卒见到朱元璋的令牌，才知道他们是受了蒙蔽，于是乖乖放下手中的武器，跪地求饶。

朱元璋将邵荣、赵继祖投入死牢。他有心杀掉他们，但他们两人战功赫赫，生死弟兄众多，若直接杀掉，难免有人不服。于是，朱元璋接着又演了一场戏。他派中间派廖永忠以及元廷降将康铎出面，宴请了几个关键人物。宴席上，朱元璋含泪与邵荣、赵继祖进行了一次对话。

邵荣、赵继祖已经看惯了朱元璋这些猫玩老鼠的手段，都不吭声，只冷眼看他演戏。朱元璋亲自给他们斟上酒，说："二位先压压惊，来，先干一杯。"

赵继祖显得十分冷淡,默然相待。邵荣则端起了酒杯。

朱元璋神色庄重地问道:"我和你们二人一起在濠州起事,甘苦与共,尝尽艰辛,只为成就大业,开国立基,共享富贵,为一代君臣,你们为什么竟生歹心,谋害于我?"

"想当年在濠州,我们是何等融洽,你睡在床上,我们有事找你,上去把你的被子掀开拖起来便可。哪像现在,见你要左通报右通报,通报了半天还不一定能见到。给你提建议,总是推三阻四,让我在部下面前丢脸。"说到这里,邵荣有些激动,进而难以自抑,"在濠州,大小事情你都与弟兄们商量,如今却只听几个酸秀才的话,对我们喜怒无常,动不动就呵斥,要么就拉着个脸,给我们脸色看。"

邵荣仰头把酒喝干,叫朱元璋再为自己斟满,又说:"最叫人恼火的是,我们常年在外厮杀,攻讨城池,多受劳苦,你却把我们的妻儿老少拘留在应天,使我们骨肉分离,不得团聚。你这么做,哪有半点人性,全是为了你自己!我们造反也是不得已!"说罢,不觉流出了眼泪。

赵继祖不耐烦了,瞪了邵荣一眼,说:"你哭什么!要是听我的话早下手,何至于像今天这样。事已至此,一死而已,哭有何用?还不如多吃点酒肉!"说着,举杯一饮而尽。

朱元璋也挤出了眼泪,但他未有半分心软。残酷的斗争不仅教会了他毫不手软地杀戮,用最阴暗的心理猜度和提防一切,而且教会了他毫无真情地做戏。他故作痛心地问属下幕僚:"我一直把邵荣当心腹,没想到他却干出这等违逆之事,你们为我计议,应如何处置?我打算看在濠州乡人的份上,将他终身监禁,听任生灭。"

常遇春马上接过话头,愤慨地说:"主公,乡情当然要念,但主公是天下人之主公,而不仅仅是濠州同乡之主公,故主公对此事宜绳之以法。邵荣等人穷凶极恶,图谋造反,罪不容诛。若主公不忍杀之,我们也义不与他们同生于天地之间!"

朱元璋闻言暗喜,这些话正说到了他的心坎里,但他口中却说:

"常将军之言固然有理,但我总舍弃不下濠州与我共同起事之人。这是我不能克服的弱点,有碍于大业。往后必当力戒,做天下人之主公,为万民垂范。"

众人都听出朱元璋已经起了必杀之心,现场的气氛凝重。汤和站起来说:"虽然法不容情,二人罪当凌迟,但我们毕竟是血肉之躯,对同乡、兄弟之情怎么也难以割舍,给他们留个全尸吧!"

在常遇春等人的极力支持下,朱元璋宣布将邵荣、赵继祖二人缢杀,其部众则分属各将。

三、洪都保卫战

杀掉邵荣、赵继祖后,朱元璋一边重申将士屯田之令,抓紧时机休养生息,积蓄力量;一边整顿部队,训练水军,以支持扩军备战。

至正二十三年(1363年),陈友谅一边在武昌大兴土木,建筑宫阙、都城、朝市、宗庙;一边调兵遣将,准备攻打被朱元璋夺去的江西各城。

初夏的一天,早朝时,陈友谅问江国公张定边:"应天恃强侵占江西,此仇不可不报,寡人日夜思虑。此前下诏命你们招兵买马,不知现在共得多少人马?"张定边答道:"主公虽失江西,但江北两淮、蕲、黄等几个地方,储备了不少兵力。而今诸路百姓无以为食,听说主公招兵,都想来讨口饭吃。群雄、草寇来投伏者,计有60余万人。"陈友谅说:"人马最多,但盔甲、器械、舟船、楼橹还没有全部准备停当吧?"张定边说:"臣与陈英杰百计经营,已经准备妥当。"陈友谅又问:"粮草足够吗?"张定边计算了一番,说:"以臣估算,估计有130余万担,尽可支持。"陈友谅大喜道:"太好了,我们马上发兵收复江西,并下应天,以报前仇。"

这时,丞相杨从政出班奏道:"若论此仇,不可不报,但应天君臣,智勇足备,不可轻敌。恕臣愚昧,考虑到吴王张士诚与朱元璋有不共戴天之仇，而且三吴粮多将众，现在主公想要收复失地，同时攻取应天，不妨修书一封，派一个能说会道的人前往吴国，晓以利害，使张士诚发兵共讨朱元璋。主公再派两个人，一个前往浙东游说方国珍，一个前往闽、广游说陈友定，共同发兵攻打应天，这样一来，朱军不得不抵挡东南之敌。主公统领大军，到那时取应天就易如反掌了。"陈友谅觉得这个办法可行，于是派邱士亨往苏州、孙景庄往温州、刘汝往福建，克日起程。

　　陈友谅没有抓住朱元璋去救援小明王、应天空虚这一良机来攻打应天，堪称一次重大失误。

　　四月，陈友谅做好了一切出击准备，大举征讨朱元璋，第一个攻打目标便是洪都。这次他制造了一种秘密武器：一种非常可怕的战船，高几十丈，分上中下三层，每一层设走马棚，棚下以板房做掩体。各层的兵丁相互说话的声音都无法听到。每船置桨橹数十。舰的外面涂以红漆。帆樯如林，战旗如云，号称大军60万，涌江蔽空而下，连家属百官也随军出征，可以说是举国出动，志在必胜。

　　驻守洪都的大都督府左都督朱文正，听说陈友谅倾国而来，急忙与几位大元帅商议，拟定邓愈守抚州门，赵德胜守官步、士步、桥步三门，薛显守章江、新城二门，牛海龙等守琉璃、澹台二门，他自率精锐2000人，居中节制，往来策应。

　　四月二十七日，陈友谅亲自督兵，猛扑抚州门，兵士各持笠帽大的盾牌，上御矢石，下凿城垣。不多时，但听得一声怪响，城墙竟坍坏二十多丈。汉军正要冲进去，忽见里面铳声迭发，射出许多火星，稍被触着，不是焦头，就是烂额，汉军欲用盾牌遮蔽，但盾牌是用竹子制成的，遇火极易燃烧，因而不得不逐步倒退。邓愈马上下令竖栅，栅未竖成，汉兵又进，双方近距离交战，以肉相搏。危急间，朱文正亲临前沿督促兵将死战，一边抵挡汉军进攻，一边竖栅筑城，一个晚上就起筑完毕。其间汉军不肯罢手，连番杀入，连番退出，等到城墙修好，内外尸骸已堆积如山。朱文正麾下猛将李继先、牛海龙、赵国旺、许珪、朱潜等先后战死。

朱文正、邓愈以万余人马，抗击陈友谅的十几万大军，将洪都城守得如铁桶一般。陈友谅多次攻城都无法得手，休兵数日后，他转攻新城门，这时城内突然冲出一支人马，锐不可当，首将便是薛显，只见他提刀突阵，尤为凶猛。陈友谅的部将刘震自告奋勇，上前迎战，被薛显横腰一刀，砍作两段，余众纷纷败退。薛显杀了一阵，收兵而回。

陈友谅猛攻数天均没有得手，他在心里暗骂自己没用，但转而一想，战场上的形势瞬息万变，必须控制自己的情绪，否则就会做出错误的判断。他下令转战水上，进攻水关。水关有栅，朱文正已安排精兵防守，见汉军靠近，他们迅速从栅缝中刺出长矛，前面的汉军倒下一片。汉军也十分勇猛，夺矛而进，不料栅内又有铁戟刺出，他们奋力去夺，结果被铁戟上的尖刺扎伤。有的铁戟刚用火烤过，一经着手，立即灼起血泡。这样一来，汉军再也不敢近前，水关暂时安全了。

陈友谅放慢了进攻节奏，分兵去攻打周边城镇，先后攻陷吉安、临江，招降李明道，杀死曾万中，又抓住了刘齐、朱叔华、赵天麟三人，押至洪都城下斩首示众，并向城上守兵喊道："如再不降，以此为例！"但城中守兵不为所动。于是，陈友谅发动了第三轮进攻，这次他重点攻打官步、士步两门。赵德胜早晚都会到城墙上巡视，给手下士卒鼓气。一天，他正站着给守卒训话，忽然飞来一支冷箭，正射中他的腰间，深入体内六寸，疼痛难忍，他拔剑斩断箭杆，叹道："我18岁从军，屡受创伤，从来没有伤得如此厉害，此次命该当绝，只恨不能再跟随主公征战，扫清中原了……"他话未说完，猛然扑倒在地，气绝身亡。正所谓"出师未捷身先死，长使英雄泪满襟"。赵德胜的死，激发了全军将士更强烈的斗志。陈友谅怎么也攻不下这座由血肉铸成的城池，但他不甘心就此撤兵，便将它死死围住，停止陆上进攻，试图发挥水军优势，从水上进行偷袭。

朱文正守城已经两月有余，损失惨重。由于陈友谅的层层包围，洪都与外面断绝了一切联系，成了一座孤城。朱文正洞悉了陈友谅的阴谋，诈称愿意纳款，以令他缓攻，暗中派千户张子明偷越水关，赴应天告急求援。

六月十五日，张子明扮作渔夫模样，摇着渔舟，唱着渔歌，混出石头城。陈友谅营垒连接近百里，张子明夜行昼止，走了半个月才到达应天。

朱元璋刚好从安丰回来，听到报告后，忙问陈友谅兵势情况。张子明说："陈友谅的兵虽盛，但战死的也不少。现在江水不旺，对贼兵大舰不利，且兵多战久粮乏，若援兵一到，必可破敌。"朱元璋见前线将士在如此困难的情况下仍坚守不屈，而且信心十足，不禁大喜。不过，他的主力仍在庐州作战，应天也需要防守，一时难以分兵支援。若只派几千万余人前往，肯定无济于事。因此，他对张子明说："你回去告诉文正，只要他再坚守一个月。我一定让陈友谅有去无回。"张子明返回时，仍扮作渔翁，但不幸在湖口被汉军捕获。

张子明被押送到陈友谅面前，陈友谅问道："你是何人，竟敢如此大胆？"张子明早已将生死置之度外，面无惧色地答道："我是张子明，去应天求援回来。"陈友谅见他不像撒谎，又问："朱和尚可曾答应什么时候来援？"张子明妙答："即日便到。"陈友谅劝他说："你若有志富贵，想在寡人手下当个像样的官，不如去对朱文正说，应天无暇来援，让他快点投降。"张子明瞪大眼睛盯着陈友谅说："陈公可不要骗我！"陈友谅说："绝不欺你！"张子明答应后又强调一遍："果不相欺，我便去说。"

陈友谅命人把张子明押到城下，让他与朱文正对话。张子明高声喊道："朱都督听着！子明奉命去应天求援回来了，主公令我传谕，再坚守此城几天，便是全功，大军不日即到！"陈友谅闻言大怒，立刻拔刀将张子明杀了。

随后，陈友谅又开始攻城，想在朱元璋的援军到来之前拿下洪都，但张子明被杀，却鼓舞了守城将士的士气，他们拼死抵抗，毫不退缩，陈友谅只得在此死耗下去。

再说张子明走后，朱元璋开始为洪都担忧，因为朱文正只有万余人马，想要长时间抵挡陈友谅的几十万大军是根本不可能的事情，汉军只需用车轮战就足以把朱文正的人马拖垮。六月底，朱元璋实在不敢再等了，飞骑传谕徐达、常遇春从庐州撤兵回应天，听候调遣。

七月初六，从各地调回的十几万水陆大军在龙江祭旗誓师，朱元璋亲率徐达、常遇春、冯胜、廖永忠、俞通海等扬帆西进。为了制造声势，号称舟师20万，千帆竞发，长江之上遮天蔽日，绵延数十里，气势逼人。文臣刘基、陶安、夏煜也随同前往。

朱元璋此次前来已经做好了生死决战的部署。他派指挥戴德率一支部队屯驻江北泾江口，另派一支屯于紧靠湖口的南湖嘴，像两把锁紧锁住鄱阳湖北出长江的门户，断绝了陈友谅的归路。同时又派人传谕信州，派兵驻守洪都东南的武阳渡，防止陈友谅水军从南面出逃。一场惨烈的水上大战就此拉开了帷幕。

四、鄱阳湖生死对决

朱元璋20万大军的战船驶进鄱阳湖时，陈友谅仍在围攻洪都，他根本没把朱元璋的援军放在眼里，只愁他不来，来了正好一锅端。他虽然已经在外作战近3个月，但粮草依然充足，大船上装满了粮食、生活用品以及军械。

史载，太祖的舟师跟敌人在鄱阳湖中大战，未决胜负，太祖当时心里实在是忧虑害怕。看来，真到了以命相搏的时刻，就连朱元璋自己也没有必胜的信心，不然他也不会几次找跟随他的江湖术士周颠为他卜卦。但从谋划布局来讲，朱元璋远比陈友谅周详。朱元璋用的是刘基提出的"移师湖口"之策，即将战船全部移往湖口，封锁鄱阳湖通向长江的水路通道，关门打狗。

直到朱元璋的大军全部进入湖口，也就是围困洪都85天后，陈友谅才撤围迎战。汉军人数众多，水军战船又高又大，在兵力上仍然处于优势。七月二十日，两军在康郎山（又名康山，在今江西余干县西北鄱阳湖东南岸）水域相遇。汉军舟大，且几十艘连在一起，通体红漆，在日光下一片红光腾跃。船上旌旗万面，迎风猎猎作响。将士手中的戈矛映射着阳光，令人眼花缭乱。陈友谅坐在一艘大船的楼头，从容地微笑着，指挥水军大小船只配合列阵。

朱元璋的船队里只有几艘大船，且未连成一体。朱元璋站在座船上，仔细打量着越来越近的汉军船只，把水军分为十一队，每队都配备火铳、长弓、大弩，作战的时候先发火铳，再射箭，最后是白刃厮杀。船虽小，但可以在湖中自由穿梭往来，水手们个个精神饱满，驾着船进退闪避，倒也轻便快捷。他再次晓谕诸将道："两军相斗勇者胜，陈友谅久围洪都，现在见我大军到来，而退兵迎战，势必会有一场死战。诸将应全力迎战，有进无退，消灭陈友谅，就在今日！"

两支船队相距越来越近。朱元璋的座船上突然响起了两声号炮。朱元璋的十一支船队，如离弦的箭一般向汉军大船冲去。徐达的战船冲在最前面，在火炮、箭弩的掩护下，直冲敌船，万千火器齐射，敌船纷纷火起。转眼间，百十条火龙搅在一起，炮声震天，箭矢如雨，双方伤亡都十分惨重。

徐达率部奋力斩杀，杀敌1500余人，还缴获了一艘三层巨船。俞通海也乘风发炮，连连击中敌舰，汉军20多只战船起火沉没。

不一会儿，风向逆转，汉军处于顺风，且汉军在数丈高的大船上居高临下，扔下滚木檑石，箭弩齐发，密集如雨，威力倍增。朱家军船小，只要中一檑石，便被砸得粉碎，沉于水中。徐达的战船也中炮起火，笼罩在大火之中，他连忙指挥将士一边救火一边继续作战。

朱元璋见形势危急，忙遣人驱船去救，没想到被汉军骁将、太尉张定边发现了他的座船，于是指挥几只快艇前来偷袭，想来一个擒贼先擒王，活捉朱元璋。

朱元璋急令水手驾船躲避，但张定边跟在后面穷追不舍。朱元璋乘坐的船在躲避敌人的檑石炮火袭击时，左闪右避，撞到浅滩上，不幸搁浅了，船上的将士下船去推，但始终无法将船移动。

张定边欣喜若狂，又叫了几只快船来围攻。在这千钧一发之际，韩成涉水走上朱元璋乘坐的船，请朱元璋与他换衣，以避开汉军追击。韩成换好衣服后，故意站在船头高声喊道："诸将速来救驾！"然后纵身一跃，跳入湖中。

张定边见此情景不由得愣住了，他不相信朱元璋会主动投水自尽，想追过来看个究竟，但又担心自己的战船搁浅。

这时，常遇春的船队赶了过来，他一眼看见张定边愣在那里，忙张弓搭箭，朝张定边射去。张定边来不及躲闪，被射中右臂。他拔下箭，还想追过去看朱元璋死了没有，活要见人，死要见尸。但俞通海和廖永忠的船队也疾驶而来，张定边被包围了，火铳、箭矢铺天盖地向他飞来，他身中数十箭，血流如注，只得下令且战且退。

俞通海下令掉转船头，全速向朱元璋的座船驶去，待两船靠近时，俞通海让水手们用尽全力撞上去，船身激起的水浪一下子涌到了朱元璋的船底下，使它滑到了深水处。

朱元璋刚刚脱离险境，陈友谅又率领几艘巨船赶来，陈兆先、程国胜的船队立刻进行拦击，但他们的战船根本不是陈友谅巨舰的对手。双方一开战，陈兆先的船就被击沉。程国胜身中数箭，不久也牺牲了。朱元璋决定暂时收兵，明日再战。

当晚，朱元璋率一干文臣武将到湖边追悼牺牲的勇士们。他跪在岸边，痛哭泣泪，叩头哽咽祈祷，然后与诸将"申明约束，喻以死生利害，诸将咸举手加额，以'死'自誓"。

回到湖口营帐后，朱元璋和谋臣们认真分析了当下两军的态势，商讨克敌制胜的方法。刘基首先提议说："水军是陈友谅恃骄的最大资本，但不管它多强大，总会有破绽。我们以己之长，克敌之短，才是制胜之道。"于是，大家七嘴八舌地指出陈友谅战船的破绽和劣势，郭兴进言道："主公，不是将士们不肯出力，而是我们实在打不过敌人的巨船，依我看，非用火攻不可！"

汉军舟船不仅庞大，而且数只相连，规模优势非常明显，但也最容易被纵火攻击——刘基和朱元璋早就想到了这个方法，只是还须等待恰当的时机！朱元璋看着晴朗无风的天空，脸上有一丝淡淡的忧郁。刘基安慰他说："主公不要太忧虑，先叫人备好燃料吧。"朱元璋明白，刘基这样说是在告诉他时机很快就会到来，于是派人去做好准备。

七月二十二日，晴空万里，鄱阳湖风平浪静，绿波幽幽，实在让人无法将其与一场空前的恶战联系起来。一大早，双方便在广阔的湖面上排兵布阵。如果不是约定在康郎山，几千艘船恐怕难以碰到一起。朱元璋擂鼓集合诸将，说明今日之战将比昨日更为惨烈，向大家晓以生死利害，要求全军奋勇争先，不准退却，若有怯敌退却、不遵号令者，当场斩杀。紧接着钲鼓齐鸣，一队队战船朝康郎山驶来。分派各队的主战方位后，朱元璋举起了令旗，下令出发！

这时，陈友谅的战船已经抢占上风位置，朱元璋的小船不利仰攻，交战不久便伤亡上千。院判张志雄的舟樯折断，进退失灵，被陈友谅的舟师团团围住。他奋力搏杀，身上伤痕累累，血流殆尽，便横刀自刎了。丁普郎在重围中身中十几枪，仍奋勇向前，毫不退缩，最后被一刀砍去脑壳，依然持枪挺立，不肯倒下。余昶、陈弼、徐公辅等也相继战死。陈友谅的船队摆出了一个个由数艘战船组成的攻防自如的方阵，像一座座浮动堡垒，如山般向朱元璋的小船撞来，通常将小船撞为两截，船上的士兵非死即伤。

朱元璋焦急地等待着老天送来东北风。上午快过去了，湖面上的战斗仍在激烈进行。朱元璋的船队阵形已乱，残船败兵纷纷后退。朱元璋拔出马刀，高高举起，正准备喊"后退者杀"，突然发现战旗剧烈飘动起来。风来了，还是东北风！朱元璋惊喜不已，兴奋地望着刘基。"下令吧，主公！"刘基淡淡地笑着说，似乎对此早有预料。

事先准备好的几只渔船飞一般向汉军方形船队驶去，汉军方队的士卒都十分紧张，因为渔船上全是易燃之物。汉军纷纷放箭，矢密如雨，但射中的都是头戴铁盔的草人，朱元璋的敢死队员已经点燃了渔船上的火药，然后跃到后头的船上后撤。七八只火船在东北风的推动下，先后撞上汉军的几个方形船队，随着火药的爆炸声，方形船队全都着了火。霎时间，湖面上烈焰腾空，一片鬼哭狼嚎。船上的汉军争相跃入水中，溺亡者不计其数。留在船上的士卒，还没来得及灭火就被烧死。

这场火攻，陈友谅的8个方形船队共计数十艘大船被烧毁，其余船只损失数百只。陈友谅的五弟陈友仁，也就是在龙湾之战中帮陈友谅逃走的"五王"，被郭英一枪刺死。这个噩耗让陈友谅心如刀割。这次轮到陈友谅哭丧了，他一个人在船头呆坐了一夜。

第二天天刚亮，陈友谅便到军前来挑战，并没有像前次一样约定交战的地点。汉军来势迅猛，而且风向转为西南，陈友谅处于上风。朱元璋仓促布阵，对诸将说："陈贼昨日大败气沮，亡在旦夕，此番垂死挣扎并不可怕，只需挫其锋芒，汉军必退。"

陈友谅阵战失败后学乖了，专捡朱元璋的帅船打。朱元璋的船是一艘涂着白漆的大船，是为了便于指挥特设的，但敌人也能一眼认出来。陈友谅表面上像昨天一样集中炮火全面猛攻，暗中则派了一支战斗力极强的火炮船队从侧面绕过去靠近朱元璋的座船。

朱元璋正在船舯胡床上，不时挥动红、黄两旗调度指挥船队行动，刘基等人侍立一旁。两军交战正酣，突然，刘基大叫一声："主公，快换船！"朱元璋吃了一惊，忙问何事。刘基来不及回答，拉着朱元璋跳上旁边的一只快船，两人立足未稳，就听得轰隆一声，那艘白色座船被炮弹击中，炸得粉碎。

朱元璋倒吸了一口冷气，暗叫道："若慢半分，性命不保！灾星已过。"

陈友谅远远望见朱元璋的白船被炸得支离破碎，开怀大笑道："朱和尚，你也有今天！"他正得意，忽见朱元璋乘另一艘大船又督兵杀来，大失所望，没精打采地下舵楼去了。

廖永忠、俞通海率6艘快船冲入汉营，在波涛中起伏隐没，绕着汉军船队挑战。陈友谅不明就里，担心中计，不敢轻举妄动。汉军的船队被他们一闹，阵形大乱，朱元璋挥动黄旗令主力船队一起冲杀过去，将士们人人奋勇当先,呼声震天。

陈友谅大感意外,手足无措,下令各船队整理队形,有序撤退,但各船队的指挥船都是楼船,最下面的水手看不到上面的情形,仍拼命向前摇桨,各帅船完全暴露在敌军面前,成了被攻击的靶子,局面非常被动。幸好张定边及时发现问题,不顾自己伤势严重,代陈友谅发令,不整理队形了,火速撤退。

双方大战两个多时辰后,汉军大败而逃,湖面上到处漂浮着遗弃的甲仗、旗帜和尸首。

朱元璋满怀胜利的喜悦,为鼓舞士气,他特意召来廖永忠、俞通海,慰问他们说:"二位勇气盖世,今日为我军争得天大面子。"

廖、俞二将拱手谦让道:"全赖主公英明指挥,将士不惜性命。"

当天下午,朱元璋移舟于泊柴棚,距离汉军营地大约有5里地。朱元璋几次派人前去挑战,但陈友谅未敢应战。

七月二十三日战后,湖水落潮,加上双方均伤亡惨重,需要休整,于是停战了几天。

朱元璋的船队准备退出鄱阳湖,找一隐蔽河湾进行休整。当天夜里,朱元璋命令每条船上都放置一灯,以备船只在渡过浅滩时可以看清水道,到天明时分,整个船队终于安全渡过河湾,停泊在了鄱阳湖北岸的左蠡(今江西都昌县西北)。而汉军则伺机停泊在了与左蠡隔湖相对的潴矶。

第二天晚上,朱元璋正在用膳,忽然有人来报说朱升求见。朱元璋忙唤入见,寒暄之后,他请朱升一起吃饭。朱升还想客套,厨子却面露难色。朱元璋问怎么回事,厨子回道:"主公,没有饭菜了,而且剩下的粮食也不多了。"朱升赶紧说:"臣下来见主公,正是想让主公尽早筹粮,以免粮尽而影响军心。"

朱元璋忙与朱升商议筹粮之策。朱升说:"陈贼举全国之兵而来,人多粮少,必不能持久。我们必须守住南湖嘴,切断他由武昌输送粮草之路,待他粮尽力疲,进退两难,前后受敌,就一定能打败他。"

朱元璋连声称好。送走朱升后，他下令将所有船只都涂成白色，和他乘坐的战船颜色相同。

刚吩咐完毕，陈友谅的左、右二金吾将军率部来降。临阵倒戈是兵家大忌，说明陈友谅内部已人心离析，难以控制。朱元璋十分高兴，下令好生安置他们，并设盛宴款待二位将军。

据二位将军讲，在他们来之前，陈友谅见数战不利，召集诸将商量对策，右金吾将军献计说："我军屡屡失利，舟师行动不便，已被朱元璋困死湖中。我建议焚舟登陆，南走湖南，尚可保全实力。"

左金吾将军不以为然地反驳道："胜败乃兵家常事，我军虽战败几次，但舰船兵马犹众，数倍于朱军，只要大家坚定信心，就有取胜的可能，哪里就到了焚舟逃跑的地步！"

陈友谅对此犹豫不决，之后几次交手，仍战多丧败，他才说："还是右金吾将军说的焚舟南撤有道理啊！"

左金吾将军听到这句话后，担心陈友谅会秋后算账，决定带领部众投降朱元璋。右金吾将军见大势已去，干脆也率部来降。

朱元璋从汉军左右金吾将军口中了解到陈友谅军中分崩离析的情况，决定激他再战，以加速其灭亡。于是他派出使者给陈友谅送了一封信，内容大概如下：

陈公玉鉴：

前日派人送去书信一封，却未见信使回归，想来已被扣押，公度量何等浅狭。大丈夫谋取天下，何来如此深仇，何存如此妇人之见？

现今取天下的大计，同讨夷狄以安中国才是上策，结怨中国而后夷狄是为无策。先前老兄犯我池州，我并没有因此仇恨你，还将俘虏奉还，意在与你和平相处，各安一方，以俟天命，这也是我待你的初衷。而老兄不考虑消灭夷狄的大计，一心当我为敌，所以我才在龙湾击败你，又占了你的江州，兵锋直指你的统治腹心地区，如此江西大部才归我所有。而你仍不加反省，复启兵端，既困于洪都，两败于康山，你的兄弟、侄子被杀，数万兵将殒命。你之所以无尺寸之功，都是因为你的举动逆天理、悖人心啊!

如今你乘尾大不掉之舟,顿兵敝甲,与我长久相持;可是以你平素狂暴的个性,应该亲自出马和我决一死战啊,为何偏偏龟缩起来呢?如果你还算大丈夫的话,就早点决断吧!切莫再做欺人的寇盗,自己取消帝号而等待真主降世,不然,丧家灭姓,必遭世人耻笑。

陈友谅读完此信,气得火冒三丈,一把将信撕得粉碎,并扣留了使者,但他仍觉不解恨,于是下令将营中关着的2000多个俘虏杀掉。然后,他又把金字令牌交给心腹将领,让他在水寨日夜巡逻。凡有行踪可疑的人,不必审问,抓到后一律就地诛杀,决不留情。

朱元璋得知这一消息后,并没有进行报复,而是反其道而行之,不仅为俘虏的汉军将士治疗伤病,还将他们一概遣还,给他们分发路费,派人把他们送上路,并下令道:"今后再俘虏敌军,一律不杀!"为了进一步笼络人心,他还下令祭拜陈友谅战死的亲人和将士。

与此同时,他暗中下令朱文正去劫陈友谅的粮草;又命令常遇春、廖永忠去南湖嘴横截湖面,切断汉军归路;另派一支水军在长江两岸树立木栅,准备截击陈友谅的退兵。

一切布置妥当后,朱元璋心情大好,与博士夏煜及两个侍从微服私访至一个名叫"不惹庵"的寺院,主持见他煞气很重,便想解其煞气,询问其姓名。朱元璋不便回答,只说是来借宿的难民。主持好心为他们安排住处,但心中仍存疑惧,担心他们是流寇,会对寺庙不利。快到子时,主持想以讲禅为借口将他们叫起来,到他们的房间一看,人早已不见踪影,只在墙壁上留下一首小诗,后人称之为《示不惹庵僧》:

杀尽江南百万兵,腰间宝剑血犹腥。
山僧不识英雄汉,只管喋喋问姓名。

朱元璋的恢宏气魄与豪放粗犷的性格尽现于诗中。

与朱元璋相反,这几天陈友谅可谓焦头烂额。粮草被劫,军需紧张；军心不稳，叛逃者渐多；北湖口被封堵，是战是撤，他一时无法抉择。整整犹豫了一天后，七月二十七日，他终于决定突围归巢。他的老巢在湖北武昌，首选的突围地点就在湖口西面的南湖嘴。他的主力战船尚有百余艘，结果在南湖嘴受到了强有力的阻击。陈友谅无奈，只得折返湖口，打算拼死一搏。

七月二十八日，双方又拉开了大战的帷幕，朱、陈二人都亲自居前指挥。鉴于先前被烧的教训，陈友谅将巨船拉开距离。由于巨船过大，运转很不灵活，遭到了朱元璋小型战船的围攻，形成了只虎搏群狼之势。

陈友谅想避开"群狼"，攻打朱元璋的白色帅船，结果发现朱元璋所有帅船都变成了白色，很难在十多艘大白船中判断哪一艘是朱元璋的座船。陈友谅大惊，但也顾不了那么多了，双方战船紧紧地纠缠在一起，从早晨战至黄昏，一直被冲到泾江口，最后进入长江。

天色渐渐暗了下来，朱元璋丝毫没有退兵的意思，这时疯道士周颠突然跃入船中，嚷道："好哇，好哇，陈皇帝已中利箭，必死无疑！"朱元璋的心猛跳了一下，又镇定下来说："贼道人，不得胡说，莫使我军斗志懈怠。"但周颠仍不停地叫道："死了，死了，陈皇帝死了！"朱元璋正要叫人把他绑起来，亲兵带着一个降将前来禀报："陈友谅在别舸中流矢，贯睛及颅而死。"原来，陈友谅为了减小目标、分散朱元璋的注意力，离开楼船换乘到一艘快船上，结果被流矢射中眼睛，因箭矢贯穿头颅而死。

这真是一个惊天的喜讯，朱元璋的将士们欢呼雀跃。但朱元璋仍将信将疑，命主力战船继续追击，消灭敌军尚在其次，重要的是确认陈友谅是否真的死了。将士们杀敌益奋，汉军大溃，陈汉太子陈善儿、平章姚天祥等人均被俘。

第二天，陈友谅麾下平章陈荣、参政鲁某、枢密使李才、"小舍命"、王副枢、贾金院及指挥以下率楼船、军马来降，朱元璋得汉军士卒五万余人。太尉张定边、杨丞相、韩副枢等人则趁夜用快船装着陈友谅的尸首及其次子陈理，飞也似的逃向武昌。

第九章 东征西讨奠国基

一、亲征武昌

陈友谅的汉军在鄱阳湖败退后,常遇春等人建议朱元璋乘胜追击,直捣武昌。但朱元璋胸有成竹地说:"穷寇勿追,我若乘胜直捣,他们没有了活路,必会死斗,杀伤定多,不如网开一面,任由他回去。同时派出一支偏师跟在后面,防止他们逃窜到武昌以外的地方。他们在创残之余,人各偷生,喘息不暇,难道还敢再战吗?"于是他让各军打扫战场,对所俘汉军和器械进行清点。之后,他领着刘基、朱升等一班文臣,到康郎山上去凭吊阵亡将士。

康郎山上已经安放了无数死难将士的棺木,朱元璋离船登岸,绕山一周,抚棺叹息,悲伤不已。鄱阳湖上的生死相搏,万千将士葬身湖底,多少人连尸首也寻不见,即使是战死的36位大将,也不都是全身而葬。朱元璋设奠致祭,潸然泪下,引得周围将士也呜咽涕泣。后来,为了寄托自己的无限哀思,朱元璋下令在此修建了忠臣庙。

当天夜里,朱元璋一行匆匆赶往洪都,慰问在危城里坚守了3个多月的朱文正、邓愈及众多将士,还到战死的赵德胜、求援遇难的张子明及被叛将杀害的知府叶琛等人墓前祭奠。另外,他下令为赵德胜、叶琛、张子明等立祠塑像,要求地方官按时祭祀,以表彰忠烈,激励后人。

第二天,各路将领也来到洪都,向朱元璋汇报战果。朱元璋召集文臣武将讨论陈友谅虽强却败的原因。众将齐声称颂朱元璋天授智勇,决策英明,战术灵活,又临危从容,指挥若定,堪称用兵如神。

朱元璋听了笑着说:"你们所言都有道理,但没有说到要害处。古人说,名不正则言不顺。陈友谅杀害君主,胁迫部下,好以权术驭下,故人各一心,上下猜疑,人心不服。从战略上说,他勇而无谋,既不善于捕捉战机,又不懂得积蓄力量,舍应天而去攻洪都,全师围困,86天仍攻打不下,既丧失了时机,又打击了军心士气。而且他战前没有谋划,打到哪里算哪里,自己虽不怕死,但很容易将他的将士推上战场送死,几场战役下来,民力损耗殆尽。我军虽征途千里,但将士一心,满怀锐气,去对付他那久疲之众,可以说是我逸彼劳,主客异势,人和在我。故人倍其勇,又能待时而动,动则威,威则胜。这才是我胜陈败的原因所在。"

下午,朱元璋召开盛大的庆功宴会,对韩成、丁普郎、陈兆先等死难将士给予最高封赏,厚赐其家属;对筹粮有功的朱升、富户金旭、刘文也给予嘉奖;各军将士也一一论功行赏。

对于阵中动摇、胆怯畏敌的将领,他一一加以训斥,并根据情节轻重,或予降级,或予记过,毫不留情,令人慑服。

常遇春性喜杀人,湖口战役结束时,他杀得性起,把一个曾顽强抵抗、后被迫投降的汉军将领一剑刺死。朱元璋知道此事后,在会上大声呵斥常遇春,并将他的功劳减了一等,以示惩处。常遇春吓得低头不敢吱声。

朱元璋又指斥朱文正虽在保卫洪都及平定江西中战功卓著,但他淫逸无度,几次掠夺民妇,又纵容亲信夺取部下妻女,故而不给赏赐,若屡教不改,还将严惩。

这时大家方才知道,朱元璋无所不知且记忆力非凡,对各人情况了如指掌,大小功过他都牢记在心,时机到了就会拿出来跟各人算账。从此,大家更加小心谨慎,唯恐有把柄被他抓住。

赏完众将,朱元璋又特别称赞了刘基准确判断战事进程的本事,他说:"刘先生曾劝我不要支援安丰,但我没有听从先生之言,几乎酿成大祸。假如陈友谅趁我军北上、应天空虚之时,顺流而下,直捣我方京城,将使我们陷入进无所成、退无所守的境地,危害大局。陈友谅不攻应天而攻洪都,采取这个下下之策,完全丧失了用兵的最佳时机,怎么可能不灭亡呢!"说完,他亲自给刘基敬酒。

宴会结束后,朱元璋派人四处求访宋元书籍,叫博士夏煜为他挑选善本,抽出早晚时间阅读。此前战事吃紧,他没有时间,已有一个多月没读书了。过了一会儿,夏煜喜滋滋地手捧一叠古书走了进来,远远便叫道:"主公,天大的喜事!"他运气不错,访求到北宋初年刻印的一部《论语》,是难得的善本。

朱元璋知道赵普①曾劝宋太祖读《论语》,并有"半部《论语》治天下"的说法,不禁喜出望外,上前将书抢过,埋头苦读。但还没半个时辰,他的注意力便渐渐从书本上挪开了。他坐在陈友谅睡过的镂金床上,心思浮动,不明白自己为什么静不下心来。他刚想脱衣就寝,一个亲兵侍从蹑手蹑脚地进来,低声问道:"主公,有个绝色女子,送不送来?"

朱元璋心中一惊,原来自己已有一个多月未近女色,立即春心萌动了。他站起身来问道:"哪儿来的女子,莫不是抢了个良家妇女,我倒要问个清楚。"

侍从转身唤那女子进来,朱元璋挑灯近看,果真是个绝色佳人,长得面若桃花,齿若珠贝,双眉舒黛,双瞳剪水,云鬟生光。他颤声问:"你是何人?"妇人抬眼看了看朱元璋,怯怯地说:"卑妾是汉王友谅的未亡人阇氏。"

朱元璋闻言又是一惊,没想到陈友谅不仅拥有天下第一强大的水军,还拥有天下绝色佳人,妒火顿生,占有这个美人的念头不可抑制地

---

① 赵普:字则平,后周时为赵匡胤靠僚,任掌书记。北宋建立后,授右谏议大夫、充枢密院直学士。后迁兵部侍郎、枢密副使、枢密使、检校太保,乾德二年(964年)代范质为相。病老致仕,封魏国侯。

冒了出来。他满心欢喜地让人准备酒菜,要阇氏陪自己饮酒。阇氏开始还有几分胆怯、几分扭捏,但寻思自己身怀六甲,日后若侥幸生男,或可复仇。于是,她耐着性子,强颜欢笑。朱元璋完全没注意阇氏的神情变化,只顾饮酒,内心激烈地斗争着:自己宣布过要善待陈友谅的家人,现在又强占其宠妃,传出去别人会怎么看自己?会不会把自己看成是食言贪色的小人?但另一股力量又令他蠢蠢欲动:陈友谅害得我军付出多少牺牲,如今征服了他还不够彻底,只有征服眼前这个美人,陈友谅的一切才真正属于我。他情难自禁,最终没能抵挡住美人的诱惑。

第二天一觉醒来,朱元璋又恢复了理智,不能在这温柔乡里沉溺,否则将重蹈陈友谅覆辙。他下令各军即刻起程返回应天。

留守应天的李善长早已得到胜利的喜讯,做好了迎接大军凯旋的各种准备。朱元璋出征20万人,损失五六万,回来的包括投诚的竟有20多万。若这么多人都待在应天,李善长再有本事也照顾不过来,所以朱元璋必须尽快对下一步行动做出部署和安排。

休整了半个月后,朱元璋得到情报:张定边逃回武昌后,立陈理为皇帝,改元德寿。陈理全力整修内政,安抚人心,大有重整旗鼓之势。朱元璋本想暂时放陈理一把,先对付东南的张士诚,偏偏东南面没什么动静,而陈友谅的势力极有可能死灰复燃。于是,朱元璋命令各路大军用十天时间做准备,西进攻打武昌。

不过,朱元璋心里也有点担心东南面。东南不仅有张士诚,还有方国珍、陈友定,而且他们离都城应天很近。因此,他最后决定只率常遇春、康茂才、廖永忠、胡廷瑞的四支人马西征武昌,命李善长、徐达、邓愈等一干文武大员留守应天。

至正二十三年(1563年)深秋,朱元璋亲率5万大军日夜兼程,水陆并进,7天后便到达武昌城下,分兵立栅,围住四门,又在长江中连舟为寨,断绝城中出入通道,再分兵围汉阳(今湖北武汉汉阳区)、德安(治所在今湖北安陆市)。

围困武昌数日,但陈理拒不出城投降。朱元璋亲自察看地形,寻找突破口，发现武昌城城高且险，不可强攻，于是让大军继续围困。一晃到了年底，朱元璋担心都城及各府（路）的军政事务，便先行回了应天。

李善长等人见朱元璋回来，除了汇报工作外，还抓紧时间劝他称帝。朱元璋并不是没动过称帝的心思，看着群臣的劝进表，他内心激动不已，但总觉得时机不成熟。从势力范围来讲，他连半壁江山都没有占到；从名义上讲，不仅元廷未亡，而且他上头还有一个大宋小明王，弄不好便会成为众矢之的。他甚至怀疑劝进者动机不纯。所以，他一口回绝了这一建议。他投军12年，经历过无数的欺诈、背叛、骗局，听过多少谎言，中过多少暗箭。明是一把火，暗是一把刀，现在丝毫大意不得。他对众臣说道："你们的心意我已尽知，不过，你们想过没有，天下戎马未息，厮杀不断，民困未苏，人心未定，天命授予谁人尚未可测。故称帝之议暂时搁置，等天下平定后再谈不迟。"

但李善长一帮人很执着，既然不称帝，就退而求其次，称个王总可以吧？如今地盘扩大了几倍，政务日益繁多，再用吴国公的名号已名不正言不顺。朱元璋仍十分犹豫，便去请教刘基。刘基笑着说："好事啊，主公，张士诚都能称王，主公为何称不得？我认为主公即了王位，方不负天意民意。"

朱元璋见刘基也这样说，心里踏实多了。"所谓'天予不取，反受其咎'，既然如此，这王我不做也得做了！不过，这王号如何，还望老先生代为斟酌。"

刘基早已筹谋在心，忙说："主公是吴国公，今又驻应天，应天多朝为国都，这王号自然少不了吴字。"刘基将此意说与众臣，大家都同声说好。

朱元璋再也按捺不住内心的喜悦，拍案大叫："好，既然天意如此，那就称吴王吧！"

至正二十四年（1364年）正月初一，朱元璋即吴王位，建中书省，以徐达、李善长为左、右相国，常遇春、俞通海为平章政事，汪广洋为右司郎中，张昶为左司郎中，刘基为太史令。同时立长子朱标为世子。又设浙江、江西、湖广等处行中书省，并开文武二科科举，以选拔人才。

称王后，朱元璋仍奉小明王龙凤为正朔，以"皇帝圣旨，吴王令旨"的名义发布命令。

过了春节，陈理仍不肯出降，朱元璋不想再等下去，从应天赶来督战，下令不惜一切代价尽快拿下武昌。这也是他最后一次亲征。

陈汉政权的太尉张定边见事情危急，派人偷偷出城，到岳州（今湖南岳阳）向丞相张必先告急。张必先是员骁将，外号"泼张"，闻讯立即点起人马赶到武昌城外的洪山（今湖北武汉洪山区）。但他立足未稳，就遭到常遇春部铁骑兵的攻击，双方激战一整天，张必先兵败被擒。

朱元璋见到被常遇春绑来的张必先时，佯怒道："你们怎么能这般对待张将军呢？张将军乃汉军擎天之柱，铮铮铁骨的一条好汉，今日战败只是时运不济。快快松绑，切不可辱没了张将军。"

张必先当然知道朱元璋是在做戏，但他也知道陈汉势力已经无力与朱元璋抗衡，既然朱元璋想收服自己，不如归顺于他。

张必先投降后，主动要求去劝说张定边。第二天，他来到城下对守城的张定边喊话说："张兄，武昌城已被围了两个多月，朱元璋又在这儿增了兵，若兄弟死扛，除了让更多的人丢掉性命外，已经毫无意义了。既然事不可为，还是降了为好！"

张定边闻言火冒三丈，破口大骂道："你还当老子是你大哥？老子苦等你来救，你却降了，下负兄之义，上负国之恩，还有脸叫老子也降，真是恬不知耻！"

张必先并不恼火，反而动情地哭诉道："张兄，你我为大汉征战数载，披肝沥胆，舍生忘死，何时负了国恩？你我与汉王结为兄弟，风雨同舟，生死与共，何处有负兄弟之义？如今朱元璋将我们逼入绝境，你我死而无所惧，反而可成就忠义之名，然兄弟之子嗣，城中之兵民不可与我们一同赴死！唯有降才是一线生机，难道兄弟不明此理吗？"

张定边见他说得句句在理，低头沉思不语。

朱元璋听闻张定边有所动摇，忙再加一把火，命人去强夺城东南的高冠山。蛇山中峰高冠山可俯瞰全城，地势险要，汉军又有重兵把守，强攻意味着不计损伤。不怕死的傅友德主动请缨，朱元璋深感其勇气可嘉，便解下身上的玉佩相赠，并面授机宜。

傅友德挑选了500多名勇士组成敢死队，分左右两路趁夜徒步仰攻。山上守军立即万箭齐发，傅友德冲在右路前面，不幸被流矢射穿面颊和胸肋，但他毫不迟疑，一把将箭拔去，带伤前冲。这给左路带来了机会，郭兴乘机带领左路勇士冲杀上去，一举攻下山头。

第二天一早，城中守将陈英杰见高冠山被占，忙报告张定边。高冠山如此险要尚不能守，武昌城怕是真守不住了。张定边信心全无，进而想到，一旦嗜杀的常遇春进城来，不知会有多少人成为他的刀下之鬼。朱元璋见时机已到，又派降将罗复仁去城中劝降。

陈理放罗复仁进城，两人"执手相看泪眼，竟无语凝噎"。罗复仁将朱元璋为人之宽容，以及来时指天为誓的情景反复说给陈理、张定边听。张定边知道大势已无可挽回，为保住陈理性命，决定献城投降。

为了不在城内引起恐慌，朱元璋只带一队亲兵入城受降，他们刚走到城门边，陈友谅的一员猛将陈同金突然持刀跳出，举刀便砍过来。

朱元璋大呼道："郭四（郭英）快为我杀贼！"

说时迟那时快，朱元璋的亲军指挥郭英纵身一跃，挡在朱元璋身前，右手飞起一剑，将陈同金刺倒在地。

这一意外变故让陈理、张定边、罗复仁都惊惧不已，罗复仁号啕大哭起来，难道天意如此，要让陈友谅绝嗣吗？

朱元璋虚惊一场，强作镇定地对郭英说："爱卿真乃壮士，真像当年唐太宗的尉迟敬德！"

陈理醒过神来，"扑通"一声跪倒在地，浑身不住发抖，不敢仰视。朱元璋忙扶起他，说："我知道这并非你指使，不怪你，不用害怕。"

朱元璋进入城内,派宦官到陈友谅宫中安慰陈友谅父母,告诉他们,府库中的任何财物,只要需要,均任由他们取用;又让城中文武百官带上妻子财产,依次出城归乡。周围州县闻风来归,陈友谅之兄陈友才,人称"二王",正在益阳拼死抵抗,听说朱元璋如此善待自己的父母、侄儿,也献城投降。

朱元璋设立湖广行中书省,命参政杨璟居守。城中百姓饥荒,又运米给赈,民众欢天喜地,城内一片安乐祥和的气氛。

不久,汉、沔、荆、岳诸州府都望风归降。陈汉政权至此彻底覆灭。

西征大功既成,朱元璋带着陈理回到应天,封他为归德侯,并赐给府第,让他在应天安居。但张定边终不肯受官享禄,出家当和尚去了。

二、征讨张士诚

在朱元璋西征的同时,已经投降张士诚的谢再兴带领张家军进犯东阳(属金华府),浙江行中书省左丞李文忠率兵抵御。文臣胡深给李文忠献计道:"诸暨(元属绍兴路,诸暨州治所在今浙江诸暨)是浙东的藩屏,诸暨不守,则衢州就不能支持;最好在距离诸暨50里的五指山下修筑一座新城进行防御。"李文忠采纳了胡深的建议。城刚修好,张士诚手下老帅李伯升就率军大举来袭,号称60万大军(实际20万)。朱元璋闻奏,立马把消灭张士诚提上了日程。

张士诚原本投靠了元廷,但去年(至正二十三年,1363年)从安丰败回后,他授意手下为自己歌功颂德,请求元廷封其王爵,遭到拒绝便与元廷闹翻了,他将元廷江浙右丞达识帖木儿软禁起来,于九月重新称王,即由诚王改称吴王(为了与朱元璋加以区别,称东吴王),以其弟张士信为浙江行省左丞。为了储备与朱元璋作战所需的粮食,他断绝了对大都的漕运。他此前降元是想借助元廷对抗朱元璋,因为他当时不仅要面对朱元璋和元朝廷的打击，还要面对盘踞在浙东沿海的海盗方国珍的攻击，处于四面受敌的境地。现在既然与元廷闹翻，只能独自对抗朱元璋了。因此，他打算先下手为强，利用叛将谢再兴等人收复被朱元璋占去的地盘。

直到这个时候，张士诚的志向仍是多占点地盘，当个逍遥王而已。与朱元璋相持七八年依然安然无恙，这给他造成了一种错觉，认为自己的防线坚不可摧，他可以心安理得地享受逍遥人生。而他手下的那帮人也有着同样的想法。张士诚所据之地南北达 2000 余里，甲士数十万之多，且所据江浙之地，天下富庶无出其右。他设立礼贤馆，广纳四方文士，江浙的文人贤士纷纷前来投效，如高启、杨基、施耐庵、罗贯中、张羽等皆为一时名士。他平日广延宾客，众人经常饮乐于幕府之中，唱和往来，只要宾客所言符合他的心意，便赠予马匹、居室等，文人雅士一时趋之若鹜。

张士诚在隆平城大修宫殿，广征佳丽，以齐云楼、香桐馆、芳惠馆作为金屋藏娇、寻欢作乐之所，朝中之事全部交给他的弟弟张士信和女婿潘元绍代为处置。张、潘二人尤好聚敛，金玉珍宝及古书法名画，无不搜为己有，日夜歌舞自娱，性好荒淫，耽于酒色，根本不懂治国之道，又将朝中政事交给黄敬夫、蔡彦文、叶德新等人处置。这帮文人除了舞文弄墨、空谈国事，毫无治国本领。为了应付庞大的开支，他们对百姓横征暴敛，其重赋苛税比之元朝廷有过之而无不及。

上行下效，张士诚手下穷苦盐贩出身的将领也学会了享乐，腐化奢侈之风盛行。文臣武将争相修府第，建园林，畜声伎，购图画，赏古董，腐败堕落的作风摧毁了军队的士气和官府的法纪，军队的纪律甚至比元军还要松弛，每遇战事大多将领都畏缩不前。将帅打了败仗回来，只要跑到张士诚面前一哭，张士诚便不追究战败之责，反而好言安慰。

张士诚的所作所为，注定了他的败局。朱元璋从武昌回来后，立刻对军队进行整编，统一部队编制、官职，以红色战袄战裙为军服，并撤销各翼元帅府，置武德、龙骧、豹韬、飞熊、威武、广武、兴武、英武、鹰扬、骁骑、神武、雄武、凤翔、天策、振武、宣武、羽林十七卫亲军指挥使司。他已经拟定了灭张的全盘计划，并派出使者前往李文忠驻守的金华府传达令旨，让李文忠以左丞之职，总制严、衢、信、处诸府军马；耿天璧袭其父职，留守处州。李文忠担任左丞后的第一仗，就是在诸暨抗击李伯升的大军，把李伯升、谢再兴打得大败而逃。

朱元璋闻报非常高兴，将李文忠及胡大海的养子胡德济召至应天，赏赐衣服名马，提升胡德济为右丞，并向他们了解张士诚的军队情况。李文忠禀报说："近日士诚境内，流传着一首民谣，不知父王听说过没有，很有些意思。"

朱元璋一向重视民意，颇感兴趣地说："你快说，是什么民谣。"

"如今张士诚的士民都在传唱：'丞相做事业，专用黄蔡叶（音谐黄菜叶）；一朝西风起，干瘪。'"

朱元璋听了仰天大笑，说道："好，唱得好，果真有些意思！"

随后，朱元璋发表了讨张檄文，在檄文中列举了张士诚的8条罪状，骂张士诚不忠于元、诈降、不贡钱粮等。若不看头尾，容易让人误以为是元朝廷的讨伐令。显然，朱元璋在找攻打张士诚的借口。

对于诸暨之败和朱元璋的檄文，张士诚并不在意，又派水师数百艘溯流而上，攻打江阴。江阴守将吴良、吴桢兄弟二人，率众严阵以待。朱元璋也从应天派兵来援，一番夹击，大败张士诚水师。张士诚率众退走，康茂才又追击败军于浮子门，俘虏2000余人。

至正二十四年（1364年）十月，张士诚派遣张士信攻袭长兴（元属湖州路，长兴州治所在今浙江长兴县），结果被耿炳文、费聚打败，大将宋兴祖也被俘虏。张士信非常气愤，增兵围城复仇。汤和自常州来援，与耿炳文联手，大败张士信，张士信狼狈地逃回平江（元平江路，治所在今江苏苏州）。由于长兴位于太湖之西，与平江隔湖相望，张士诚要利用水师西进，就非拿下长兴不可，所以他才一次又一次地攻打长兴。耿炳文在此镇守了10年。汤和守常州，吴良守江阴，气势联络，成为应天的东南屏障。

至正二十五年（1365年）夏，朱元璋将在湖广、江西征战的徐达等人调回，商讨讨张之计。

此时张士诚控制的地区，北过徐州，南至绍兴，西至汝、颍（今安徽阜阳）、濠、泗，东至大海，南北相距2000余里，呈一狭长地带，中被长江截断。为解除后顾之忧，他利用元顺帝与皇太子发生宫廷内斗之机，送上金银珠宝、美女名马，与镇守河南的扩廓帖木儿通好。对于西南边境相邻的明玉珍，他也派使者前去通好。他知道明玉珍坚持反元，便说："胡人居于沙漠塞外，现在占据中原，是鞋帽倒置，岂有此理！足下应时而起，在长江上游建立大夏王国；在下有长江之险，互为唇齿之倚，望同心协力，共复中原。事定之日，各守疆宇。特遣使通好，望足下采纳！"明玉珍对他的倡议表示赞许，从此双方通使不断，关系良好。

十月，徐达、常遇春、冯胜、胡廷瑞等率马步舟师渡江北征。张士诚闻讯，派徐义率水师北上增援，但在江阴遭到拦击。张士诚见朱元璋早有准备，心中畏怯，只好放弃。

徐达等人年前陆续攻克了泰州（今江苏泰州）、高邮（今江苏高邮）等地。围攻高邮时，冯胜中了守将的诈降计，派1000多人入城受降，结果全部遇害。朱元璋闻报大怒，急召冯胜回应天，将他臭骂了一顿，还打了他50大板，罚他步行回高邮。冯胜又气又恼，回到高邮后亲自率部攻城，在徐达的配合下，四门齐上，一举攻破。

徐达、常遇春继续稳扎稳打，先后将淮安州（治所在今江苏淮安）、徐州、宿州（隶属归德府，治所在今安徽宿州）、濠州等江北州县全部攻占，淮东基本平定。

徐达于至正二十六年（1366年）六月初收复濠州后，朱元璋率濠籍属将回到了阔别已久的家乡。从他进皇觉寺起，离开孤庄村已有21个年头。当年17岁的毛头小伙子，现在已经是一个占地数千里、统率百万雄师、驰名天下的君王，他衣锦还乡的心情格外迫切。在家乡，他祭奠了祖坟，会见了儿时的朋友汪文、刘英，送给他们大米和绸缎，然后又大摆宴席，宴请父老乡亲。在酒席上，他百感交集地说："我离开家乡十多年了，经过多年艰难百战，才有机会归乡祭祖，与父老乡亲相见，可惜不能久留，与你们欢聚。各位父老乡亲要好好教育子弟们孝悌力田，不要远行做生意，附近州县还有战事，大家要多多保重。"他还宣布免除乡亲们的田租和赋税，大家非常高兴，纷纷顿首谢恩。朱元璋在老家待了将近一个月，才动身返回应天。

至正二十六年（1366年）八月初一，朱元璋告祭水神，祈求神灵护佑进入太湖与张士诚决战的水师，并任命徐达为大将军，常遇春为副将军，率军20万征讨张士诚。朱元璋亲至戟门，对将士们发布谕令："此行毋妄杀！毋乱掠！毋发邱垄（坟墓）！毋毁庐舍！毋毁损士诚母墓！违令有刑。"随后，他把徐达、常遇春召入内帐，征询常遇春的意见说："遇春，你看先打哪几个地方为好？"常遇春性格直率，开门见山地说："直捣张士诚首府平江。驱逐猫头鹰要覆其巢，捕老鼠要熏其洞，姑苏一破，其余州县可不劳而下。"

朱元璋与常遇春的意见常常相左，他正是要通过常遇春的看法来验证自己决定的正确性。他说："直取平江显然过于冒进，湖州（今浙江湖州）张天祺、杭州（今浙江杭州）潘元明是张士诚的左臂右膀，如果攻打平江，他们必定全力救援。我军屯兵城下，前后受敌，不如先消灭两翼，平江势孤后可一举拿下。"于是，徐达、常遇春领兵攻打湖州。朱元璋又令李文忠袭扰杭州，华云龙进击嘉兴（今浙江嘉兴），以牵制敌军。

三路几乎同时发兵。八月二十五日，徐达、常遇春抵达湖州城外三里桥，吴将张天祺兵分三路迎战。徐达下令进击，一位方术家说："今日不宜出战，战则不利。"徐达听了有点犹豫，常遇春发火道："两军相遇，不战还等什么？这八字先生的话值得信吗？"说完即率部进攻。经过一番激战，张天祺军失败，退入城中，徐达和常遇春包围了湖州。

张士诚见湖州被围，先派司徒李伯升率军从水路偷偷摸入湖州协防，又派得力干将朱暹、王晟、戴茂、李茂、吕珍以及养子五太子等率六万人马前去支援。

援军驻扎在湖州城东的旧馆，结五寨为营，与湖州互为犄角，意在内外夹击徐达、常遇春所部。徐达、常遇春见状，来了个反包围，派军在旧馆以东的东阡镇筑了10个营垒，切断了旧馆军队的退路。

双方在旧馆发生激战，徐达采取围点打援战术，与对方展开了拉锯战。常遇春没有耐性，出奇招在夜间突袭乌镇，打跑了潘元绍，接着填塞旧馆附近的沟港，切断张家军从水上向旧馆运粮的通道。

张士诚多次从水陆两路发起进攻，但均被击退。常遇春乘胜向盘踞在升山的张士诚军发起进攻，连破6个营寨，王晟、戴茂先后投降，徐义、潘元绍失败后退到旧馆的东垒，与那里的军队会合。

十月三十日，徐达率李家俊军向旧馆发动总攻，经过一番激战，攻破旧馆及升山水军营寨，五太子及朱暹、吕珍等率6万余众投降。

湖州守将李伯升见援军已降，无法长期坚守，也被迫投降。徐达、常遇春乘胜攻占嘉兴、松江（今上海松江区）等地，不久，杭州守将潘元明也投降了李文忠，张士诚的主力军和战略要地丧失殆尽。

徐达攻占旧馆后，受到了朱元璋的表彰，同时也收到了杀降密令："现派内使朱明前往军中，知会大将军左相国徐达、副将军平章常遇春，十一月初四日捷报传至京城，得知你们俘获敌军将士6万余人，俘虏太多，难以囚禁。现在派人前去，可留张士诚军中精锐勇猛的士卒一两万人，其余不堪任用者，可以暗中除去，不必解押回来。但是重要的将领要全部解来。"不久，朱元璋又改变主意，给徐达发去一封密令说："今后在战斗中俘获的敌军将士，不必解来，全部杀掉。"

徐达心中疑虑重复，因为大军出发时，朱元璋一再强调不可妄杀，他不得不小心谨慎，于是派人向朱元璋请示。朱元璋说："你们今日所请之事，大可根据实际情况斟酌处理，不必请示。但你们考虑周详，不肯造次，怕违反我的方针和策略，这样处置问题，真乃社稷之庆、邦家之福。不过'将在外，君命有所不受'，这是自古用兵之道。从今以后，各军中的紧急事务，大元帅可便宜行事，我不再干预。"

徐达得到这样的回复，只得大开杀戒，至少有4万战俘被杀。

十一月，因为朱家军包围了平江，平江成了一座孤城，破城只是时间问题，但张士诚仍作困兽之斗，誓不投降。朱元璋给他写了一封信，劝他效法汉代的窦融①和北宋的钱俶②，审时度势，为保全身家性命早日投降。张士诚对此置之不理，不断组织突围。在一次突围作战中，张士诚落马受伤，被士卒抬回城内，此后再也没有出城。

为了减少战斗伤亡，朱元璋派张士诚的好友李伯升去劝降。李伯升写信给张士诚，信中的话入情入理，张士诚颇为心动，他抬头凝望天空，对使者说："你先回去，让我好好想想。"他深知，多年以来，他和朱元璋积怨太深，要想化干戈为玉帛，情感上过不了这道坎，最终他拒绝了投降。

朱元璋也不着急，对隆平围而不打，张士诚在城中度日如年。一晃大半年时间过去了。到至正二十七年（1357年）八月，朱元璋才将动荡不安、外无救兵、内绝粮草的隆平城一举攻破。

城破之前，张士诚对妻子刘氏说："我战败了，活不了多久了，你有什么打算？"刘氏说："你放心吧，我肯定不会辜负你！"张士诚宫中有一座齐云楼，乃刘氏所居。城破之日，刘氏命人把张士诚的一群小妾赶到楼上纵火烧死，然后上吊自杀。

张士诚的女婿潘元绍等投降。张士诚率领两三万残卒在万寿寺东街展开巷战，失败后，他自己在门框上上吊自杀，快要断气的时候，恰好李伯升奉命赶来劝降，见状立刻将他解下，救活过来。

李伯升叫张士诚的女婿潘元绍反复劝他投降，但张士诚闭目一言不发。徐达便派人用旧盾牌将他抬出葑门③，途中换成门板，将他抬到船上，送往应天。

---

① 窦融：字周公，扶风平陵（今陕西咸阳西北）人，新莽末至东汉时期军阀、名臣。刘秀称帝后，他决定归汉，授职凉州牧，封安丰侯。"窦融归汉"成为后世的著名典故。

② 钱俶：字文德，临安人，五代十国时期吴越的最后一位国王。事后汉、后周和北宋，封邓王。

③ 葑门：位于江苏苏州城东，相门之南。初名封门，以封禺山得名。因周围多水塘，盛产葑（茭白），遂改为葑门。

徐达攻入城中后，立即出榜安民，严申军令，凡将士取民物者一律处斩。士卒们慑于军纪，无人敢以身试法，城中秩序井然，民心稳定。

九月，张士诚被押解到应天，李善长坐堂审问，张士诚沉默不语，态度傲慢。李善长大声呵斥道："你这该死的盐枭，我要扒了你的皮！"张士诚这才开口骂道："你这个狗仗人势的家伙神气什么！总有一天你也会落得我今天的下场，成为阶下囚！"

张士诚被押送至朱元璋处，两人见面后，朱元璋问道："你还有什么可说的？"张士诚说："这是何苦呢？我是吴王，你也是吴王，还有什么可说的？天日照你不照我！"朱元璋大怒，命武士鞭笞他，将他身上被打烂的肉拿去喂狗。但张士诚仍没有屈服，朱元璋只得下令亲兵用弓弦将他勒死，然后焚尸葬于石头城下，这一年，张士诚47岁。张士诚死后很长一段时间，每逢七月三十日（张士诚的生日），苏州人在晚上往往以烧地藏香为名，去烧九四香、点地灯来祭奠他。

徐达、常遇春班师回朝后，朱元璋立即召见了他们，一一论功行赏。他封李善长为宣国公、徐达为信国公、常遇春为鄂国公。冯胜在高邮折兵千人，功过相抵，不封爵。出征将领每人赐给彩缎，冯胜也没有。出征将士每人赏赐大米两石，盐十斤。

之后，朱元璋宣布了对东吴军民的政策：

"吾已诫饬军队，征讨时只歼罪魁首恶，胁从者不问。凡背吾投张的臣民及被俘军士，只要悔悟来归，一概免其前罪。张氏臣僚，若顺识天时，或举城归附，或弃刀投降，吾不吝名爵，必会赏赐。东吴境内百姓，只要能安业不动，即是吾之良民。原有的田产房屋，仍归前主，只需依额纳粮，此外决无科取，使汝等永居乡里，保全家室。如有聚众抗拒王师者，立即派兵剿灭，将其宗族迁往五溪、两广边远之地，永离乡土，去抵御边戎入侵。"

三、计除小明王

陈友谅、张士诚相继被灭，朱元璋算是清除了两个心腹大患。至正二十六年（1366年）入秋后，文武大臣开始议论朱元璋登基大事。朱元璋虽然没有答应称帝，但应天城的一些准备工作一直在进行着。随着新城扩建工程告竣，朱元璋不可对外言说的心病也越来越重。很多谋士也明白他的这块心病是什么——如果他宣布登基，那么把上头的小明王韩林儿置于何地？毕竟他使用龙凤年号已经12年了，至今行文出令仍用"皇帝圣旨，吴王令旨"。

朱元璋为此寝食难安，后悔当初没有听刘基之言，放弃救援小明王，虽抢戴了一顶忠臣的帽子，但也给自己戴上了无形的枷锁。现在杀掉小明王并不难，但难免会落下千古骂名，必须想出一个万全之策才行。经过几天的苦思冥想，他决定把正在围困隆平的大将廖永忠撤回来，去完成一项特殊任务。

廖永忠的忠诚、机智、胆识都经受过考验，朱元璋对他信赖有加。当初李国胜妄图谋害朱元璋，是他们兄弟深夜前来告密，才使他逃过一劫。他的兄长廖永安在太湖与张士诚激战，被吕珍擒获，囚于狱中8年不降。后因朱元璋不肯用被俘的张士诚之弟去交换，终致廖永安病死狱中，但廖永忠对此毫无怨言。作为水军将领，他在平定陈友谅、张士诚的战斗中骁勇争先，立下了赫赫战功。毫无疑问，廖永忠是完成这一任务的最佳人选。

廖永忠接到命令后，立刻从隆平前线回到应天，连夜到吴王府去接受令旨。

朱元璋习惯在吃饭的时候听儒士讲学或独自思考问题，将弄懂的道理或考虑成熟的问题写在布条上，作为备忘录长久保存。他也习惯于在吃饭时接见来客，一边吃一边与来者谈话，认为这样做可以节约很多时间。廖永忠到王府的时候，朱元璋正一边吃饭一边在布条上写"备忘录"。"参见吴王！"朱元璋闻声抬头，见廖永忠半跪在门口，忙将嘴里的饭咽下去，说道："快快请进。将军一天便回，实在辛苦。"然后，他挪了挪木凳，示意廖永忠坐下。廖永忠受宠若惊，不敢就座。

朱元璋靠近廖永忠，拍了拍他的肩膀，轻声说："将军在隆平困战数月，身体还好吧！我知道将军在与敌军作战时，总是一马当先，这样做虽然勇气可嘉,但我也常为将军的性命担忧。我认为,作战中多动脑筋是很有必要的,也是十分有益的。其实,将军的智谋更令我欣赏。"

廖永忠听不出朱元璋这几句话是表扬还是批评,他低头瞟了一眼桌上的几个小布条,只见其中一条上面写着"小明王韩林儿"。

朱元璋已经注意到了廖永忠的神情变化,又说:"现在十万火急把将军召回来,就是为了这个人,我们的君王韩林儿。我想让你前往滁州,把小明王接到应天来。不过,应天的宫殿还没有修建完工,接来以后如何安置也没有同诸将商议。但我相信你体察我的苦心,也能先窥探一下小明王的心思,把此事办周全了,将是盖世奇功一件啊。"

廖永忠刚刚见到朱元璋有些紧张,没能领会谈话的本意,当他听到接回小明王是盖世奇功时,猛然醒悟。现在从滁州到应天都是朱元璋的地盘,护送小明王对他来说就像旅游一样轻松,如果旅途中一帆风顺,何谈盖世奇功?廖永忠又盯住桌上的小布条看了一遍,认为自己已经懂得朱元璋的苦心了,赶紧应道:"感谢主公信任,末将一定尽力将此事办周全了。"

临走时,朱元璋拉着廖永忠的手说:"应天正忙着准备登基一事,此为国之大事,文臣武将已多次上表,但小明王不在应天,此事还真没法定下来。将军此去,肩负重要使命。然而这个季节,西北风猛烈,长江之上风高浪险,你虽为水军将领,但行船仍要倍加小心,唯恐有不测风云。"

廖永忠领命后,马上带了十几个亲兵前往滁州。一路上,他一遍又一遍地回想着朱元璋的话,办不成事,尚有补救的机会;如果会错了意,那就误了大事!登基无疑是国之大事,但大臣们上表劝朱元璋即位,那样接小明王来应天不是添乱吗?朱元璋说长江之上风高浪险,要防不测。廖永忠在长江边生活了几十年,知道秋冬之交,长江会水位大减,河道变窄,多数时间都是风平浪静。即使遭遇暴风雨,凭他的经验也不大可能船翻人亡,除非人为。何况这个季节又怎么会遇上暴风雨呢。廖永忠想了一路,总算悟透了朱元璋的苦心。

廖永忠率队过了长江,在浦口分兵两路行动,一路去备办船只,并将船装饰一新；一路去滁州觐见小明王，向他说明情况，规划返回应天的路线。

滁州四面环山，所以要从陆路南行一段后到滁河上船，再由滁河到六合转到长江横渡。两天后，廖永忠和几个亲兵陪同小明王及其家眷侍从在浦口北登上了一艘装饰一新的八橹（帆橹并用）船，其他随行人员登上另一艘八橹船，两艘豪华的快船在郁郁葱葱的六合山下碧波荡漾的滁河上迅捷前行。第三天进入六合后，遇到一段过浅的河道，大船无法通行，廖永忠只得请小明王改乘小船。小明王虽不大乐意，但也很无奈，50余人只得分乘10艘小船继续前行。这些小船用单帆和橹，行驶较慢，到达六合靠近长江边的瓜洲滩时，天色已黑，又因要由瓜步洲（指桃叶山码头）入长江，出于安全考虑，廖永忠建议在附近的一个镇子借宿一宿，明早再从瓜步洲渡江。

第二天一大早，廖永忠就带着小明王来到长江边。时值初冬，晨雾笼罩，寒气逼人，一阵西北风从江面刮来，小明王不由得打了一个冷战。

廖永忠安排4个亲兵、2个水手、1个贴身侍卫和小明王同坐一艘双桅帆船，他自己坐一艘橹船紧跟在小明王的帆船一侧。

没过多久，所有船只都进入江心。晨雾还未散去，无风，江面清波荡漾。小明王从小舱内向外看，廖永忠的船不知怎么不见了，他心中有一丝不安。这时，他的座船意外进入江心漩涡处，船身有些摇晃，慢慢打转，停滞不前。船上的两个水手都是水军营的人，处理这类小问题并不难，但其中一个水手叫道："不好，遇上水怪了。"话音未落，他便丢下舵杆，扑通一声跳入江中。另外几人不知发生了什么事，来不及多想，也纷纷跳入江中。船上只剩下小明王一人，他大惊失色，手足无措。更糟糕的是，他发现船底有一个大洞，江水正汩汩地冒进来。"救驾，快救驾！"他尖声大叫起来。但浓雾重锁，江面茫茫一片，隐隐约约只见到几个船影。小明王顿时大哭起来："救命啊，救命！"

突然，江中一阵狂风掀起大浪向帆船打来，帆船猛然向一侧倾斜，小明王立刻跑向另一侧。但他刚过去，又一个浪头打来，船身又向他那边倾斜。几个来回之后，帆船终于翻了个底朝天。

就在帆船倾覆的那一刻，廖永忠带着水手、亲兵及小明王的侍卫赶了过来，立刻展开搜救。10多个水性好的都下水了，廖永忠也亲自下水搜寻，但他们连续3次下水，都一无所获。因天气太冷，搜寻持续半个时辰后，廖永忠支撑不住了，双唇发紫，全身发抖，跪在船上痛哭。其他人也都陆续上了船，小明王却不知被江水卷到哪里去了。

当天晚上，廖永忠带着小明王的家眷回到应天。朱元璋闻报亲自率领文武百官出宫来迎接，当他得知小明王在瓜步洲渡口翻船淹死的消息后，暴跳如雷，大步抢上前去，指着廖永忠的鼻子就是一顿臭骂。

廖永忠大气也不敢出，跪在地上磕头如捣蒜，连声请罪："末将奉令迎王驾于滁州，奈何至瓜步偶遇风浪，臣与亲兵在前开路，不料明王等人竟被巨浪打翻船只，末将赶去援救，却未能搜救到明王，还请主公降罪！"

小明王的妃子和孩子们都一起跪拜在地。

李善长赶过来为廖永忠等人求情，说廖永忠已经尽心尽力了，但朱元璋怒目相视，不为所动。刘基等人见状，也上前求情道："主公，据臣所知，长江之上这个时节发生风暴，恐怕是十年难有一遇，更不是廖将军所能预料的。事发偶然，廖将军全力解救，也算将功补过，这个意外定是天意。"

朱元璋沉思片刻，问道："先生能将这天意解说得详细些吗？"

刘基对朱元璋这一问心领神会，不慌不忙地说："自古皇权天授，王者必具威德，必有天赋才干。前些时候明王欲禅位于主公，但主公终不从之，必欲邀明王赴应天登此大位，没想到却遭遇不测，如此看来，明王命不当此。天意不仅廖将军不可抗拒，所有人也都无法抗拒。"

这时，文臣武将皆附和说天意不可忤逆，纷纷为廖永忠等请命。

朱元璋终于怒气全消，下令在应天城内悬挂孝幛，一个月之内不准大吃大喝，禁止娱乐活动，以悼念小明王。第二天，他率领文武百官到长江边去祭奠。随后，他宣布"以明年（即至正二十七年，1367年）为吴元年，命所司进宫殿图，续建宫室，并修庙社，祭告山川"。

至正二十七年（1367年）三月，朱元璋筹开文武科取士；五月，设翰林院，筹款修建圜丘、方丘、社稷坛、太庙。当年夏天，新宫殿落成。

对于廖永忠，朱元璋免了他的罪，但要求他必须戴罪立功，于是派他带领一支援军，回到隆平前线。但细心的大臣们都发现，廖永忠成了攻打平江的副帅，这不是升官了吗？

四、扫平浙东与福建

攻占隆平城的捷报一传到应天，朱元璋就对天下大势进行了一番分析。浙江由反复无常的方国珍盘踞；陈友定占领了福建；广东、广西及云南尚在元军之手；明玉珍则据有重庆、四川，拥兵称帝。

至正二十七年（1367年）十月，朱元璋下令兵分四路征讨全国：一路由汤和任征南将军，征讨方国珍；一路由徐达任征虏大将军，常遇春副之，率25万人向西向北伐中原；一路由胡廷瑞任征南将军，何文辉为副将军，取福建陈友定；一路由湖广行省平章杨璟、左丞周德兴、参政张彬取广西。

朱元璋的进军次序仍然是以扫清各地义军和地方武装为优先目标，而首当其冲的是势力范围在东南的方国珍部。

方国珍为人反复无常，鼠首两端，在名义上几次投降元廷，通过漕运给元大都供应一定数量的粮食。在和元朝廷打交道的过程，他时叛时降，变化多端。

尽管如此，元朝廷还是对他高举胡萝卜而很少加以大棒，这主要是因为方国珍擅长航海，元军对他鞭长莫及。尤其是张士诚起事后，横亘于元朝廷和方国珍之间，客观上充当了方国珍的人肉盾牌。当元朝廷利诱方国珍投降时，他的手下劝他不要接受招抚，而应趁机扩张地盘，割据一方，但方国珍却说："我没有那么大的野心！"最终他接受了元朝廷"海道漕运万户"的职位，满足于占据浙东庆元、温州、台州等地。张士诚南渡后，方国珍首当其冲，因此当元朝廷要求他夹击张士诚时，他爽快地答应下来，而且干得很卖力，双方大战于昆山，方国珍七战七捷，止住了张士诚南下的脚步。但朱元璋的手又从西边伸了过来，至正十七年（1357年），朱元璋攻下婺州后派使者蔡元刚出使庆元（元庆元路属江浙行省，治所在今浙江宁波），寻求方国珍的"支持"。

此时方国珍南有陈友定、北有张士诚、西有朱元璋，三面受敌，他与部下谋议，认为与其树一强敌，不如暂时示弱顺从，并利用朱元璋的声望保护自己免受攻击，等形势变化后再相机而动。于是，方国珍派使者表示顺从，并送去不少金银财宝。朱元璋看出方国珍不是诚心，便拒收财物，封方国珍为福建行省平章，并借故把他调离根据地。但方国珍称病不赴任，拒绝了朱元璋的任命，朱元璋对此十分不满，两次致书批评，方国珍便改投元朝廷，派出大批海船，运送张士诚的十余万石粮到大都去。元顺帝封方国珍为江浙行省左丞相，赐爵衢国公。

至正二十二年（1362年），朱元璋部苗帅蒋英等叛乱，杀胡大海，持其首级投奔方国珍，方国珍害怕引火烧身，不予接纳，双方发生战斗，方国珍的弟弟方国璋战死。朱元璋派人前去吊祭。但第二年（1363年）双方却发生了一些摩擦，参军胡深攻破瑞安向温州进发，方国珍十分害怕，自请每年进贡白银3万两，并许诺如果朱元璋攻下张士诚的杭州，他就纳土来归。实际上是想借此削弱朱、张二人的实力，坐收渔人之利。

当朱元璋攻下杭州，包围平江时，方国珍似乎看到了自己的末日，但他并不打算兑现诺言，而是暗通北方的元将扩廓帖木儿，并与福建陈友定相互联络，企图互为犄角。朱元璋十分生气，给方国珍发出了最后通牒，然后派遣汤和和朱亮祖南北夹击出征方国珍。不过一个月便攻下方国珍的巢穴庆元路，方国珍泛海逃遁。征南副将军廖永忠入海追击，方国珍的兄弟和部将纷纷投降。方国珍走投无路，不得不摇尾乞怜，派儿子方明完到应天请降。朱元璋恨他反复无常，数次求饶却屡屡食言，正打算将送上的请降书扔掉，并斥责方国珍的儿子方明完，却听李善长轻言奏道："请主上先看看降表。"

朱元璋听见这一提醒，知其中必有文章，便展开请降表，仔细看了起来：

> 臣闻：天无所不覆，地无所不载。王者体天法地，于人无所不容。臣荷主上覆载之德久矣，不敢自绝于天地，故一陈愚衷。
>
> 臣本庸才，处于季世，保境安民，非有黄屋左纛之念。曩者，陛下霆击雷掣之师，至于婺州。臣愚以为天命有在，遣子入侍，于时固已知陛下有今日矣。所谓依日月之末光，望雨露之余泽者也。而陛下开诚布公，赐手书，归质子，俾守郡县如钱镠①故事。十年之间，与中吴角立，皆陛下之赐戢也。逮天兵下临吴会，臣尝上书谓，朝廷朝定杭、越，则暮归田里。不意今年以来，老病交攻，顿成昏昧。而子侄弟兄，志意不齐，致烦陛下兴问罪之师。方怀忧惧，未能自明，而大军已至台、温，令臣计无所出，虽遣使再三，而承诏之师势不容已。是以封府库，开城郭，以俟王师之至。然犹未免为泛海之计者，昔有孝子于亲也，遇小杖则受，大杖则走，臣之事适与相类。
>
> 虽然臣一介草莽，亦安敢自绝于天地？故每自思欲面缚待罪阙庭，复恐陛下万一雷霆之怒，天下后世议者，不谓臣得罪之深，而谓陛下不能容臣，岂不累天地之大德哉？

在这份请降表中，方国珍虽表现得极其谦恭卑微，但又强词夺理，把自己的过错推得一干二净。他一开始就给朱元璋带上一顶高帽："王者体天法地，于人无所不容。"意思是说，他之所以敢于一陈愚忠，完全是因为能够得到原谅。他接着说自己作为一介庸才，并没有称王称霸的念头，聚众起事完全是为了"保境安民"。随后，他又给朱元璋戴了第二顶高帽：早在攻下婺州的时候，他就知道天命所在，朱元璋必有今日。那时他派儿子前来通好，是为了"依日月之末光，望雨露之余泽"。果然不出他所料，朱元璋宽大为怀，不仅亲笔回信，还放回了他

---

① 钱镠：字具美，小字婆留，杭州临安人，五代十国时期吴越国创建者。因吴越国地域狭小，三面强敌环绕，只得始终依靠中原王朝，尊其为正朔，不断遣使进贡以求庇护。

的儿子,让他依旧守土。此后十几年间,他之所以能与张士诚相抗衡,完全是因为朱元璋的宽容与支持。所以,等到"天兵"东来,他立即上书:朝廷一旦平定杭越,则解甲归田。怎奈自今年以来"老病交攻,顿成昏昧",加之弟兄子侄意见不一,以致贻误良机。不仅如此,他还把自己没有早日归降的责任巧妙地推给朱元璋:三番两次遣使求和,是你们不肯恩允,无奈之下才"封府库,开城郭",以待王师。至于逃往海上的举动,是出于孝子对待严亲的做法:忍受小的处罚,而躲避大的惩罚。后来他常想负荆请罪,但又害怕被拒绝,引发朱元璋雷霆之怒。那时,天下人不会说他有大罪,而会说朱元璋不能宽以待人。这会对朱元璋的声誉造成很大的污损!

与此同时,方国珍给朱元璋带去一封言辞凄切的信,他在这封信中的姿态很低而且富有人情味,他在信中把自己比作孝子,朱元璋读罢拍案赞赏道:"谁说方氏手下无人!"

朱元璋见方国珍承认了自己反复无常之罪,且汤和军抵达庆元时,他未做激烈的抵抗,没有破坏城池、焚烧屋舍,而是封闭府库,让部将将庆元城完整交出,也算良心没有泯灭。加上他言辞哀恳,令人心动,文思机辩皆令人叹赏,朱元璋的怒火尽飞九天云霄,亲自给方国珍写了回信,信中说:

"你今势穷来归,言辞哀恳,我当以此诚为诚,不以前过为过。你不要怀疑,速率众来附,前过统统赦免,我将保你们安享荣华富贵!"

方国珍率家人赶至应天,匍匐在朱元璋脚下,再三请罪。朱元璋哈哈一笑,说:"你如果早点听我的劝告,率众来归,说不定今天已是一个大功臣,你来得何其晚啊!"

方国珍听了浑身直冒冷汗,磕头如捣蒜一般,愧无以对。此时朱元璋正打算称帝,心情不错,因此他不仅宽恕了方国珍,还授予其广西行省左丞之职,但只食禄不上任。几年以后,方国珍死于应天。

方国珍被征服后,朱元璋把目标对准了福建的陈友定。陈友定,一名有定,字安国,本是福州福清人,后来才搬家到汀州(今福建长汀县)一带。他家世代务农,但他为人沉勇,喜游侠,乡里人都非常畏服这位拳头很硬的陈大侠。

陈友定以农家子弟的身份起自佣伍，所以目不识丁，他曾经学着做小买卖，但总是亏本，不得不做了人家的上门女婿。等到盘踞福建八府之后，他也开始招纳一些文化人留置幕下，为自己出谋划策，如闽县郑定、庐州王翰等人。这时，陈友定本人开始粗涉文史，并学着写作五字小诗，据说写得还不错，"皆有意理"。

陈友定威震八闽后，并不像朱元璋那样野心勃勃，仍然一心事元，未尝有失臣节，很满足于做个地方军阀。朱元璋占领婺州后，就与陈友定接境了。陈友定对朱元璋的势力发展深为忌惮，担心坐以待毙，因此对朱元璋占据的处州、浦城（今福建蒲城）等地进行过袭扰，但皆被打败。

至正二十七年（1367年）六月，福建方面传来捷报，胡廷瑞与沐英等率师渡杉关（今福建光泽县西南），入邵武，克建阳，破分水关（今福建武夷山西北分水岭上），进抵崇安（今福建武夷山旧南汀外）。

朱元璋十分高兴。胡廷瑞原为陈友谅手下的江西行省丞相，投顺后忠实无过，且屡立战功，智勇超人，因此朱元璋任命他为平定福建的主帅，并任养子何文辉为其副将。临行时，朱元璋对胡廷瑞说："我命你为总兵，往取福建。何文辉为你的副将，湖广参政戴德也听从你的调遣。这二人都是我的亲近之人，但你不要因为这个而不敢管理。凡号令征战，一律以军法从事，不可畏怯。"

胡廷瑞当即唯唯连声，朱元璋还担心他难以独当一面，结果他的表现非常令人满意。朱元璋心中十分喜欢，又让攻取了庆元的汤和、廖永忠、吴桢统率水军南下，自海道进攻福州，协助胡廷瑞平定陈友定。

陈友定曾与朱元璋的部将胡深多次激战。后来，胡深在进攻建宁（今福建建瓯）时因马蹶被擒，被陈友定所杀。朱元璋闻讯大为悲恸，对陈友定恨之入骨。

汤和、廖永忠从海上进军至福州后，派使者到延平（今福建南平）去招降陈友定，想不战而下福建。陈友定设宴大会诸将及宾客，酒菜刚刚上桌，他便下令将使者推出，当众斩首，把血滴在酒中。他亲自执壶，将酒分给众人。微醉之后，他拔剑发誓说："我深受朝廷厚恩，方有今日。今吴军兵临城下，报效朝廷在此一时，望诸位同心协力。有不以死相拒者，我必将他凌迟活剐，妻子儿女一并杀掉。"

陈友定在福州环城设垒，每五十步就筑一台，派敢死之士据守，并与延平互成犄角，相互支援。但在汤和、吴桢、廖永忠的猛烈进攻下，吴兵蚁附登城，城内守兵回散逃跑。汤和入城后，严禁烧杀抢掠，安抚百姓。

随后，汤和转攻延平。陈友定誓与城池共存亡，既不出战，也不准将士休息。守者生怨，陈友定杀了一个部将，又撤了几个人的军职，但根本弹压不住，人心反而更加离散。

汤和围城 10 天后，陈友定知事不可为，按剑服药，想自尽报国。他的部下将他拿住，立即开门投降。

吴兵入城，陈友定被抬了出来，恰遇大雨，将昏迷的陈友定淋醒了。汤和将他父子押送至应天。

朱元璋见到陈友定后，问道："元朝即将灭亡，你为谁守城？我派使者去劝降，你又把他杀掉，我还以为你有天大的本领，可以抗拒天命，打败天兵，今日为何如此狼狈？"

陈友定低下头，不敢看朱元璋，只说："事情已经过去了，不必多说，脑袋掉了碗大个疤，了不得就是一个死！"

朱元璋恨他杀害胡深，便将他们父子一并斩首。

同年，广西前线也传来佳音。湖广行省平章杨璟、左丞周德兴等率兵从衡阳（今湖南衡阳）出发，与元军血战后夺取了永州（今湖南永州）。

第十章 开基制典兴百业

一、大举北伐

在消灭占领湖广、江西等地的陈友谅，占据江浙一带的张士诚和浙东的方国珍，以及占据福建的陈友定后，朱元璋北上灭元的条件已经成熟。

北伐作为四路出击中的一路，因为对付的主要是元军，加上规模前所未有，而朱元璋又不亲征，所以他格外重视，在中军帐与诸将专门筹划北伐事宜。

常遇春抢先说道："当直捣元大都，再击上都（今内蒙古正蓝旗境内）。"

众将议论纷纷，有人说可以像刘福通当年那样兵分东、中、西三路北伐，西路一直打到上都，中、东两路攻打大都。元朝廷一旦被捣毁，元军及由元朝廷扶持的各方势力就会土崩瓦解。

朱元璋不以为然，因为现实是元朝廷对各方势力的控制和影响力已经非常微弱，地方割据的政局早已形成，捣毁元都对这个局面不会有太大影响。所以，他直接指出："首先借着运河的便利，主力出两淮，先取山东，这样就撤掉了元都的屏蔽，使得大都暴露在我军的兵锋之下；接着出师河南，斩断元都的羽翼；再拿下险要的潼关，派重兵把守，这样关陇的敌人就很难再增援元都或者切断我们的后路。如此，则天下形势，皆尽在我掌握之中，然后进军大都，则元廷势孤援绝，不战可克！攻占大都后，乘胜西进，云中、太原以及关陇，定可席卷而下！"议定后,他将进兵次序下发各军。

至正二十七年(1367年)十月二十一日,征虏大将军徐达、副将军常遇春率25万精兵由淮河入黄河,北取中原,以实现推翻元朝、一统中原的宏愿。

大军出发前,朱元璋对北伐诸将嘱咐道:"这次征伐是奉行天命,平定祸乱,安抚百姓,以正义之师伐无道,所以各军必须用己所长,避己所短。各位将领之中,勇敢善战、谋定而动、驭下有纪律、战胜攻取、得为将之道的,莫过于大将军徐达。当百万之众、勇敢先登、冲锋陷阵、所向披靡者,莫过于副将军常遇春。然而,我不怕遇春不能战,只怕他轻敌。遇春为大将,不知持重,常去与小校争高低,这完全是我不愿看见的,你一定要引以为戒。若临大敌,遇春可以作为先锋。如敌势过强,则遇春应与参将冯胜分为左右翼,各率精锐前去迎击。右丞薛显、参政傅友德皆勇略过人,可领一军,独当一面。倘是孤城小敌,只需派一个有胆识的将领,付以总制之权,便可成功。徐达则专主中军,策励诸帅,运筹决胜,不可轻动。你们自己体会。"

交代完毕后,朱元璋又把徐达召到跟前,抚其肩背,亲切地叮嘱了一番。傅友德浑身是胆,智勇双全,屡建奇勋,是朱元璋很喜欢的一员虎将,于是也特地召到近前,再三叮嘱他。

最后,朱元璋向全军重申纪律:"你们这次出征,不只是攻城略地而已,而是要削平祸乱,以安生民。故所经之处,遇敌则战。你们所经之处,及下城之日,勿妄杀人,勿夺民财,勿毁民居,勿废农具,勿杀耕牛,勿掠人子女。民间若有孤幼遗弃在军营,父母亲人前来寻认,应发还人家,这是积阴德的好事。积德者必有善报。望诸位切实遵行,好自为之。"

朱元璋从战略到战术,从方针政策到军规纪律,一一细语相勉,耳提面命。诸将亲身领受到朱元璋空前的关切,体会到他的苦心,无不深受感动和鼓舞。

大军在应天北门外的七里山祭坛后,便迎着凛冽的北风出发了。朱元璋目送大军远去，方才返回城中，召来太子朱标的老师宋濂，让他起草《谕中原檄》。

这篇檄文一方面向元朝统治区发动政治攻势，把军事与政治、攻击与招抚、分化瓦解和统一战线结合起来，双管齐下；另一方面又申明朱元璋与其他义军的区别，表明朱元璋已彻底与红巾军划清界限，为他清剿各地义军做好了铺垫。檄文内容如下：

自古帝王临御天下，中国居内以制夷狄，夷狄居外以奉中国，未闻以夷狄居中国而制天下也。自宋祚倾移，元以北狄入主中国，四海以内，罔不臣服。此岂人力，实乃天授。彼时君明臣良，足以纲维天下，然达人志士，尚有冠履倒置之叹。

自是以后，元之臣子，不遵祖训，废坏纲常，有如大德废长立幼，泰定以臣弑君，天历以弟鸩兄。至于弟收兄妻，子烝父妾，上下相习，恬不为怪，其于父子君臣夫妇长幼之伦，渎乱甚矣！

夫人君者，斯民之宗主；朝廷者，天下之本根；礼义者，御世之大防。其所为如彼，岂可为训于天下后世哉！及其后嗣沉荒，失君臣之道，又加以宰相专权，宪台报怨，有司毒虐，于是人心离叛，天下兵起，使我中国之民，死者肝脑涂地，生者骨肉不相保。虽因人事所致，实天厌其德而弃之时也。

古云："胡虏无百年之运。"验之今日，信乎不谬。当此之时，天运循环，中原气盛，亿兆之中，当降生圣人，驱逐胡虏，恢复中华；立纲陈纪，救济斯民。今一纪于兹，未闻有济世安民者，徒使尔等战战兢兢，处于朝秦暮楚之地，诚可矜悯。

方今河、洛、关、陕，虽有数雄，忘中国祖宗之姓，反就胡虏禽兽之名，以为美称，假元号以济私，恃有众以要君，凭陵跋扈，遥制朝权，此河洛之徒也；或众少力微，阻兵据险，贿诱名爵，志在养力，以俟衅隙，此关陕之人也。二者其始皆以捕妖人为名，乃得兵权。及妖人已灭，兵权已得，志骄气盈，无复尊主庇民之意，互相吞噬，反为生民之巨害,皆非华夏之主也。

予本淮右布衣,因天下大乱,为众所推,率师渡江,居金陵形势之地,得长江天堑之险,今十有三年。西抵巴蜀,东连沧海,南控闽越,湖湘汉沔,两淮徐邳,皆入版图,奄及南方,尽为我有。民稍安,食稍足,兵稍精,控弦执矢,目视我中原之民,久无所主,深用疚心。予恭承天命,罔敢自安,方欲遣兵北逐群虏,拯生民于涂炭,复汉官之威仪。虑民人未知,反为我仇,携家北走,陷溺尤深,故先谕告:

兵至,民人勿避!予号令严肃,无秋毫之犯。归我者永安于中华,背我者自窜于塞外。盖我中国之民,天必命我中国之人以安之,夷狄何得而治哉!

予恐中土久污膻腥,生民扰扰,故率群雄奋力廓清,志在驱胡虏,除暴乱,使民皆得其所,雪中国之耻,尔民其体之。如蒙古、色目,虽非华夏族类,然同生天地之间,有能知礼义,愿为臣民者,与中夏之人抚养无异。故兹告谕,想宜知悉。

几天后,这篇由朱元璋亲自改定的奉天讨元檄文便被飞马送至北伐军中,作为北伐大军的行动总则。

北伐大军兵行神速,出师3天即抵淮安,随即派人前往沂州(今山东临沂)招降王宣父子。王宣父子见吴军来势汹汹,不敢相抗,马上派人到淮安上降表,言辞极为谦恭。

朱元璋收到徐达转呈的降表后,即授王宣之子王信为江淮行省平章,并给他写了一封亲笔信,以示抬举:"汝等遇真主出,即知顺天命而归,如同当年窦融献河西之地于汉,李归黎阳之众于唐,都是顺天应人之举,吾必善待之,望勿有疑。"他同时密令徐达严加防范,因为"王信父子反复无常,不可轻信"。

徐达按照朱元璋的指示,对王宣父子密切关注,他接受了王宣的犒劳,厚赏犒师的使者并将他们送回。果然不出朱元璋所料,王宣父子首鼠两端，他们回去后，立即夜劫朱元璋派来的使臣，想杀害他们。

徐达闻报，马上带兵直抵沂州，于北门驻扎，又派梁镇抚去城中劝降。王宣只派了一个姓常的郎中在西门会见梁镇抚。梁镇抚曾是张士诚的义子，他现身说法，以自己早降才有今日富贵去劝说常郎中。他说："如今兵临城下，城中势弱，不降还等什么？"常郎中回去禀报王宣。王宣派人将梁镇抚请到城中，恭敬地对他说："我降，我降！这次说话算数。"但梁镇抚一走，王宣又紧闭城门，下令据守。

这下把徐达惹恼了，他下令不惜一切代价攻城。都督冯宗异命士兵掘坝放水。第二天，徐达亲临城下督战。王宣望眼欲穿，等待他的儿子王信募兵来援，但等了两天都毫无音讯，他知道抵挡无益，只得开门出降。但他再降已经迟了，一向温和的徐达开了杀戒，将王宣一顿乱棍打死。

沂州得手后，周边的州县和王信的部将都来投降了。

自北伐大军出发之日起，朱元璋每天都在关注战事进展。听到徐达已攻占沂州及招降附近州县后，他十分高兴。首战告捷，但他丝毫不敢大意，不时展开地图，趴在图上画画点点，对各处山川关隘进行分析思索。

时值寒冬，大军还须北进。朱元璋一连数夜，冒着寒风观察天象。吴军从未在北方作战，他的担忧也在情理之中。一天，他观察天象到半夜，地上已起霜冻，他的头发和胡须都结了霜花，左右侍从几次请他回宫休息，都被他厉声斥退，因为他已捕捉到星象的微妙变化。他不仅相信天象术，而且跟刘基等人学了一些本事。直到天亮，他终于有了发现：有火星紧擦金星而过。象卜为宜大展兵威，于是，他600里加急星夜赶往沂州，令谕徐达：

"喜闻大将军已下沂州，不知下一步将挥军何处？如攻打益都（今山东青州），当遣精锐将士在黄河扼守冲要之处，断其援兵，使元兵无法支援，城内绝了援兵之望，便会陷入恐慌。我军势重力专，一鼓可克。如不攻益都，则应进取济宁（今山东巨野县）、济南（今山东济南)。两城既下,益都以东势穷力竭,则益都如囊中之物,可不攻自下。不过,用兵之道,遥测难以确悉,一切有望大将军相机而行,当机立断。"

徐达一向心思缜密,心想:主公如果真的想让我相机而行,哪里需要用加急传旨。实际上,朱元璋已经确定了下一步的方向——益都,如果益都不好打,就打济宁、济南。所以,徐达当机立断,决定攻打益都,他不想给朱元璋留下益都难打的印象。

攻打益都的主将是战无不胜的廖永忠。10天后,廖永忠便不负所望,拿下了益都。攻取益都的目的很明确,就是清除鲁东之敌,当然,附近的寿光、临淄、潍、胶、博、兴等州也在打击的范围之内,并且被先后拿下。之后,徐达又回头向西,攻取济南及周边地区,在这一带收降15000余人,获马骡1600余匹,粮食近20万石。

朱元璋闻报,对北伐诸将予以嘉奖,同时命令徐达留下适当兵力驻守山东要地,然后西进河北、河南。

此时,元廷的内斗仍在持续,元军战将寥寥无几,能与吴军一战的只有察罕帖木儿之子扩廓帖木儿等少数将领。而元顺帝也越发荒唐,他不理朝政,热衷于替左右亲信大施土木,建造府第。他不仅亲自画图描样,还动手削木制作房屋模型,令工匠照样施工。大都的人都称他为"鲁班天子"。他还接受番僧献给他的房中奇术,日夜与一群号称天魔美女的西域番女和匈奴宫女在宫中寻欢作乐。皇后奇氏知道这样下去就是自寻死路,劝他说:"皇上年岁已大,儿子也已成年,应该稍加节制。守着宫中的后妃就足够了,何苦再去招惹这群天魔女辈。请皇上爱惜龙体!"

元顺帝闻言勃然大怒,嚷道:"难道古往今来只有朕一个人是这么干的吗?哪个当皇帝的不是如此?不能如此又有哪个愿当皇帝?"

奇皇后无言而退,事后与太子商量如何废掉顺帝,让他提前即位。消息传到元顺帝那儿后,他大吃一惊,说:"朕头发未白,牙齿未脱,精力未衰,夜可御女数人,怎么就说朕老,想夺朕位?"

此后，元顺帝想方设法排斥奇皇后和太子，凡是他们的亲信一概不用，或削职贬官。奇皇后则与太子合谋，勾结地方将领，继续从事夺位活动。朝廷内拉帮结派、争权夺利的争斗愈演愈烈。

扩廓帖木儿部（察罕帖木儿旧部）是元廷在河南、陕西的一支劲旅，但扩廓帖木儿和孛罗帖木儿是一对生死冤家，双方争战不已。皇太子又时不时插上一手，他依靠扩廓的势力罢除孛罗帖木儿的兵权，削其官爵，命令他还四川。孛罗帖木儿拒不受命，朝廷便命扩廓帖木儿征讨孛罗帖木儿。孛罗帖木儿战败后，元顺帝又为他平反，让他驻守大同。不久，孛罗帖木儿杀回大都，囚禁奇皇后。皇太子向他屈服献媚，孛罗帖木儿骄奢淫逸，整日宣淫宴饮，终于被杀。扩廓帖木儿与皇太子夺得了实权，在朝廷中称王称霸。扩廓帖木儿不擅长处理政务，自愿在外带兵打仗，因而常替皇太子亲征，元顺帝便封他为河南王。

元廷的内斗给朱元璋创造了机会，他分析各方情报，认为这是给元朝廷致命一击的最佳时机。他人在应天忙着筹备登基，而他的心却一直牵挂着北伐大军。他对徐达非常信任，但也时时提醒徐达遇事要多分析，甚至亲自帮忙分析，他写信给徐达说："天下之兵，河北有孛罗帖木儿，河南有扩廓帖木儿，关中有李思齐①、张良弼②。然而河北有兵而无纪律；河南则稍有纪律而兵不振；关中道途不通，且馈饷不继……我以数十万之众固守疆土，修吴军政，委任将帅，待机而动，难道还有不能平定的势力吗？"

而元顺帝听闻吴军距大都已近在咫尺，早已六神无主，也顾不得什么祖宗社稷、百年基业了，只想快点逃去上都（今内蒙古锡林郭勒盟正蓝旗上都镇）。左丞相失列门、知枢密院事黑厮、参知政事郭庸及宦者赵伯颜不花等极力劝谏，但他全无重整河山之心，只想着如何保全自

---

① 李思齐：字世贤，罗山人，最初与察罕帖木儿组织武装，镇压红巾军，后拥兵陕西长安。洪武二年（1369年）降明，封中书省平章政事。
② 张良弼：字思道，祖籍河南省汝宁府息县，生于陕西华阴。曾官拜陕西宣慰使、参知政事、湖广参知政事、陕西左丞相等职。

身。受元顺帝的影响，元军上下全无斗志。徐达率领北伐大军，很快横扫鲁西和华北平原，元廷大都渐渐被孤立了。

二、大明朝开基

在北伐大军捷报频传的时候，留守应天的文武大臣也忙得不可开交，核心工作仍然是登基大典的筹备事宜。在朱元璋的亲自指点下，太庙、三殿三宫、祭祀昊天上帝的圜丘修建相继告成。万事俱备，只欠东风，但朱元璋本人似乎并不着急。

如何让朱元璋应允称帝，成了以李善长为首的一班文臣头疼的事情。每天散朝之后，他们都自觉地聚集在李善长的相国府中商议，议来议去，大家都认为劝进之事只能由李善长出面。

李善长也认为没有人比自己更合适。不几日，他便率百官来到吴王宫中，劝请朱元璋践登帝位。"昔汉高祖诛项氏，即登大位，以慰臣民。今四方群雄铲除殆尽，远近之人无不归心，陛下功德协天，天命所在，诚不可违。故恳请早正帝位，以慰天下之望。"李善长呈劝进表说。

朱元璋一贯懂得"养威、俟时"，看完劝进表，他淡定地说："始时，勉从众言，已即王位。今卿等复劝即帝位，恐德薄不足以当之，姑俟再计。"

李善长听了并不气馁，他已猜到了朱元璋的心思，登基须上合天理、下应人事，只是一时没有找到更好的说辞。于是，他便去找刘基解惑。刘基听闻丞相到来，忙躬身相迎。李善长开门见山地说："此前受文武之请，上书奏请主公即天子之位，奈何上疏两次，皆被吴王推却，一时竟不知如何处之。素知先生才智，今日特请先生从旁劝谏吴王。"

刘基沉思片刻，说道："丞相忧心国事，不只是替文武百官请，也为天下百姓之请，既然如此，我又怎能不从丞相之言？"

李善长听了很高兴，接着问道："想必先生已有良策。"

刘基说："良策没有，倒是有一幅图或许能让主公心动，这图就是从唐朝流传至今的《推背图》。"

李善长面露疑惑之色，说："据说这《推背图》掩藏着自唐朝以后2300年的玄理天机，天下术士莫不争相一睹。不知先生如何得到此图？现又作何用途？"

"图谶中言及陈友谅、小明王，虽时过700余年，但他们二人的结局皆契合谶言。《推背图》即预言帝王、社会改天换地之变。此前丞相欲劝主公践登大位，我便让人四处暗访，终于得到此图真迹。"刘基一边说，一边把图递给李善长。

"难道图中也有对应吴王之谶？"李善长不懂看图，但他还是装模作样地看了看，说，"真乃天助我也。事不宜迟，先生这就同我去一趟吴王府吧。"

朱元璋见刘基被李善长拽来了，猜到还是为登基一事，所以不等他们开口便说："二位卿家不必再劝了，时机不到，多说无益。"

李善长一脸尴尬，不敢说话；刘基则笑了笑，说道："主公英明！不过不是我们要来劝说主公，而是一个智慧非凡的仙师。"

李善长回过神来，赶紧补充道："没错，臣与太史令专为主公送呈李淳风、袁天罡的《推背图》而来。"

"《推背图》？"朱元璋听了心中一惊，接过图册看了一会儿，又说道，"确闻有此一说，但孤以为这都是好事者所为，不足为信。"

刘基察觉到朱元璋言不由衷，便说："微臣起初也以为是谬说，然习研数日，方知图谶之言多有应验，丝毫不虚也。此书共有六十图，皆寓含王朝兴替、天地巨变之事！主公只需看看第二十五、第二十六、第二十七图便知。"

朱元璋知道刘基深谙易理、术数之学，而他自己也不是门外汉，于是马上找到这三幅图看了一遍，每图皆有谶言和颂辞，大概意思他倒是明白，但其中寓意还不够清楚。他说："先生不妨为孤解说一下这三幅为何谶！"

"第二十五图，主元太祖称帝离河。一铁斧十一节柄，寓为元金戈开朝,共历十又一帝。第二十六图主顺帝溺于房中之术,致使天下大乱;刘福通立韩林儿为帝,故曰木木来。因宋小明王为僭越,而非天意,所以他们篡改图谶也无益。"刘基顿了顿,接着说道,"第二十七图,谶曰:唯且与月,下民之极;应运而兴,其色曰赤。颂曰:枝枝叶叶现金光,晃晃朗朗照四方;江东岸上光明起,谈空说偈有真王。主公当知,近朱者赤,故谶中之赤,即指朱也;而颂之辞'有真王'就不言而喻了。微臣上查天时,下究人事,定鼎中原、安定天下的时机已经成熟了。"

朱元璋此前已看过小明王的即位诏书,现在听了刘基的解释,事事皆应验,心中暗暗叹服,同时也充满了无限喜悦,他要的就是这种"情非得已""天命难违"的说辞。他喜笑颜开地说:"今日听先生如此说道,确系天意,若孤再不从二位卿家之言,恐负天恩。但此事干系重大,二位卿家须遵礼循道而行,不可草草了之。"

李善长、刘基见朱元璋答应了,都喜不自胜。于是二人再次呈劝进表,率领大家一齐跪拜,言辞恳切地说:"陛下的谦让之德已昭著四方,感动神明。愿陛下为生民百姓计,早徇群臣之请。"

这一次,朱元璋不仅没有推辞,还对登基的准备工作提出了严格要求。他说:"既然卿等非要我登基,我只得勉从舆情。但此等大事不可有半点草率,须守礼制,遵法度,事分大小,秩序先后,一一落实,切保稳妥。"

散朝后,朱元璋把刘基、宋濂等人留下来,要他们斟酌国号、祝词、祭文,赋予它们深重的含义。一个新王朝的肇兴,必须有一整套的礼仪、法律和历法等,而这些东西往往要参照前代制定。

刘基胸有成竹地说:"臣以为,可以'明'为国号。"

朱元璋一听,脸立刻拉了下来:以"明"字为国号,不是又把自己与韩林儿的小明王之号联系起来了吗?好不容易摆脱桎梏,刘基是无心还是故意的?他忍不住开口问道:"老先生,以'明'字作国号,是何用意啊?"

刘基料定朱元璋会有此一问，早准备了一套说辞："陛下，民间早就有明王出世、拯救万民的说法，它在百姓中流传甚广，影响甚深。但到底谁是真正的明王呢？小明王的'明'源于明教，即'摩尼教'，认为世界上存有两种对立的力量，叫作明暗两宗。明是光明，是善，是理；暗是黑暗，是恶，是欲。明教宣传的是'弥勒降生，明王下世'。陛下初起淮西，即奉小明王为主，但天下未平，小明王却葬身江底，可见他并非真主。主公尊奉明教，部将也多是当年教中旧人。以此为号，既可表明陛下的丰功伟绩，又可赢得众将士和百姓的拥戴，让天下知晓真正的明王已经出世，陛下上应天命，岂不妙哉？"

朱元璋觉得刘基言之有理，微微点了点头。

刘基继续说道："进而言之，元朝起于塞北大漠，北方属阴，属水，神为玄冥，色黑。而我朝起于南方，南方为阳，色赤，属火；应天又为祝融故墟，尊火神祝融，故以'明'为号，与之相称。今陛下以火制水，以明克暗，以阳克阴，预示扫平南北，颠覆残暴无道的元朝，这岂不是下顺人情吗？"

笑意重现在朱元璋脸上，他已被说动了心，赞道："老先生言之有理，这'明'即是光明，是照亮天地之火。古人云'日月为明'，古礼中有祀'大明'、朝'日'、夕'月'之说。历代朝廷都把祭祀'大明'和日月列为正祀，或郊祭或特祭，都要举行隆重的祭祀活动。以'明'字为国号，正合于礼乐。"

刘基、李善长异口同声地称颂道："陛下天纵神圣，见识深远！"李善长又小心翼翼地说了一句："臣认为，似乎应在'明'字前再添一'大'字，国号才更有气势。"

朱元璋点头应允。

国号议定的前3日，祭坛已告成，一应礼仪俱全。朱元璋下令选择吉日，并让群臣斋戒沐浴，到时同赴南郊。

择吉日少不得又要找刘基。刘基已演算多遍，成竹在胸，立即奏道："主公，臣已测得一个吉日，再过10日，即明年正月初四。"

入夜，朱元璋独坐在龙椅上，为了节省，他连灯烛都叫人撤了，黑灯瞎火地坐着。

应天城里已开始张灯结彩，人人都欢天喜地，唯有他异常冷静。天气奇冷，屋外洋洋洒洒地飘起了雪花。他突然想起，登基大典那天如果也是这种天气，怎么举行登基大典？他又联想起陈友谅在五通庙被淋得落汤鸡般登基，不久便灭亡之事，心中一惊，忙叫内侍掌灯，在布条上写下备忘录。这场大雪下个十天半月都有可能，他很想把刘基唤来问个究竟，但想到自己仅为这点小小的疑惑就在风雪交加的大晚上传他过来，岂不是太不体谅下属了，况且是对他择定的吉日有疑问，那是对他的不信任啊！朱元璋犹豫片刻，决定亲自去见刘基。

不多时，朱元璋来到刘基的住处，说因天降大雪，很关心大臣们的生活，特意前来看看。刘基有点受宠若惊，说："主公的关心让微臣感动莫名。这时节正是该下雪的日子，大雪兆丰年，下几天雪没有什么不好的。"

朱元璋装作不经意地问："老先生，你看这应天城里阴云密布，又是雪又是雨的，到底会下多久？"

刘基听了此话，当即明白了他的心思。吴王显然是在为登基时的天气担忧，所以才冒雪造访。他应道："天时之变是有定律的，据微臣推演，这场雪最迟正月初一便会停。初四必是个风和日丽的好日子。主公称帝，上奉天意，下应民心，届时必会天降祥瑞，故不必担忧。"

朱元璋心里的一块石头终于落了地，他又故意与刘基闲聊了几句才打道回府。

至正二十八年，即洪武元年（1368年）正月初四，朱元璋一早醒来，便亲自跑到屋外察看天气。东方天际已露出一抹红云，正不断变大变浓。他不顾寒冷，眺望片刻，诗情顿发，吟道：

鸡叫一声撅一撅，鸡叫两声撅两撅。
三声唤出扶桑日，扫退残星与晓月。

这时，贴身内侍过来要帮朱元璋穿戴，他却坚持先把诗写到布条上，这样的绝句可不能忘了。

半个时辰后，圣驾来到南郊。公侯将相及诸臣扶拥朱元璋登圜丘坛，行祭天之礼。坛上列着皇天后土，日月星辰，风云雷雨，五岳四渎，名山大川之神及伏羲三皇、少昊五帝、禹汤三代圣君之位。

坛上香烟缭绕，坛下鼓乐齐鸣。朱元璋行九叩三十六拜（一叩四拜）大礼之后，太史令刘基代读祝文（大意）道：

洪武元年岁次戊申，正月壬申朔，越四日乙亥，天下大元帅皇帝臣朱元璋，于钟山之阳，设坛备仪，敢昭告于皇天后土，日月星辰，风云雷雨，天神地祇之灵曰：天地之威，加于四海，日月之明，昭于八方，云雷之势，万物咸生，雨露之恩，万民咸仰。

……

臣生于淮河，起自濠梁，提三尺以聚英雄，统万民而救困苦。托天之德，驱一队以破肆毒之东吴，仗天之威，连千艘以诛枭雄之北汉。因苍生无主，为群臣所推，臣承天之基，即帝之位，恭为天吏，以治万民。今改元洪武，国号大明，仰仗明威，扫尽中原，肃清华夏，使乾坤一统，万姓咸宁。沐浴虔诚，齐心仰告，专祈协赞，永荷洪麻。尚飨！

刘基读罢祭文，坛下礼乐再起。在雅乐声中，两个校尉抬来一把金椅放到祭坛前，面向南，并在金椅前摆下冕服案。

礼乐停止后，丞相李善长率领文武百官启奏道："告祭礼已毕，请即皇帝位！"百官簇拥着朱元璋，扶他坐到金椅上，然后退下，按照官阶高低排好次序。执事官捧着冕服和宝盒、册子上前，李善长等人拿起衮服披在朱元璋身上，又为他戴上冠冕。穿戴完毕后，李善长等人加入百官的队列，礼仪官唱道："排班。"排好后，大臣们先鞠躬，礼乐三起。

待礼乐止时，群臣山呼万岁，再行五拜三叩大礼。随后，礼仪官单引丞相李善长到皇帝宝座前，丞相跪下并亮出笏板，百官跟随他跪下。捧宝官刘基打开盒子，取出皇帝的玉玺，交给李善长。李善长捧着玉玺，对朱元璋说："皇帝登大位，臣子们献上御宝。"尚宝卿接过玉玺，收到盒子内。至此，大明肇基，纪元洪武。皇帝即位礼成，朱元璋正式成为大明朝开国之君，史称明太祖。

皇帝即位后还有一个不可缺少的重要仪式——祭告宗庙。朱元璋必须告诉自己死去的先人们，自己当皇帝了，要感谢先人的养育之恩，给他们封赏。于是，在文武大臣的簇拥下，朱元璋引世子及诸王子祭告宗庙，追尊高祖（朱百六）考曰玄皇帝，庙号德祖；尊曾祖（朱四九）考曰恒皇帝，庙号懿祖；祖（朱初一）考曰裕皇帝，庙号熙祖；皇（朱五四）考曰淳皇帝，庙号仁祖；妣（高祖奶起）皆皇后，上玉玺宝册，行追荐之礼。

祭告宗庙之后，朱元璋在文武大臣的陪同下来到奉天殿，刘基再奉册宝，立妃马氏为皇后，世子朱标为皇太子，李善长、徐达为左右丞相，刘基为御史中丞兼太史令。在应天及在外征战、驻防的将帅们都分别加官晋爵。

三、解决民生大事

朱元璋登基没几天，兴奋劲很快便过去了。大明开基，百废待举，但应该从何处入手呢？他不得不暂时放下政务，利用正月人们过年的空闲到应天城内及周边微服私访。

这次他只带了张焕一人，想听听百姓对他登基的反映，看看百姓的生活。

在城里，他们看得最多的是春联。一天，朱元璋见一群人围在一家门口，门上贴着一副大红洒金笺纸对联，只见上面用强健有力的大字写着：

国朝谋略无双士，翰苑文章第一家。

他立即猜到这是陶安的家，对联是他亲手所写并赐给陶安的，围观的人都在议论这对联写得贴切且有气势，这让他心中暗喜。

不一会儿，朱元璋走到徐达的信国公府第门前，见大门上贴着他亲赐的两副对联。一副是他早几年写给徐达诰文中的句子：

从予起兵于濠上，先存捧日之心；
来兹定鼎于江南，遂作擎天之柱。

另一副是近日徐达挂帅北伐时赐予的，上面写着：

破虏平蛮，功贯古今人第一；
出将入相，才兼文武世无双。

门前也围满了人，有几个儒生正在议论徐达的功劳，然后伸出拇指夸奖道："这两副春联气势宏伟，将主人的功绩囊括无遗，可称得上全城第一！"

如果说赐陶安之联还不足以说明朱元璋的文采，那么这两副对联足见其功底深厚，人们所言不虚，所以他更为高兴。

朱元璋一路走马观花，见街面人家确实比往年要富足一些。为证实这一点，他以问路为由，入访一户人家，见这家人的饭桌上居然有鱼有肉，心中不由得一阵欢喜。

继而，朱元璋转入一条小巷，想看看小户人家挂的是什么春联。巷口第一家门上没有贴对联，朱元璋想弄清是怎么回事，便让张焕等在外面，独自闯进门去，与主人聊起了家常。原来，这户人家是个阉猪的，没人愿意替他写对联。

朱元璋觉得阉猪也是个正当营生，为什么不能贴对联呢？于是他说："不是别人不愿替你写，而是他们没本事写。你去借副笔墨，我给你写。"

待笔墨取来，朱元璋展开红纸，挥毫而就：

双手劈开生死路，一刀割断是非根。

朱元璋叫主人把它贴到门上。过往的行人见了，无不驻足观赏，称赞道："这对联写得巧妙，既切合主人的职业，又无一俗字，高雅精致，真是大手笔。"

朱元璋更加得意了，对张焕说："张将军听听，朕本是田家子，未曾从师学文，接受指导，但读书作文，顺畅自然，明白显易，通道术，达时务，胜过饱学老儒许多，这难道不是上天授我吗？"

张焕作为一介武将，脑子也非常活络，闻言立刻奉承道："陛下的文思沛然如长江大河，一泻千里，真令人佩服得五体投地。岂止是胜过那些老儒一筹，依微臣看，连宋濂老先生也比不上陛下。"

尽管张焕有阿谀奉迎之嫌，但朱元璋仍然很高兴，因为他不仅对自己能诗会文充满了自信，而且也相信老百姓是发自内心地拥戴他。也许正是从这一刻起，他开始喜欢听人奉承，并渐渐成为习惯。

正当朱元璋自鸣得意的时候，一辆马车从他身边飞驰而过，溅起的泥水落到了他的裤脚上。他问张焕说："这是何人，竟有如此奢华的马车，胆敢在京城肆无忌惮地狂奔？"

"马车上有一个斗大的'沈'字，想必是江南首富沈万三吧。"张焕回道。

朱元璋今天心情不错，只是皱了皱眉头，没再多问。

朱元璋关注百姓是否拥戴自己，更关心百姓的生活情况。他深知，"仓廪实而知礼节"，要想从根本上实现社会安定，就要让老百姓安居乐业，衣食无忧。为此，他时常微服私访，遍察民情。

春节后不久，朱元璋又到应天周边私访。他的车驾从应天出行，一过长江，沿途的景色就逐渐萧瑟。此时已是四月，田野里却没有几个下地的人。到处一片荒芜，杂草丛生，甚至长满荆棘。他在一个村庄停下来进行走访，只见房屋破败，有的已经倒塌，长满了野草。还有一只狐狸四处跳窜，见了人也不躲避。他走遍全村，竟找不到一个人。最后他在一个茅草棚里找到一个断臂老人，一问才知经过兵乱，这里的老百姓不是死便是逃，全村500多口人现在只剩他一个残废，他的家人也都饿死了。

朱元璋听了，心中一阵难过。明朝建立之前，华夏大地经过近20年战乱的破坏，南北方人口均锐减，经济凋敝，百业不举；土地抛荒，粮食多有歉收，摆在这位新皇帝面前的民生问题十分严峻。

返回京都后，各地官员来京朝见，朱元璋对他们说："天下新定，百姓财力都很困乏，像新生的鸟儿和刚栽的树苗，拔不得毛，也动不得根。重要的是休养生息。"

朱元璋本人是农民出身，深知土地对农民是何等重要。到了五月，北伐大军打下汴梁（今河南开封）后，朱元璋特意前往这个曾经的小明王都城进行调研，亲见田野荒芜、百业凋零的惨况，又从徐达的报告中得知河南、山东、河北一带，道路皆长满榛木，人烟断绝。他推想那些经历数次战争的重灾区肯定比汴梁更糟，因此，他从汴梁回来后马上搞了一次均田运动，即计口授田。

扬州自古繁华，如今只剩下18户人家；徐州被元军血洗，男女老少无一幸免。在中原，收葬骸骨成了官府的重要工作。一到夜间，鬼火结队而行，虎狼穿门入户，使百姓一夜数惊。湖广等地因与陈友谅的几次大战，百姓流离失所，原本富庶的洞庭湖地区地广人稀，耕种者少，荒芜者多。连杭州这样曾经无比繁华的地方，也零落破败，许多昔日风流繁华、熙攘喧嚣的街市，也变得草深尺余，狐兔成群。

朱元璋召集大臣们仔细商讨之后，亲自起草诏书，下令大赦天下，除十恶不赦者之外，赦免所有犯罪者。从军在外的将士则安置好其家属。因罪逃亡的允许其自首免罪，新克州县不许妄杀。远途运送的粮饷，均由官府承担。各地灾情必须据实上报，不得隐瞒。鼓励军民垦荒屯田，并就垦荒种植问题做了规定：农民开荒种植的，不限亩数，一律免去3年租税，无论这田以前是谁的，现在谁开垦就归谁所有。这一措施使得许多贫苦农民得到了土地，有了安身立命之本。

要开荒就得有人手，为了解决人力资源短缺的问题，朱元璋采取迁移人口的办法，把农民从人多地少的地方迁到人少地多的地方。在大都，凡军籍者给衣粮，为民者给田地，置屯于大兴、宛平、良乡、固安等县。对于迁移之家，朝廷给予耕牛、种子、路费。并规定：农民有田5~10亩的，必须栽种桑、棉、麻各半亩；有田10亩以上者加倍种植。这些措施大大激发了农民垦荒的积极性。

朱元璋采取的措施实际上是在按人口重分田地，既保护了肯劳动、有经营能力的地主，不破坏生产力，又照顾了无地的贫苦农民，调动了他们的生产积极性，故天下百姓无不欢欣鼓舞。山东博兴等县的富民50多人还特地跑到应天来谢恩。朱元璋把他们召入内宫，赐宴款待，对他们说："朕知尔等百姓劳苦，且连年饥馑，又遭兵祸，衣食艰难，才免去3年租税，就是希望各地民安。现在你们辛苦跋涉，跑来谢恩，岂不是把安抚你们之令变成辛劳你们之举了？这不是朕之本心！你们回去见了乡间父老，把朕的意思转告，只要心向着朝廷即可，不必来谢。"

随后，他让礼部发给他们路费，送他们返乡；又出榜昭告天下，禁止来京谢恩。

除了民屯之外，明初还有军屯和商屯。军屯由卫所管理，官府提供耕牛和农具。边关与内地军屯的比例不同：边地军队三分守城，七分屯田；内地军队二分守城，八分屯田。如此一来，军粮基本能够自给自足。商屯是指商人在边境雇人屯田，就地交粮，或由商人将粮食卖给军队，换取盐引（即卖盐的许可证），省去了贩运费用，获利更丰。这一措施也刺激了边区土地的开发，因为商人通常不愿到边区屯田，就有许多农民自发或被强制迁到边地垦田屯种，这叫移民实边。

无论是民屯还是军屯、商屯，均免去 3 年赋税，所垦之地归垦荒者所有，大大调动了农民垦田的积极性。

正常的征税政策也在全国范围内推广，具体是：凡种麻的每亩征 8 两，种棉的每亩征 4 两，种桑的免税 4 年，不种桑的要交纳绢，不种麻的要交布。但对苏松一带例外。

朱元璋对苏松地区的百姓征收重税，并大量迁徙这一地区的富民，以此报复他们对张士诚的拥戴。当时全国税粮总计 2900 万石，苏州需交 290 万石，占全国的十分之一。松江在宋朝绍兴年间，税粮只有 18 万石，朱元璋一下子提高到 98 万石，加上其他杂费，总计达到 120 多万石。松江税粮虽不到苏州的一半，但是松江的面积只有苏州的四分之一，因此松江是全国赋税最重的地区。如此重的负担，仅靠种粮根本无法支撑，只有用物产代替，这就促进了苏松手工业的发展。苏州大力发展丝织业，成为全国丝绸制品中心；松江则大力发展棉纺业，"上供赋税，下给俯仰"，形成了松江棉制品"衣被天下"的局面。

为了确保农业、种植业稳产多产，水利和交通等基础设施建设也被提上了日程。

一天，朱元璋感慨地对侍臣们说："百姓是国之根本，朕每观《尚书》，至敬爱人时，不免感叹，敬天之事，后世平常的君主都知道，敬民之事却很少有人知道。这是因为他们自认为崇高，认为百姓都是侍奉自己的，故威严日益加重，给予百姓的恩德与尊重就一天天减少。他们如此轻视百姓必使他们离心离德，叛乱就会随之而来。故想天下长治久安的人，必须畏民、爱民，为治以民为本，民安则国安。"

李善长是个很善于揣摩上意的人，立刻建议在河南设司农官，专管计民授田。不久，其他地区也设置了相应的司农官。后来中央设部后，朱元璋让吏部把荒地开垦数量、人口增加情况作为地方官吏的主要政绩加以考核。他还对自己的成就做了一个小结："唐太宗贞观年间，斗米三钱，夜不闭户，传为美谈。朕有三年时日，也可臻于此治。"

四、建体制，立法典

一国开基，建体制、立法典的重要性不言而喻。明初基本上沿袭起义时期的组织体系，在中央朝廷设置中书省、都督府、御史台等三大机构，保留了三大府分理行政、军事、监察事务的制度。其中，中书省下设左、右相国为长官，还设有平章政事、左右丞、参知政事等高级官僚，以及作为职能办事人员的左右司郎中、员外郎、中书舍人等。其组织庞大，职权最重，直接领导由原来的钱谷、礼仪、刑名、营造四部发展而来的吏、户、礼、兵、刑、工六部，以及其他中央和地方的行政部门，不但有"综理机务"的职权，而且全国各级部门给皇帝的奏报，也规定要"先白（告知）中书省"；一切以皇帝名义发出的诏令谕旨，也经中书省再下达。如此一来，中书省俨然是设置在皇帝和国家机关中间的一级权力部门，是必要的中转站。都督府掌有较集中的军事指挥权。御史台则执掌监察事务。

地方上也沿袭旧制，设立行中书省、行都督府、提刑按察司。行中书省，简称行省、省，是当时地方上的最高行政机构，也是一级政区的名称，全省的军政、监察、司法事务都由行中书省统一指挥，权力也较为集中。

在三大机构中，李善长是文臣之首，徐达则是军队之帅。作为御史中丞、言官的首领，刘基在御史台也拥有相当大的权力。

为了钳制六部的过重权限，同时防止都察院滥用职权，朱元璋又在六部设立六科给事中，由他直接掌控。给事中虽是七品芝麻官，却能"驳正六部"，甚至有纠劾都察院御史违失之权。六部奏章均须经他们点头认可才能上呈；内廷拟旨下达六部，也要经过他们审查批准才可下达，若有不合者，可驳回重议。对于皇帝下达的任务，他们随时检查督办；如未按期完成，或处置不当，可随时向皇帝弹劾，这样就大大提高了行政效率，又防止了腐败。

官制设立后,行中书省(省级)及以下的府州县都需要大批官员,可是一时哪来这么多贤才?

李善长感到事关重大,不敢擅专,便向朱元璋请示。朱元璋说:"卿等为生民计而推戴我,然建国之初,当先正纪纲,广选贤能。昔日仅得江南之地,人才都还能接踵而至,而今领地日广,人口众多,岂无才智卓异之士?他们或隐于山林,或藏于士伍,只要居上位的人真心爱才,去开导引荐,则人才必脱颖而出。你可以中书省的名义下文,让行中书省、行都督府举荐奏闻。选拔民间俊秀,凡年在20岁以上,聪明颖悟,有学识才干的,可与年长者参用。10年以后,老者退休,年轻人也已熟悉政务,这样才能做到人才不缺而官位得人。你将朕的意思传达有司及各省府州县,立即执行。"

李善长便让中书舍人起草各级官员选拔官文,中书省开始正式行使主政大权。

几天后,朱元璋又把徐达、汤和等人召回应天,赐宴犒赏。在宴会上,他严肃地对这帮一起放过牛的濠州旧人和那些一起打过仗、渡过江的宿将说:"你们为天下百姓计推戴朕为大明皇帝,可知开国之初的首要任务是什么?是正纲纪、选贤能、立法度。元顺帝政治昏乱,就在于纪纲不立,威福下移,人心涣散,遂致天下骚乱。你们既然拥戴我,就应以元顺帝为前车之鉴,谨遵礼法。昔日为同功一体之伙伴,今天却有君臣之分别,故当恪守君臣之道,协心为治。只有你们以身作则,方能定人心,建大业,确保大明江山永固!"这算是朱元璋第一次很客气地跟这帮开国功臣打招呼,表明他不徇私情,只认礼法。

战争的硝烟还未散尽,朱元璋的工作重点就已经从打天下转向治天下,尽情施展其雄才大略。明朝建立后他的善政遍及方方面面,各项制度建设不仅全面,而且合理,足以指导后世。据《明史》记载:

惩元政废弛,治尚严峻。而能礼致耆儒,考礼定乐,昭揭经义,尊崇正学,加恩胜国,澄清吏治,修人纪,崇风教,正后宫名义,内治肃清，禁宦竖不得干政。五府六部官职相维，置卫屯田，兵食俱足。武定祸乱，文致太平，太祖实身兼之。……用此子孙承业二百余年，士重名义，闾阎充实。至今苗裔蒙泽，尚如东楼、白马，世承先祀，有以哉。

在元末农民起义的大潮中，元廷礼崩乐坏、封建等级制度荡然无存，法律被严重践踏，许多人目无尊长，无视王法。在登基之前，朱元璋曾与谋臣孔克仁①等人讨论过立法问题。至正二十七年（1367 年）十月，朱元璋命中书省②制定律令，成立了以李善长为总裁官，以参政③杨宪、御史中丞④刘基、翰林学士陶安等 20 人为议律官的起草委员会。李善长等人提议："历代法律都以汉九章为宗，到唐代时，集各代法律之大成，应该参考唐律制定新朝法律。"朱元璋批准了这一建议，李善长等人就以唐律为蓝本制定明律，十二月书成，共有令一百四十五条，律二百八十五条。朱元璋最后又仔细推敲了一番，认为再无疏漏，才颁布天下施行。

大明开基后，朱元璋从读史中悟出以法治国的重要性，觉得所定律令不够完善，决定继续修订，特命中书省重新制定律令，仍以李善长为律令总裁官、翰林学士陶安为议律官主持其事。

朱元璋对律令的制定十分重视。他早年云游四方时便耳闻目睹，知道元朝官吏都爱钻法律的空子，徇私舞弊，腐败贪赃，终于弄得天下大乱。为矫正这一弊病，他召来李善长和陶安，向他们指示律令制定的原则。他说："礼法乃国之纲纪，礼法立则人心定，上下安。明朝建立之

---

① 孔克仁：明应天句容（今江苏句容）人。元末投朱元璋，由行省都事进郎中。曾与宋濂侍太祖、太祖数与论天下形势及前代兴亡事。洪武二年（1369 年）授诸皇子经。

② 中书省：官署名。为掌管机要、出纳政令奏章的宫廷政治机构，收纳群臣奏书，草拟皇帝诏令，兼领修史、记录起居，权任颇重。洪武十三年（1380 年）诛丞相胡惟庸，罢中书省。

③ 参政：明朝各布政使司置，从三品，位在布政使之下。分左、右，无定员，随事增减。掌分守各道及派管粮储、屯田、驿传、水利、抚民等事。

④ 御史中丞：官名，掌殿中图籍秘书，内领侍御史，外督部刺史，以纠察百官。明代改御史台为都察院，副都御史相当于前代的御史中丞。

初,此为先务。你们立法时贵在精简得当,使言直理明,易知易晓。若头绪繁多,或者模棱两可,可轻可重,便容易使奸贪之吏狼狈为奸,使本为制止贪暴的条文变成残害良善的利刃,这就不是好法律,也违背了制定法律的本意。你们在制定律令时务必讲求切实可用,去掉那些烦琐、易生弊病的条文。"

李善长和陶安便字斟句酌,努力按朱元璋的旨意去做。洪武三年(1370年)八月,朱元璋又对李善长等人说:"近世风俗相承,流于僭侈,闾里之民,服食居处,与公卿无异。"因此,他下令加强法制建设,以恢复正常的封建秩序。

即便如此,朱元璋还不放心,要李善长等人每天都把拟好的法律条文奏送,由他亲自裁定。每一条文他都思虑再三,对于文意难懂的条文则驳回去另拟,或者亲自动手修删。在他的亲自把控下,洪武六年(1373年)夏,《律令宪纲》颁布,十一月,他又命刑部尚书刘惟谦详定大明律,此律法从草创到试行再到正式颁布,历时30年。

五、教化以正万民

打江山不易,守江山更难。为了使大明江山长久稳固,朱元璋很重视人才教育。洪武二年(1369年),他颁诏天下,郡县皆立学。次年又重开科举,设科取士,立有乡会试等名目,每三年一试,每试分三场。第一场试四书经义,第二场试论判章表等文,第三场试经史策。在考试形式上规定了更为严格的八股文科举考试程式,要求考生写文章时做到"回股之中,一反一正,一虚一实,一浅一深,其两扇立格,则每扇之中各有四股,其次第之法,亦复如之"。单从上面的文字描述来看,八股文就像是一座森严的文字监狱,它所要囚禁的正是知识分子的思想。为了选拔能听命于皇帝的官吏,明朝官府规定,科举考试只许在四书五经的范围内命题,考生只能根据指定的观点答卷,不准发挥自己的见解。自此以后，凡学子不得不钻进纸堆中，读死书，欲求上达。

明初最高学府为国子学（后改称国子监），入学者为监生（大学生）。学子们都想挤上这座"独木桥"，一圆"最高学府梦"。尤其是来自平民家庭（即三代无功名）的学子，急于摆脱贫贱的生活，更是一门心思地往里钻。到洪武二十六年（1393年），国子监在监的学生达到8124人，成了一座名副其实的"大学城"，一到晚上便灯火辉煌——"延袤十里，灯火相辉"，十分壮观。

国子监的"校规"十分严苛，不仅在学习方面，就是日常的饮食起居也规矩繁多，如：不准监生擅自进学校的厨房；不准对学校的伙食说三道四；不准在学生宿舍里唱歌喝酒；不准穿其他衣服，只许穿校服；不准在吃饭时喧哗；不准假装称病；不准在校内游荡，等等。

监生不用交学杂费，而且还有生活补贴。但天下没有白吃的午餐，学校规定的学习任务必须按时完成。除了课堂教学以外，监生的日常功课有三样：一是练字。每天要临摹一幅字，写字成绩最差的要挨竹板子。二是背书。三天背书一次，一次要背三百字，若背不出来也要挨板子。三是写作文。每月要完成六篇文章，如果交不出来，照样挨板子。

监生上课时没有椅子，全都站着听；如有不懂的问题要问老师，而且要跪下听老师讲解。如果学生违反了"校规"，常规处罚是打屁股。比打屁股更厉害的处罚，就是打完屁股以后充军。

朱元璋对国子监寄予了厚望，常常委任自己的亲信做"校长"。第一任祭酒[①]宋讷深得朱元璋的赏识，因为他执行朱元璋制定的校规特别严格认真。不过这样一来，学生就惨了，许多"犯禁"的学生被活活饿死，还有一些学生因为不堪"学习"重负而上吊自杀。

国子监的课程设置，除了宋朝以后被奉为经典的四书五经以及刘向

---

① 祭酒：即国子监祭酒，国子监（学）长官。西晋始置，历代沿袭。

的《说苑》①之外，政治学习自然不能放松。朱元璋亲笔撰写的《御制大诰》被放在了政治学习的首位，后来又被正式纳入考试大纲，成为科举岁贡（生）的必考科目。

有了高等教育，还必须有基础学校教育。洪武二年（1369年），朱元璋下诏命天下："郡县皆立学校。"于是天下府州县都建立了儒学。各处学校的教师都由政府任命，府学设教授，州学设学政②，县学设教谕③，各学都有训导④辅助。各地学校的直接领导是各府州县的正官。

府州县学皆授礼、律、书、射、乐、算等，授学内容较为丰富。

国子监的监生由地方学校举荐，监生参加入学考试，按成绩的好坏"分科"。国子学的监生毕业后分配为官，不用再参加科举考试，而参加科举考试的则必须是"在校监生"。因此，明初的科举与其他朝代略有不同，似有"考研"的味道。

朱元璋在创立明王朝的过程中认识到，元朝之所以灭亡，除了统治者自身的素质以外，整个社会失于教化也是一个原因。因此，他一登上皇位，就采取了一系列强制措施，除了兴建学校，选拔学官，还坚持把"教育工作"作为衡量地方官政绩的一个重要指标。

洪武九年（1376年）六月，山东日照县知县马亮任职考满⑤，入京觐见皇帝，州里给他下的评语是"无课农兴学之绩而长于督运"。针对这个鉴定，朱元璋的批示是：农桑乃衣食之本，学校是风化之源，这个县令放着分内的事不做却长于督运，这是他的职责吗？结果，马亮不但没有得到晋升，反而被"黜降"了。

---

① 《说苑》：包括君道、臣术、建本、立节、贵德等20卷，弘扬儒家政治理想。——编者注

② 学政：即提督学政，一般由翰林学士或进士出身的侍郎、京堂、翰、詹、道、部属等京官担任，职责是掌一省学校、士习、文风之政令，如主持院试，选拔秀才，并督察各地学官。地位在总督、巡抚之下。

③ 教谕：学官名，元、明、清县学都设教谕，负责文庙祭祀、教育所属生员。

④ 训导：学官名，府以下行政单位的教育官员，管理当地的秀才及教育。

⑤ 考满：明代官员考核制度。洪武十四年（1381年）初定，办法是三年一考，三考为满，考满之日，由有关部门量其功过，分成上、中、下三等，以此决定其升降去留。

除了官员要大力抓教育以外，朱元璋还要求从事教育工作的各级"教师"必须负起责任，懈怠者也会受到相应的处罚。朱元璋对国子监的老师们说，要搞好教育必须师道严而后模范正，师道不立则教化不行，天下学校就无从效仿。意思就是要大胆管理、严格教育。国子监的祭酒吴颙因为没有按照朱元璋的旨意办事，治纪不严，放纵不爱学习的武臣子弟，不到一年便被罢免了。

朱元璋认为，教育不仅是以文辞为务、记诵为能，从事教育的人还要关心时事，关注国计民生。

有一天退朝之后，朱元璋召儒臣谈论治国之道，大家畅所欲言，只有国子监官李思迪和马懿沉默不语。朱元璋见状很不高兴，把他们给贬了，并在下发给国子监的"通报"中说：身为人师，应该"模范其志，竭胸中所有，发世之良能，不隐而训……"李思迪和马懿出身于平民百姓之家，现在能与皇帝议论国事，皇帝这么虚心请教，他们竟连一句话都不愿说，对皇帝尚且如此，还能指望他们尽心尽力地教导学生吗？

这种事情并不只一次。有一年，全国各地到了任职年限的学政、教谕、训导进京考绩，等待升迁。朱元璋借机向他们询问老百姓的生活情况，其中，岚州（今山西岚县）学正吴从权、山阴（今浙江绍兴）教谕张恒都说不知情，声称这不是他们的职责，他们的任务只是教书。朱元璋听了十分生气，举了宋朝儒士胡瑗①的例子，并说："圣贤之道是用来济世安民的，你们连民情都不知道，天天教的都是些什么东西呢？"结果可想而知，这两个人被流放到边疆去了。

学校教育只是"教化"的一部分。明王朝诞生于半个世纪的扰攘纷乱中，在这个一切遭到破坏的年代，中国大部分地方日常生活的进行日益诉诸暴力，文明已经陨落，所以朱元璋的"教化"之策并不仅仅针对学生和官员，而是"教化"全民。他试图通过贯彻"教化"政策，增进

---

① 胡瑗：字翼之，泰州海陵（今江苏泰州）人，北宋学者、教育家。因世居陕西路安定堡，故称安定先生。历任国子监直讲、太子中舍、光禄寺丞、天章阁侍讲等，官至太常博士。

社会的和谐稳定，建立一种合乎道德礼仪的社会秩序。

朱元璋教化于民的另一目的在于民众能够更好地读懂法律要义，便于大明法律的推行。洪武七年（1374年）二月，《大诰三编》（以下简称《大诰》）等颁行天下，朱元璋把法律看成是维护统治的不二法宝，极度重视。光有法律还不行，还要让百姓们懂法，只有懂法才能守法。他担心百姓不理解条律的意思，于是命大理卿①周桢等人把与百姓生活密切相关的律令单独摘出，进行通俗化的解释，并汇编成一本《律令直解》，颁布各州县，供民众学习。朱元璋看到这本书后高兴地说："我的老百姓可以免祸了！"

但事情并不像他想的那么乐观，元末以来形成的弊病积重难返，老百姓法制意识淡薄，不法行为时有发生。为了使法律更加生动具体，便于小民学习掌握，"熟观为戒"，朱元璋要求每家每户必有一部《大诰》，规定家里有一本《大诰》，犯罪时可以减一等，反之则罪加一等。《大明律》和《大诰》系列构成了明王朝的法律基础。

《大诰》是全国公立学校的必修课程。为了鼓励百姓学习《大诰》，朱元璋规定：诵读满3年，老师可以带着学生到礼部背诵《大诰》，官府根据师生背诵内容的多少给予不同的奖赏。

为了增加百姓们交流和集体学习的机会，朱元璋规定，每年正月和十月，全国各乡村都要举行两次全体乡民大会餐，名曰"乡饮"。全体乡民在进餐之前，必须聆听德高望重者发表训词讲话和宣读朝廷最新发布的法令文件，所有行为不轨者将在此受到批评教育。其中屡教不改及态度恶劣的人，将被宣布为"顽民"，扭送到县衙，发配或充军到边远地区。

在道德建设方面，朱元璋让人编写了一个小册子《教民榜文》，下发给百姓。榜文中规定，本里有孝子贤孙、义夫节妇，里长老人可以直

---

① 大理卿：官名，亦称大理寺卿。朱元璋吴元年（1367年）置大理司卿，正三品。洪武元年（1368年）革除，洪武十四年（1381年）复置，正五品。洪武二十二年（1389年）升正三品，掌审谳平反刑狱之政令。

接上奏朝廷，同时文报官府转奏。地方官员接报后也要上报，否则就以失职论处。每里每乡都要设立申明亭和旌善亭，分别用来榜示好人好事和坏人恶事。朱元璋发布了"六谕"，内容包括：要孝敬父母；要敬重尊长；要友爱邻里；要教育好子孙；让每个人都安居乐业；勿为非作歹。为了宣传"六谕"，他要求每个里准备木铎（用以警众的响器），村里的残疾人士时常手持木铎，巡行于乡里道路上，大声宣读"六谕"。

朱元璋之所以花这么大力气普及法律和推行道德礼仪规范，目的是通过教化，使广大人民奉法守分，农民老老实实种地，读书人好好学习忠孝仁义，商人贩运货物以通有无，手工艺者专心搞好技艺。这样上下相安，人民安居乐业，从而使明王朝能够长治久安。

第十一章 肃清残敌赏功勋

一、清扫残余势力

一口气办完了取代元朝、建立一个全新帝国所要处理的种种大事，朱元璋终于喘了口气，又将注意力转移到南征北伐上，打算为统一天下做最后的冲刺。

当时两广未下，巴蜀明玉珍立国，元顺帝还稳坐在大都城里。朱元璋派水师总领廖永忠为征南将军、浙江行省参政朱亮祖为副将军，配合杨璟，由海道取广东。他对廖永忠面授机宜："朕当年攻克武昌，远近州郡望风而降；常遇春取赣州，南安、岭南数郡也相继来归，靠的是威重势至，军纪严整，人心悦服。现在两广百姓穷困，人心不稳，他们听见八闽不守、湖湘已平，必定人心震慑。如果先派人去宣扬我朝威德，一定会有人来归诚。若不得已而用兵，则应扼其险要，绝其声援，使他们彼此隔绝，便没有什么攻不下的。广东的要害在于广州，广州既下，则沿海州郡可传檄而定。"

广州是何真的地盘。何真出生于东莞，当过元廷小官。元末兵乱，他回乡结兵自保，协助元军平息了几起暴动，以功授惠州路同知、江西行省广东分省左丞。

廖永忠派骑步兵进抵广州，封锁陆路，派水师屯兵潮州，对广州、惠州形成夹击之势，然后按朱元璋的旨意，先派人给何真下书招降。何真为明军水陆合围所震慑，派人奉上印章及属县户口兵粮数目，赶到潮州请降。

广州不战而降，廖永忠乘势挥师西进，连克梧州（今广西梧州）、滕州（今广西梧州藤县藤州镇）。杨璟、周德兴攻取宝庆（今湖南邵阳）、全州（今广西全州县）、宁远（今湖南宁远县）、蓝山（今湖南蓝山县）后，也进围桂林。两个月后，桂林被攻破，南宁、象州（今广西象州县）相继平定，杨璟又取柳州等地。广西全境平定。

朱元璋闻报后，马上传令嘉奖，不过他关注的重点始终是北方战场，并为此制定了南北两路并进夹击的战略方针。其中，南路由征南将军邓愈率襄阳、安陆（今湖北钟祥）、景陵（今湖北天门）等地驻军，于洪武元年（1368年）三月初一向南阳（今河南南阳）进发；北路由征虏大将军徐达督北伐主力于三月初溯黄河而上，西攻汴梁，夺取洛阳。

三月二十二日，邓愈进取唐州（今河南唐河县），守将弃城逃遁；三月二十六日趋逼南阳，败阻敌人于瓦店（今河南南阳南白河东岸）。邓愈随后占领南阳，擒元守将史克新、张居敬等26人。

南路军的顺利进展有效地牵制了元军，为北路军的推进减少了阻力。徐达的北路军于三月初五由乐安（今山东博兴县）出发，十六日抵济宁（今山东巨野县），打开耐牢坡堤坝，入黄河西上，一路连下永城、归德（今河南商丘南）、许州（今河南许昌），二十九日至陈桥（今河南封丘县境内），开封守将李克彝、左君弼相互推诿怯战。左君弼非常感念朱元璋前次归还他的母亲，加上他此时已如丧家之犬，内心已有降附朱元璋之意，他故意威吓李克彝道："南朝军锐不可当，我见了他们的阵势，吓破了胆，不敢迎战，所以投奔这里。况且徐丞相善于用兵，所向披靡，我哪敢受命出战？"李克彝听后顿时没了主意，连夜逃走，左君弼等人率众归降。

四月初八，徐达部自虎牢关（今河南荥阳汜水镇附近）继续西进，大败脱因帖木儿（扩廓帖木儿之弟）部5万人于洛水北塔儿湾（今河南偃师境内），梁王阿鲁温投降，洛阳遂为明军所有。紧接着，徐达乘胜攻下嵩（今河南嵩县）、陈（今河南周口淮阳区）、汝（今河南汝州）等州。

四月二十二日，征虏右副将军冯宗异、都督同知康茂才等奉徐达之命，西向攻克陕州（今河南陕县）；二十六日进占潼关，元将李思齐、张思道分别西逃凤翔（今陕西凤翔县）、鄜城（今陕西洛川县境内），河南至此平定。

一切都按照朱元璋事先计划的步骤进行，元朝大都的屏障已撤，外援隔绝，陷入了明军的弧形包围圈中。徐达在临清召开军事会议，决定几大将军各率人马分头行动。

五月，朱元璋亲抵汴梁，听取前线将领汇报军事情况，并讨论了下一阶段的战略步骤。

因大都已孤立无援，为了减少不必要的伤亡，朱元璋采纳徐达提出的直捣元大都的主张，并据图指示："北土平旷，利于骑战，不可无备，宜选偏裨提精兵为先锋，将军督水陆之师继其后，下山东之粟以给馈饷，由邺（今河北临漳县西南）趋赵（今河北邯郸），转临清而北，直捣元都，彼外援不及，内自惊溃，可不战而下。"

为了更好地实现这一战略意图，以常遇春、张兴祖为主力的中路大军直扑大都。舟师沿河而进，步骑循陆而前，十余天后，中路主力进抵通州城（今北京通州）。另一路遵照徐达的命令，各军向河阴（今河南武陟县西南）集结，各卫粮船由济宁起航，保障后勤供应。

六月初，徐达又遵朱元璋之命，让都督同知张兴祖、平章韩政、都督副使孙兴祖①、指挥高显等率益都（今山东青州）、徐州、济宁之师集结于东昌（今山东聊城），等待与河南诸军会师后北进。

七月上旬，明军由汴梁出发，一路势如破竹，连克卫辉（今河南汲县）、彰德（今河南安阳）、磁州（今河北磁县）、邯郸、广平（今河北

---

① 孙兴祖：字世安，濠州（今安徽凤阳）人，从朱元璋渡江作战，积功为都先锋。取通州，升大都督府副使。洪武三年（1370年）五月，战死于三不剌川，追封为燕山侯。

广平县）。七月十一日至临清（今山东临清），与傅友德部相会。七月十五日水陆两路并进，师至德州（今山东德州），又与征虏副将军常遇春、张兴祖、高显、毛骧、程华会师。

此时元军仍在相互扯皮，使元顺帝"四道进兵，犄角剿捕"的迎敌计划全盘落空。

得知明军已经占领近在咫尺的通州城，元顺帝惊恐万状，连忙召集三宫后妃及太子，商议弃城北逃之事。通州城外仅元知枢密院事卜颜帖木儿率死士万余名死守，结果被郭英用计杀了个回马枪，卜颜帖木儿被活捉。

元顺帝连夜召见文武大臣，把自己和皇太子的弃城打算告诉他们，说："孛罗帖木儿、扩廓帖木儿屡次构乱，京中守备空虚已久，大都已经守不住了。"

伯颜不花闻言大恸道："祖宗创下的基业，陛下应当以死守之，怎么能轻易放弃呢？"

元顺帝面现哀色，沉吟半晌才说："朕之大将皆远在千里之外，哪来可待之援兵？再不逃，恐怕会死无葬身之地。"

伯颜不花再三泣谏，但元顺帝始终听不进去，拂袖回宫。到了黄昏，元顺帝传召淮王帖木儿不花、丞相庆童入内，嘱令淮王监国，庆童为辅，自己带着后妃太子在三更时分从健德门逃出，往上都开平（今内蒙古锡林郭勒盟境内）而去。

八月初二，徐达、华云龙等率兵进至齐化门（元大都城十一门之一，在今北京东城区朝阳门内大街东，朝阳门大桥处）下，令将士填壕登城而入，一举攻克大都。

朱元璋听到攻克大都的捷报时，正在批阅各部奏章，只淡淡地说了一句"知道了"。因为攻取大都是他一手谋划的，一切全在他的预期之中。但几天后徐达呈送的报告却让他很高兴，徐达报称："吾皇英明无比，可谓五百年才一出的王者，也是可与唐太宗比肩的军事统帅，索情庙算，决胜千里，一举推翻元朝，天下重归一统。"徐达称自己为"一介菲材"，这让朱元璋觉得他不仅有勇有谋，战功赫赫，而且居功不傲，忠心可嘉，于是传诏予以嘉奖。同时，他诏令改大都路为北平府，置燕山等六卫守御北平；留三万人分隶六卫，徐达、常遇春则率大军主力进取山西，消灭元军劲旅扩廓帖木儿。

明军攻克大都之后，元顺帝逃至上都（今内蒙古锡林郭勒盟正蓝旗境内）。这个偏安塞外的小朝廷，史称"北元"。元顺帝在中原享乐惯了，不愿在大漠喝西北风，心中尚思回天之术，于是派特使封辽阳行省丞相也速不花为中书左丞相、纳哈出为辽阳省丞相。没过几天，他又加封纳哈出为太尉。然而，北元君臣完全没有认清当今的局势，他们绞尽脑汁地想着反攻，不明白元、明力量对比早已发生根本性的变化，反攻在此刻无非是以卵击石的鲁莽行为。

眼下元廷首屈一指的主力是在山西蛰伏已久、蓄势待发的扩廓帖木儿，而陕甘地区的李思齐、张思道也拥有一定的实力，这些人都是地方势力的佼佼者，在未来将成为明军的主要对手。除了地方势力之外，元军正规军中战斗力较强的要数直属皇帝的禁卫部队，这支部队因主动撤离京城得以保存下来，他们与塞外蒙古的诸王镇戍军队会合，给明军造成了一定的威胁。这时候，扩廓帖木儿正准备从山西北出雁门关，从保安（今河北张家口涿鹿县）经居庸关收复大都。

明军主力西进后不久，朱元璋就收到徐达派重兵押送来的元朝典籍图书和府库中的大批金银珍宝。他十分高兴，特领马皇后和众妃前去观看。

马皇后看着五光十色、令人眼花缭乱的各式珠宝、玉器和堆积如山的金银，意味深长地说："元朝有如此多的珍宝却守不住江山，看来君王须备有另一种珍宝，才能守住天下啊！"

朱元璋听了默然无言，半晌才说："朕知道皇后的意思，皇后是说君王当以得贤能为宝。"

马皇后立即跪拜在地，感慨地说："诚如陛下所言！妾与陛下起自贫贱，能有今日实为不易，妾只愿陛下能得贤臣良将辅佐，共治天下，而远离声色珍宝,则万民幸甚!"

朱元璋深受感动,点头说:"朕当牢记皇后的金玉良言。"

朱元璋下令将珍宝如数缴归国库,未赏后宫一人,但他却起了封赏开国功臣的心思。

此时西征大军仍在分道并进。常遇春攻下保定、中山(今河北定州)、真定(今河北正定县)等处,冯胜、汤和、杨璟等攻下怀庆(今河南沁阳),越太行,取泽潞①,将进逼太原。扩廓帖木儿忙派遣部将杨札儿来夺泽州(今山西晋城),与杨璟、张彬所部相遇于韩家店,双方交战几个时辰,胜负难分。杨璟、张彬有些轻敌,以为只需让先头部队猛攻,便可将杨札儿打败。没想到杨札儿十分骁悍,部下又多数身经百战,攻防得法,因此,元军非但没被击溃,反而将杨璟的先头部队打得落花流水。徐达闻报马上调都督副使孙兴祖、佥事华云龙留守北平府,亲自率大军驱驰太原。

半路上,徐达与部属商议道:"此次王保保(即扩廓帖木儿)全师远出,太原必虚,我军与其支援杨璟,不如趁敌不备,直抵太原,倾他巢穴,到时王保保进无可战,退无可依,进退失利,必为我所擒。"

各军依计而行,直扑太原。扩廓帖木儿果然回兵自救,结果被傅友德、薛显拦击,只得扎营城西10余里。郭英攻占太原城后,登上城头极目眺望,只见元军营帐白茫茫一片,人数虽多,却没有条理。他回到城里与常遇春商议,打算晚上进行偷袭。他们把夜袭方案报给徐达,正所谓英雄所见略同,徐达也想到了此计,3人进一步讨论行动细节,这时元军将领豁鼻马等派人送信来表示愿意投降。徐达让他们回去做内应,并约好时间和起事信号。

当晚三更时分,郭英率精骑300人,悄悄摸进敌营。岗哨已被内应换掉,郭英轻易得手。时值隆冬,天气寒冷,元军躲在帐篷里不愿出来。忽然一声炮响,明军一起纵火,顿时四面火起,烈焰冲天。常遇春埋伏的兵马迅速冲向火阵,挥刀一顿乱砍,很多元兵还没回过神来就已

---

① 泽潞:唐朝在今山西、河北地区设置的方镇,治所在潞州(今山西长治)。

人头落地。扩廓帖木儿躺在行军床上，正借着烛光看书，听到营外震天动地的喊杀声，心知有变，急忙一个挺身从床上跳起，连靴子都来不及穿好，赤着脚跑出帐外，跨上一匹劣马，夺路北逃。

随后，徐达又乘势攻取大同、猗氏（今山西临猗县南20里铁匠营村）、平阳（今山西临汾南）、榆次（今山西晋中榆次区）、平遥、介休，活捉了元右丞贾成、李茂等，至年底，山西全部平定。

二、大赏开国勋臣

明军在洪武元年（1368年）八月攻占元大都后，朱元璋就准备大封开国勋臣，但不知何故，此事朝议过几次均没有结果。次年，朱元璋再提封赏之事，命人在江宁西北鸡笼山下建立功臣庙，为已死的功臣设像崇祀。廖永安、俞通海、张德胜、桑世杰、耿再成、胡大海、赵德胜7人，配享太庙，尚在世的将领则虚着座位。也许是因为战争的硝烟还未散去，元朝廷和地方势力仍在做最后的挣扎，封赏之事依然没有结果。

洪武二年（1369年）二月，常遇春、冯胜率先头部队从山西渡过黄河进攻陕西，陕西土霸主李思齐、孔兴、脱列伯知道无力与明军对抗，稍作抵抗就被徐达劝降了。之后，大军到达奉元（今陕西西安），元将张良弼本想率部援助奉元，但听说大明战将郭兴前来，吓得屁滚尿流，一溜烟逃跑了。孤立无援的奉元很快便被占领，守将哈麻图弃城逃跑，半路被当地民兵结果了性命。

四月，朱元璋下诏设置陕西和山西两行省，中书参政汪广洋和御史中丞杨宪分任两省参政。

徐达奉命继续进军，攻打庆阳（今甘肃庆阳）。张良弼听说这个消息，又逃之夭夭，留下弟弟张良臣守城。张良弼逃到半路，被扩廓帖木儿的军队抓了个正着。

此前朱元璋曾警告过徐达，说张良臣是个首鼠两端的小人，须小心提防。因这一带正闹饥荒，徐达派薛显奉命进入庆阳安抚百姓，但没有在城中过夜。张良臣在夜深人静时带兵突袭薛显,幸好薛显早有防备,及时逃脱。

随后,徐达兵分四路,将庆阳城围得水泄不通。张良臣出城迎战,结果大败,只得请求扩廓帖木儿援助。扩廓帖木儿此时正在宁夏,于是派遣韩札儿去解围,半路上遭到冯胜阻击,大败而归。

这时,元丞相脱火赤率军反扑北平,朱元璋命常遇春、李文忠驰援大都,途经锦州(今辽宁锦州)、大兴(今北京大兴区),并在全宁(今内蒙古翁牛特旗)、大兴打退脱火赤,解了北平之围。常遇春、李文忠想彻底解除元军对北平的威胁,于是马不停蹄,率军径取元廷上都开平(今内蒙古正蓝旗东北)。元顺帝从大都逃到开平不久,立足未稳就听说明军追来了,只得再次踏上逃亡之路,一直逃到和林(今蒙古国哈尔和林)。

攻下开平后,常遇春在返回庆阳途中不幸身染重病,以前的旧伤也被诱发,他预感自己大限将至,便唤李文忠前来,向其交代军机大事,不料话还没有说完,他就与世长辞了,死时不到40岁。八月,常遇春的灵柩被运归南京,朱元璋亲致奠文。在这篇祭文中,他把射死陈友谅的功劳全归于常遇春,"祭毕,恸哭而还,命择地于钟山草堂之原,营墓建祠"。两个月后,他又下诏赠常遇春"翊运推诚宣德靖远功臣、开府仪同三司、上柱国、太保、中书右丞相,追封开平王,谥忠武,复推恩王其三世",以尽哀荣。

同年秋,西征大军拿下山、陕两省,为北伐战争画上了圆满的句号。朱元璋正准备为统一全国庆功,听闻扩廓帖木儿正率兵进攻兰州,他不得不推迟封赏,再次准备征讨。

洪武三年(1370年)春,朱元璋命徐达为大将军,李文忠、邓愈为左副将军,冯胜、汤和为右副将军,兵分左右两路北伐。徐达随冯胜、汤和的右路大军自潼关直捣定西(今甘肃定西),寻找扩廓帖木儿的主力决战;李文忠、邓愈率左路军自居庸关北上大漠,追击元顺帝。这次进军的目的是彻底扫清残元势力,实现天下一统。

扩廓帖木儿得知明军主力前来，解了兰州之围，亲自迎战冯胜、汤和的右路大军，双方大战于沈儿峪。

扩廓帖木儿从太原败走仅一年多时间，又拉起了一支五六万人的队伍，实力不容小觑。右路大军没等徐达回到中军传令，便自觉整军备战。徐达回到中军之后，立即下令：前锋所部一万精骑借元军所挖马道越过壕沟列阵，能诱使元军出战冲阵即为成功，要做好死拼一天的打算，擅自后退一步者，阵前立斩！又传令其余各部明军：不要理会前线战事，让将士们充分休息，做好今夜大战的准备。

从早晨到傍晚，沈儿峪的战斗都很激烈，最后整条沟涧的控制权落到了明军手中。但扩廓帖木儿并不甘心，让士卒稍稍休息后再战。这时徐达却不主动出战了，他的主攻部队正在养精蓄锐。

天色渐渐昏暗下来，明军大营内，将士们个个精神饱满，全部集结待命。徐达向各营主将亲自下达了动员令：尽歼胡虏，就在今夜！

经过夜间一番苦战，明军终于打败元军，扩廓帖木儿带着妻儿和几个亲随向北方逃跑，明军紧追不舍，扩廓帖木儿跑到黄河边上，用上游漂来的几根木头扎成筏子，渡过黄河，逃奔和林去了。

在和林，扩廓帖木儿没能见到元顺帝，因为元顺帝在半个多月前已经殡天了。太子爱猷识里达腊即位，是为元昭宗。他见扩廓帖木儿败逃回来，沮丧地抱住他痛哭了一场。

与此同时，李文忠率领的右路军十万人马进军神速，且一路招降纳叛，队伍越来越强大。他中途听说元顺帝死了，便日夜兼程，进兵应昌（今内蒙古赤峰克什克腾旗西北）。元昭宗根本没有抵抗的打算，带领一班如惊弓之鸟的文臣武将拼命狂奔，他的嫡子买的里八剌和后妃、宫人、诸王、将相、官属几百人来不及逃跑，在应昌被俘。李文忠还缴获宋、元玉玺金宝，玉册以及镇圭、大圭、玉带、玉斧等物品。

这年十一月，朱元璋筹备已久的封赏终于得以实施。他读过法家代表人物韩非的《韩非子》，对"人性之善恶"，人臣皆"畏诛罚，而利庆赏"以及"人主自用其刑德，则群臣畏其威而归其利"等观点有着独到的认识，而且把刑杀教化的手段用到了极致。封赏，可让人荣耀至极；杀伐，也将让人九族难保，二者之间没有缓冲地带。

本次封赏，可以说是对所有参战的将士功德过失的一次大总结。该怎么封、怎么赏，他早已心中有数。

对于功臣们的封赏，朱元璋的基本原则是"分封而不赐土，列爵而不临民，食禄而不治事"。从建立君臣尊卑有序、防止左右上下纷争、维护大局稳定的角度出发，朱元璋根据诸将功劳大小，分为三六九等，依次封赏，并先由工部和礼部仿古制铸造免死铁券。这种铁券上面记录了将领的战功以及朱元璋的赞词，有一些也记载了将领所犯的错误，以示警诫，体现了朱元璋赏罚分明的特点。每副铁券均分左右，左边的颁给功臣，右边的藏于内府备查。

十一月，应天城里，人们欢天喜地，城中牌楼张灯结彩，庆祝北伐大军凯旋。那些估计自己能加官晋爵的将领都忙着准备新衣，最忙的要数工部，一群官员坐镇铸铁工房，指挥工匠们浇铸丹书铁券。

十一月七日，征虏大将军徐达、左副将军李文忠等班师还朝，朱元璋亲率百官出应天城至龙关迎接。徐达、李文忠、邓愈、汤和、傅友德等西征将领见皇恩如此浩荡，慌忙翻身下马，伏地跪拜。朱元璋走向前去，一手拉着徐达，一手拉着李文忠，在谈笑间步行入城。

十一日，朱元璋一大早就登临奉天殿，皇太子、诸王陪侍，左丞相李善长、右丞相徐达率文武百官列于丹陛左右，恭听圣命。

礼乐声停下后，分封仪式开始，朱元璋神情肃穆，讲述分封的宗旨："朕今天定封行赏，非行己私，皆是仿照古代帝王之典，筹备了两年，只因征战未息，故迟至今日才颁行，望汝等知晓。回想创业之初，群雄并起，其时有心于建功立业者，往往无法驾驭部下，故都未能成功。朕本无意夺取天下，今日成此大业全赖天地神明的护佑，非人力所能致。不过自起兵以来，诸将从朕披坚执锐，征讨四方，战胜攻取，其中的功劳岂能忘却！今天下既定，故报各位以爵赏。今天的爵赏次第，皆朕所定，至公无私。"

朱元璋接着话锋一转，点名批评了几个犯有严重过失的将领，语气非常严厉。其中提到的第一个人是已去世的常遇春，妄杀；第二个是御史大夫汤和，牢骚满腹，不遵法度；第三个是大将廖永忠，擅自揣摩圣意；第四个是心腹宠臣杨宪，私结大臣；第五个是金都督郭兴，不尊主将之命。

当然，这些人虽有过错，但该封赏的还得封赏，这才叫赏罚分明。朱元璋强调说："这几个人本可封公，今只封侯。望各位将领以此为鉴。"

朱元璋还特意将李善长、李文忠这一文一武推举出来表扬了一番，也是在为他们封公爵找理由。这次封爵，有6人封公爵加禄：李善长由宣国公进封韩国公，食禄4000石；徐达由信国公晋封为魏国公，食禄5000石；常遇春之子常茂受父荫封为郑国公，食禄3000石；李文忠封曹国公、冯胜封宋国公、邓愈封卫国公，均食禄3000石。

28人被封侯爵，各赐铁券，食禄有差，俱令子孙世袭，包括汤和、唐胜宗、陆仲亨、周德兴、华云龙、顾时、耿炳文、陈德、郭兴、王志、郑遇春、费聚、吴良、吴祯、赵庸、廖永忠、俞通海、华高、杨璟、康茂才之子、朱亮祖、傅友德、胡廷瑞、韩政、黄彬、曹良臣、梅思祖、陆聚。排列的次序有先后，但这个序列既不按官职高低，也不按俸禄多少，而是按照加入红巾军的早晚顺序排定。这一原则使濠州红巾军旧将，即汤和至吴祯等前14人位居前列。

另有2人被封伯爵，即忠勤伯汪广洋，食禄360石；诚意伯刘基，食禄240石。

指挥王成、单发、沐英、何文辉、陈桓、庄龄、王蔺、蓝玉①、仇成、金朝兴、费震、王弼、胡德并升为大都督府都督佥事，这虽然是职务而非爵位，但仍令子孙世袭。

大封完毕，诸将个个面带喜色，朱元璋却将脸一沉，厉声叫道：

---

① 蓝玉：定远（今安徽定远县）人，常遇春妻弟。有胆有谋，勇敢善战，屡立战功。洪武二十年（1387年）任大将军，封凉国公。

"水城侯薛显出班!"

薛显吓得满脸笑纹凝固在脸上,跪拜在地,大气也不敢出。

"你随大将军徐达攻取中原,勇略冠军,但你在回师之际,擅杀胥吏、兽医、火者、马军及千户吴富,本应严惩,念你功大,不加追究,仍封你为侯。然人命关天,且天下细民,皆是朕之子民,岂容擅杀,故虽封永城侯,但不予铁券,并谪居海南。你的俸禄一分为三,一份赡养吴富家人,一份给所杀马军之家,一份养你的老母妻子。如此处置,你服还是不服?"

薛显胆战心惊,根本没听清朱元璋说了些什么,只记住了皇帝饶他不死,忙叩头谢恩:"陛下神明公正,微臣服命。"

所有人都战战兢兢起来,幸好朱元璋只抓了这么一个典型,对其他人只是警诫了一番。当天他还设宴犒赏功臣,酒至半酣时,他意味深长地说:"创业之际,朕与卿等劳心苦力,艰难多矣,今天下已定,朕日理万机,不敢有丝毫懈怠。卿等现在都安享爵位,优游富贵,也不可忘掉艰难之时。人之常情,每每是谨于忧患而忽于晏安,而不是忧患之来常始于晏安。今与卿等饮宴极欢,恐怕久而忘其艰难,故相诫勉。"

朱元璋软硬兼施,恩威并用,表达了他对诸将生于忧患,死于安乐的担忧,体现他对功臣懈怠和居功不法的预见和高度重视,这正是他驭臣的一种有效手段。

酒宴结束后,朱元璋把李善长、徐达、宋濂等人留下,给他们交代了一项任务——修元史,指定李善长为监修,宋濂、王祎为总裁,并征召隐士汪克宽、胡翰、陶凯、曾鲁、高启、赵汸等16人负责编纂。很显然,朱元璋的用意是要将帅们务必牢记历史教训。

三、消灭夏政权

对朱元璋来说,天下大局已定,但四川的夏政权迟迟不愿归顺,仍是个心腹之患。

夏政权由明玉珍创建，明玉珍本是徐寿辉的部下，天完政权鼎盛时期派兵四出略地，就在陈友谅向东进攻安徽的时候，明玉珍向西攻占了四川，被徐寿辉封为陇蜀行省右丞。后来陈友谅僭位称帝，明玉珍心里痒痒，也于至正二十二年（1362年）在重庆称帝，建立夏政权，建元天统。

由于有三峡天堑作为屏障，而且相距很远，朱元璋对明玉珍多采取视而不见的态度，只在关键时刻派使谈和，双方十几年来相安无事。

至正二十六年（1356年），明玉珍病死，他年仅10岁的儿子明升继位，他的妻子彭氏以太后之名辅政，实际上是宰相戴寿主政。明玉珍临死前留下遗诏说："西蜀地势险固，如果你们同心协力辅佐嗣子，就可以自守。不然的话，后事就不是我所能预料的了。"

明玉珍的担心是有道理的，天堑再险也没有攻不破的。就在他死后不久，大臣们就展开了内斗，右丞相万胜杀了他的政敌、知枢密院事张文炳，张文炳的朋友、明玉珍的养子明昭又矫旨杀了万胜。之后，平章吴友仁以清君侧为名攻打重庆，要求诛杀明昭为万胜报仇。明升请戴寿率军讨伐，但戴寿却站在吴友仁一边，要求诛杀明昭以谢天下。为了平息纷争，明升只好杀了明昭。斗来斗去，夏政权开始走向衰亡。

洪武二年（1369年），朱元璋大力营建宫殿，遣使向明升讨要大木，明升不仅照单接受，还超额完成任务，连同方物特产一并献上。朱元璋照单全收，但只让明升安逸了两年时间。他登基后，即派平章杨璟入蜀劝降，明升不从。于是，明军在陕西打跑扩廓帖木儿之后，便分兵入川。

洪武四年（1371年），消灭夏政权的时机已经成熟。朱元璋命颍川侯傅友德为征虏前将军，率北路十万陆军进入陕西，再从陕甘南下；中山侯汤和、德庆侯廖永忠则率南路水军由长江西进，攻打重庆。

傅友德曾是刘福通的部下，当年跟随李喜喜西进陕西，被察罕帖木儿击败后退入四川，已成为地方一霸的明玉珍对李喜喜和傅友德不怎么待见。不久，李喜喜去世，傅友德想在明玉珍麾下效力，却遭到拒绝，傅友德不得不投奔陈友谅。这次朱元璋让他挂帅，除了他骁勇善战之外，还因为他比较熟悉四川的情况。

几天后，朱元璋又命卫国公邓愈前往襄阳训练军马、运送粮饷，为征蜀将士提供后勤保障。

明升听说大明十几万大军水陆并进而来，忙召集众臣商议对策。左丞戴寿说："扩廓帖木儿、李思齐这么强大，都无法抗拒明军，我们又怎么可能抵御住呢？"太尉吴友仁很鄙视地说："川地山河险要，不能与中原比，可以凭险固守。"明升也想抵抗一下，如果打不赢再作打算。事实上，这就已经向臣僚们表明了他意志不坚定、没有决一死战的决心，如此一来这仗就没法打了，他手下的将领开始动摇。

明升首鼠两端，一方面派使者向朱元璋示好，另一方面又疯狂扩军备战。夏军在瞿塘峡建造了铁索桥，桥上放置大量滚木巨石，两岸峭壁之上也布置了火炮，准备阻击明军的水师。明升还陆续增派戴寿、吴友仁、邹兴等率部扼守瞿塘峡。

汤和率水师进至三峡口，首攻归州（今湖北秭归县）未下，探知敌情后不敢冒进，便就地屯兵寻找战机。朱元璋对三峡之险早有估计，水上进攻主要是为了迫使明升分兵，真正的主攻还得靠傅友德的陆军。傅友德出师前，他就嘱咐道："蜀人听说我军西伐，必派精锐东守瞿塘，北阻金牛山，进行抗击。你要出其不意，直捣阶州（今甘肃陇南）、文州（今甘肃文县），西蜀门户既隳，腹心自溃。兵贵神速，就怕你进军不够勇猛。"

傅友德首攻文州，都督同知汪兴祖跃马直前，强攻敌人的险要，结果不幸中飞石而死。傅友德恼羞成怒，奋兵急攻，日夜不休，夏军守将丁世真逃走，文州被攻下。几天后，傅友德兵渡青川、果阳、白水江，攻阶州及江油、彰明二县，进逼绵州（今四川绵阳）。都督佥事蓝玉也率部助攻，不日城即下。夏军守将向大亨退往汉州（今四川广汉），傅友德紧追不舍。

戴寿、吴友仁听说明军已攻克文州、阶州，急忙由瞿塘峡率兵回援北线，仅留邹兴守峡。五六月，傅友德造舟渡汉江，主力攻打汉州，同时分兵在汉州城外拦击援兵。戴寿的元兵刚赶到，汉州就被攻下了。继而，傅友德进围成都。

为了支援南线，瓦解敌军的信心，傅友德命人在木牌上刻写攻占敌人城池的具体日期，投入水中。木牌顺流而下，明军收到战报后信心大增，而守军的士气则受到了很大打击。

在成都外围，戴寿、吴友仁再次与明军展开激烈的野战，傅友德身先士卒，身中流矢而不退，将士们受其影响，无不殊死搏斗。夏军使出大杀器象阵冲击明军，明军则用强弩火器射击大象，大象受惊反逃，踩死许多夏军士兵。从西北方进攻成都，成都将无险可守，但夏军仍在戴寿、吴友仁的指挥下苦苦支撑。

由于南线大军推进受阻，朱元璋很不满意，严令汤和、廖永忠迅速推进。于是，廖永忠率部自白盐山伐木开道，由纸坊溪直趋夔州（今四川奉节县）；又令水师背水一战，强渡瞿塘关，两面夹击，终于拿下夔州。夏军大将邹兴战死。随后，汤和带兵赶来，水陆并进，围攻重庆。

在重庆避难的明升十分害怕，召集群臣商议对策。右丞刘仁劝他逃往成都，明升之母彭氏说："事已至此，逃往成都也只能暂缓一时，大军所过，势如破竹，逃不了败亡的命运，不如早日投降，不失荣华富贵。"六月二十二日，明升"面缚衔璧舆榇，与母彭氏及官属降于军门"。

还在成都负隅顽抗的戴寿等人听到明升投降的消息后，顿时信心大失，觉得抵抗已失去了意义，遂就此放弃。

朱元璋得知大军已下重庆，命中书集六部、太常、翰林、国学定议受降等礼。他还制作了《平西蜀文》，盛称傅友德功为第一，廖永忠次之，回师后给予重赏；汤和不仅无功，反而受到了批评。

七月，指挥万德送明升及降表至京师。朱元璋朱笔批示："明升与孟昶（后蜀主）不同，昶专治国政，所为奢纵；升年幼，事由臣下。宜免其叩头伏地、上表请罪之礼。"当天，朱元璋封明升为归义侯，赐给府第。

明升保住了自己的荣华富贵，但是他手下的大将却没有那么幸运，戴寿、向大亨投水自尽；吴友仁因积极抗明，曾经杀死明将汪兴祖，被周德兴、傅友德生擒后押往应天公开处死；其余将领均被发配徐州。

不过，明升与陈理这两位降王的安逸日子过了还不到一年，朱元璋考虑到他们留在京城是个潜在的不安定因素，于是把他们一同迁往朝鲜。

由于担心手下大将据险反叛，朱元璋延续了早先大将攻城、亲信守城的做法。在攻打四川的战争中，朱元璋派养子何文辉作为傅友德的副手随军行动，主要任务是监视傅友德并摘取果实。攻取四川后，汤和、廖永忠、傅友德等返回应天，何文辉继续留任。

傅、廖二人虽被称颂，但没被加封；汤和先前也遭督责，功成后赏赐也很有限。傅、廖二将在灭夏过程中虽立下首功，但最终也相继死于非命。

洪武四年（1371年），除了征伐四川以外，南方地区也发生了不少叛乱，但大明基本是在平静中度过的。年底，徐达从北平府回到应天述职，与朱元璋谈到了逃亡和林的元将扩廓帖木儿，说元昭宗仍让他统领元军，扩廓帖木儿常率军犯边，终是大明一害。徐达已经有一年多没打仗了，心里有些痒痒，于是主动向朱元璋请缨再次西征大漠。朱元璋有些犹豫，说："对方不过是北方沙漠地带的残敌而已，终究会灭绝，而且他们现在远居荒漠，以死自卫。困兽犹斗，何况穷寇？还是暂时不要理会为好。"

但徐达麾下诸将一再请求："王保保（即扩廓帖木儿）蠢蠢欲动，屡屡寇边，疲我守军，遗患无穷。不如趁早灭之，永清沙漠。"

朱元璋本想休养生息一段时间，待国力恢复后再做打算，既然将士们热情甚高，他也只好默许了。但他从史书中了解到，进入荒漠会有令人预想不到的困难，所以，在15万大军出发前，他特意嘱咐道："万事小心，不可轻敌。"

洪武五年（1372年）二月，征北大将军徐达、左副将军李文忠、右副将军冯胜率部进入山西境内。徐达这次撇下两位副将军,让都督蓝玉为先锋,率骑兵出雁门。蓝玉出关至野马川后,遇到元军便打,元军的骑兵虽然很厉害,但仍敌不过蓝玉的攻击,纷纷败走。扩廓帖木儿听说过这位年轻将领的厉害,亲自率军在图拉河畔(位于蒙古国乌兰巴托西)迎战。双方激战一场,蓝玉"击败其众,保保遁去"。

徐达闻讯大喜,决定以主力深入,彻底击败扩廓帖木儿部,结果却中了扩廓帖木儿的诱敌深入之计。当时徐达引兵到达杭爱岭北(今蒙古国境内杭爱山脉以北),将士们都疲惫不堪,忽闻一声呼哨,元军伏兵四起,把明军冲为数截。元将贺宗哲专找蓝玉报仇,使他不得脱身。徐达见腹背受敌,忙下令收缩战线,向中军靠拢,但山岭道路崎岖,进退两难,元军骑兵捡了大便宜,将回撤的明军砍杀无数。由于蓝玉被困,徐达又令中军精锐前去救援。中军配有大量火器,采用"以步制骑"的战术,击退了元兵,救出孤军。明军一直回撤到边塞才布阵防御,准备迎击追赶而来的元军主力。但扩廓帖木儿见明军已经严阵以待,也不敢入塞。

此战明军损失近3万人马,是徐达征战生涯中第一次也是唯一一次败绩。战后,他立刻上表自劾。

值得庆幸的是,徐达的冒进牵制了元军主力,给右路的冯胜创造了战机。冯胜将主力驻扎兰州,让傅友德率骁骑5000为前锋。傅友德直趋西凉(今甘肃武威凉州区),中途击败元将沙实罕,再进军永昌(今甘肃永昌县),又败元太尉朵儿只巴,缴获大量辎重粮草。冯胜乘势率主力出击,横扫元军,击杀元平章卜花,收降元太尉锁纳儿加、平章管著等;接着又分兵至瓜沙州,斩获甚众。

左路的李文忠见元军主力被缠住,立刻亲率轻兵携带20日军粮,倍道急进。元太师合剌章蛮子率手下所有人马前来抗击,见李文忠部军容威盛,心生胆怯,但也只能硬着头皮死战。不要命的敌人是很可怕的。李文忠督军应战,从上午战至傍晚,合剌章蛮子死也不退。明将曹良臣、周显、常荣、张耀等人陆续战死。李文忠的战马也中了箭,他就下马督战。偏将刘义把自己的战马让给李文忠，得马后，李文忠从督战转为先锋，一路冲杀在前。士卒们受到鼓舞，个个奋勇向前。合剌章蛮子抵挡不住，急忙逃走。

李文忠率部追击，结果沿途的元军又集结起来，企图诱敌伏击。李文忠遇到埋伏后并不慌张，依旧从容不迫地调兵遣将，以疑兵之计回应元军。元军不知李文忠底细，不敢贸然出击。李文忠趁夜回撤，结果又迷了路，因缺水缺粮，士卒们饥渴难熬，渴死者甚多。幸运的是老马识途，他的战马发现了一口山泉，大家才得救了。更为神奇的是，第二天上午竟有一支运送粮草的元军从山下经过，李文忠令将士们勒紧裤带，冲下山去打退元兵，劫了粮草。随后，李文忠的人马重振威风，与主力会合后，横扫元军，俘获元兵及其家属近2000人，随即派人送往南京。

十一月，朱元璋诏令赏甘晋京三军。徐达虽然吃了败仗，但朱元璋"以达功大"，没有问罪；李文忠此战得不偿失，朱元璋劝慰他说"如今塞上苦寒，应当让士卒还驻山西、北平近地，以息其劳，卿等还京"；他唯对稍有战功的冯胜等人提出了批评，因为冯胜藏匿所获骡马牛羊及财物，还私弃甘州（今甘肃张掖）、宁夏、西凉、庄浪（今甘肃庄浪县）四城，最终竟被追夺诰券爵禄，"贬为庶人，录其家财"，后来才又重新复职。

这次征战令朱元璋很后悔，劳民伤财却徒劳无功，只怪自己立场不坚。此后戍边将士只练兵驻防，不再轻言进入大漠。与此同时，他还坚持不懈地给扩廓帖木儿写信，希望他"能知时达变，慨然来归"，前后七致劝降书，但都没有结果。他又致书元昭宗，希望他能够"改图易虑，安分顺天，以存宗祀"，但也如石沉大海。

此后，边疆虽稍有战事，但只是你来我往，小打小闹。扩廓帖木儿于洪武八年（1375年）八月病逝于哈拉那海的衙庭（今蒙古国科布多地区）。朱元璋闻讯惋惜不已，当着大臣们的面说扩廓帖木儿是百年难得一遇的奇男子。后来，扩廓帖木儿的亲妹妹被朱元璋封为秦王妃。

第十二章　强力集权固根本

一、整治后宫

朱元璋在操心国家大事的同时，也不忘管好自己的家事。

应天在兴建宫殿的时候，新建了一座文楼，作为太子朱标读书的地方。太子之师宋濂和马皇后都很看好朱标的品行，对他寄予厚望。朱标温文儒雅，读书也很有心得，只是政见常与朱元璋相左。

这天，朱标在文楼一边看书，一边等着宋濂来讨论"仁政"问题。这时，朱元璋走了进来，他没想到父皇会突然驾临，一时有些慌乱。朱元璋示意朱标不必行礼，随口问道："先生还没有来？"他转眼瞟见朱标在看宋濂的自刻文集，不禁皱了皱眉，问道："《资治通鉴》看了多少了？"

朱标回答说："先生不主张多看《资治通鉴》，因为里面缺少仁义道德，为仁君所不取。"

朱元璋一听就火了："一口一个先生说，难道先生说什么都对，朕说的反不如他了？"

朱标回道："儿臣自然听父皇的。但看书一事，儿臣觉得先生说的对，对书要有选择地去读。有一位古圣说过，尽信书，不如无书。"

朱标见朱元璋对自己的话不以为然，又补充说这位圣人就是孟子。朱元璋读经典时就不太喜欢孟子满口的仁义道德，因为孟子生活的时代实际上充满杀戮、诡计和暴政，如果他的仁义学说管用，最后一统天下的为什么是残暴的秦始皇？朱元璋板起面孔，严肃地说："宋太师独信孟子，太子独信宋太师，独信一家之言可不是什么好事啊。"

朱标说："圣人言，仁孝为上，重礼教轻刑法。身为君主必须尊崇礼法，并用仁爱之心去驾驭天下，则四海臣服，天下歌舞升平。"

朱元璋有点哭笑不得，提醒太子说："朕何尝不崇尚礼法，但礼法的教化作用毕竟有限，仁政并不能感化坏人，仁政只对善良的人有用。韩非子主张二柄，也就是两样法器，一是刑，二是德，杀戮为刑，庆赏为德。不要说老百姓，就连那些大臣也一样，害怕刑罚而追逐利禄。"

朱标辩道："先生以为，礼法不只是书面文章，更在于君臣百姓自觉地身体力行。重刑只能收一时之效，重德才会长治久安。"

朱元璋觉得太子的儒雅之气会使他变得迂腐、软弱。宋濂只是太子的讲经老师，而且只是兼职而已，但对朱标的影响却如此之深。宋濂学识高深，人品令人敬佩，但如果他把太子教育成只认死理的人，将来怎么治理天下？大明江山是打出来的，如今天下仍未太平，仅靠教化、仁政并不能解决大明所面临的问题。朱元璋正想教导一下朱标，宋濂进来了。他见到朱元璋后愣了一下，赶紧行礼说："没想到皇上在这儿，请恕罪。"

朱元璋调侃道："老夫子不必多礼。在太子眼中，宋太师可是一人之下，万人之上啊。"

宋濂一惊，不知朱元璋此话从何说起，又是何意，惶恐地回道："老臣万死不敢。"

朱元璋笑了笑说："老夫子不必紧张，刚才太子说，天地君亲师，是古圣人把太师放在朕之下的。"

宋濂听明白了朱元璋的意思，提到嗓子眼上的心才放了下来。

接着，朱元璋把宋濂拉到一边，转入正题："朕今日是受皇后之托来见先生的。"原来，朱元璋之前就相中了常遇春的女儿，想将她聘为朱标的太子妃。没想到还没来得及下定，常遇春就猝死了，此事也搁置了几年，现在他想请宋濂做个媒人。

皇后为什么要朱元璋找宋濂来保媒呢？原来这门婚事是朱元璋与常遇春的约定，但皇后对朱标说起这门亲事时，却遭到了拒绝。朱标对宋濂言听计从，只要宋濂肯出面相劝，此事准成。

宋濂不敢怠慢，费了好一番口舌，终于说服了朱标。洪武四年（1371年），朱标娶开平王常遇春之女，立为太子妃。这也是朱元璋钦定的第一个儿媳。

朱元璋对后宫之事其实不怎么上心，因为他是一个事业型男人，虽然他的后宫妃嫔构成很复杂，但他从不因此影响工作。更重要的是，马皇后贤惠能干，将后宫打理得井井有条。她不仅主管后宫，还负责保管朱元璋行军作战和随手写下的札记、备忘录。她从不邀宠，却能为朱元璋排忧解难。

参军郭景祥守和州，有人告发他的儿子拿着丈八蛇矛想刺杀父亲。朱元璋得知此事后大怒，要杀掉这个不孝子，没人敢劝。马皇后出面阻拦说："传闻不一定是事实。郭参军只有这么一个儿子，杀了他，郭家怕要绝后，岂不是更叫他不孝？"朱元璋只听得进她的话，派人去调查，果真冤枉。郭景祥之子因此免于一死。

李文忠守严州，杨宪告发他有不轨行为，朱元璋立即将李文忠召回，命令他移守扬州。马皇后又劝阻道："严州与敌境相邻，撤换将帅切宜慎重。文忠在军中威望甚高，把他撤下，换成别的人，恐怕难以服众。"朱元璋仔细一想，认为她说得有理，便没动李文忠，使他终成攻克杭州之功。

马皇后为人贤惠，生活极为朴素，粒米丝缕都不肯浪费，平日粗衣淡饭，甘之如饴。朱元璋知道自己有今日，离不开马皇后的支持，内心对她充满感激。他动情地对诸位妃子夸奖马皇后的贤德，还把她比作唐太宗的长孙皇后，说："家有良妻，犹国之有良相。"

马皇后谦恭地说："臣妾闻夫妇相保易，君臣相保难。陛下既不忘与臣妾贫贱时相互厮守的艰辛日子，希望也不要忘记与群臣、百姓在困苦时互相扶持的岁月。再说臣妾哪比得上长孙皇后，只愿陛下以尧舜为榜样,善始善终,与臣民同甘苦、共患难,臣妾就心满意足了。"

朱元璋听了这番肺腑之言,鼻子阵阵发酸,提出要给马皇后的亲族封官。马皇后一听,连忙推辞道:"陛下,此事万万使不得。官爵应当授予贤能之士。臣妾的亲属未必是可用之才,怎能轻易让他们做官呢?听说前代外戚之家,多有因骄奢淫逸、不守法度而致败亡的,臣妾就怕重蹈覆辙。陛下若想加恩于臣妾的亲属,可以多赐给他们一点金钱财物,让他们享用一生就可以了。如果他们确实贤明,自当任用;如不堪造就而给他们官做,他们必然恃宠致败。这绝非臣妾所愿意见到的事!"

朱元璋听了连连称赞。他也读史书,对汉、唐末年因宦官擅权弄得两个赫赫皇朝败亡的教训十分重视。他知道,要使大明王朝长治久安,一定要管好这些身边人。他曾对杨宪说:"朕见史传所载汉唐末世,都是因为宦官作恶,终致不可救治,每读至此,不禁为之愧叹。这些人在人主身边,日子长了,便成为亲信。他们中也有些小心勤劳的,但开国承家,不能用此等小人。在宫禁之内,只可叫他们去洒扫给使、传达命令,岂能让他们参与政事,典兵征战?如不加以防范,国必败亡。"

杨宪奉承说:"陛下防微杜渐,以身作则,堪为百官之楷模。"

一天,朱元璋将后宫的所有内侍太监、宫女召到乾清宫来训话,说道:"你们皆朝夕伴在朕左右,朕的起居饮食全由你等侍奉,朕的个性喜好全装在你们心中。稍不注意,你们便会假威福、窃权势以干预政事,日子一久,便不可收拾。历代后宫致乱的例子太多了。朕为大明江山计,为你们身家性命计,给你等立下几条规矩。一是人数毋令过多;二是不许读书识字,不许兼任外朝文武官职,不得穿戴外朝官员的冠服,不许干预政事;三是严禁说人是非、传播流言,不准心怀恶逆、不守尊卑本分。违者必严惩,甚至处以极刑。"

说完,他指定两个心地忠厚的太监担任巡查之职,一旦发现有违反者,立即禀报。他还亲书"内臣不得干预政事,违者斩"几个大字,交工部衙门铸成铁牌置于宫门,以示警诫。

之后,朱元璋又把十几个妃嫔召集到一起,给她们立下规矩:

"第一，节俭是宝。如今兵戈未息，民困未苏，你等身居内宫，无身心劳苦，更应节俭，当思一饭一粥、一丝一缕来之不易。你们的月费钱要严加控制，不得超支。吃食当以蔬菜为主，衣未破，不得丢弃另置。第二，无才是德。此是要以德行为主，才干为辅。无才，是指有才而能自视若无、不自炫才华的高尚德行。第三，邀宠是祸。不管你们的身份如何变化，都不要凌驾于他人之上，更不能因此而参与任何宫外之事。宫人不得与外界通信联络，更不许结党营私，犯者处死！"

嫔妃们知道朱元璋的脾气，听了朱元璋的话，一个个唯唯诺诺，谨言慎行，不敢有丝毫越矩。

朱元璋的后宫除马皇后外，明史立小传的妃嫔有4人，即成穆贵妃（陈州孙氏）、李淑妃（李氏，李杰之女）、宁妃（郭氏，郭山甫之女）、惠妃（郭氏，郭子兴之女）。另有文字记载的妃嫔如下：真妃（达兰，又称达定妃阇氏，陈友谅之妾）、昭敬充妃（胡氏）、安贵妃（郑氏）、庄清安荣惠妃（崔氏）、丽妃（万氏、葛氏）、顺妃（郜氏、韩氏、余氏、杨氏、周氏、任氏），后来封的有贵妃（赵氏）、贤妃（朝鲜李氏）、惠妃（刘氏）及张美人，另还有早故的碽妃（传说是朱棣生母）等。《明会典》记载朱元璋曾有40妃嫔（另说为46个妃嫔）。也就是说，朱元璋的后宫也是百花盛开，但马皇后对朱元璋并不采取控制的手段，让他专宠自己，而是允许甚至鼓励朱元璋纳妃子，包括前朝元顺帝的妃子洪吉喇氏（有人称是朱棣生母）、朝鲜女李氏、对手陈友谅的妃子阇氏等。

二、弱枝叶而强本干

对朱元璋来说，他最关心的还是明王朝的"万世一统"。考虑到宋、元两朝灭亡都是"主弱臣强"惹的祸，而大明初立，功臣们都分得高官厚禄，尤以中书省之官最为显耀，这使他深为忌惮。

中书省首脑李善长精明强干、劳苦功高、资历最深，开国之初要从文官中推举出丞相，自然非他莫属。然而，再精明的人也难免会有得意忘形的时候，何况李善长绝非完人，明史说他"外宽和，内多忌刻"，参议李饮冰、杨希圣稍微侵犯了他的权益，就被他安上一个罪名给贬职了。这样一个小心眼的人做宰相，必然会党同伐异。

李善长是淮西出身，他所重用的也都是淮西旧部，因此，在朝廷上，除了中书省权重，还有一个淮西朋党的现象。当他在朝中威名四起，与重要官员形成盘根错节的关系后，朱元璋觉得丞相府对皇权已构成威胁，决心收回他的权力，开始物色新丞相的人选。

洪武二年（1369年）的一天，朱元璋召见刘基，表明了换相之意。刘基虽然多次遭李善长陷害，但他却替李善长辩护道："百室先生是开国第一功臣，德高望重，深得众将拥戴，能调和诸将，不宜更换。"朱元璋并不认同，说："他几次要加害于你，你怎么还替他说话？看来你既有大功，又忠心诚实，可以代他为相。"刘基连连叩头推辞道："更换丞相就像更换梁柱一样，必须用大木，若用细木替代它，房屋立刻会倾覆。臣小计小谋倒是不少，但并非巨木，岂能堪此重任？"朱元璋又问："那杨检校（杨宪，时任参知政事）如何？"刘基与杨宪私交较深，但他并没有为杨宪说好话，而是直言道："杨检校虽有相才，但器量不够，当宰相要'持心如水，以义理为权衡'，万不可意气用事。"朱元璋又问："那么让朝宗（汪广洋，调任中书省参政未久）来做丞相如何？"刘基答道："汪参政行事瞻前顾后，且心胸狭窄比杨宪更甚。"朱元璋又问及胡惟庸，刘基说："当丞相好比驾车，胡惟庸是脾气暴躁的牛犊，非但驾不好车，还会把辕木弄坏。"刘基小心翼翼地应对，终于过了朱元璋这一关，但把这几人都得罪了。

朱元璋与刘基谈话后，只得将甄选丞相一事暂时搁置。但作为皇帝，最怕权臣结为群党。他一直以元朝的弊政提醒自己，曾说："元之大弊乃人君不能躬览庶政，故大臣得以专权自恣。"因此，他并不打算就此罢手，改革沿袭于元朝的一系列朝廷制度势在必行，而他改革政体的第一板斧必然是砍向相权。但是，李善长为人处世总体还过得去，且他一向谨慎，没有太大的过错，有什么理由能把这样一个位高权重的二把手给换掉呢？

朱元璋正想来点事，事情真的就来了。

中书都事李彬是李善长的侄儿，一向窃弄威福，而他贪纵之事又被长洲县的县衙主簿穆兴平告发。御史中丞刘基接到这个案子后，很快将李彬下狱，经庭审判为斩立决。李善长私下里向刘基求情，但遭到刘基的断然拒绝。李善长因此对刘基恨得牙痒痒。

当时天旱，朱元璋出京城微服私访去了，留太子朱标监国，在京城主政的李善长正筑坛向天祷雨，这时，朱元璋根据刘基的奏报批准诛杀李彬的函件也正好送达。

眼看刘基就要将李彬明正典刑，李善长非常不满地说："今日正要祷雨，难道可以杀人吗？"刘基毫不客气地回应道："杀李彬，天必雨！"于是立马斩了李彬。为此，李善长更加怨恨刘基，便想寻机报复。

刘基虽然上知天文，下晓地理，但这次能不能下雨他也没有把握，当时说的不过是气话。李彬被杀三日后，始终没有下雨，甚至半个月后等到朱元璋回来，雨仍然没有下。李善长觉得报仇的机会来了，立刻怂恿他的亲信向朱元璋告状，而刘基又因为职责所在，平时得罪的人很多，所以很多人都向朱元璋投诉刘基武断专权。朱元璋感到自己受到了两个大臣的愚弄，成了他们钩心斗角的工具。他非常愤怒，想立刻将他们削爵罢官，但他冷静下来一想，要是这样做，就显得太没有政治手腕了。于是，他改变主意，对刘基说："老先生的年纪这么大了，应该在家颐养天年，何苦在这里陪着我受别人的气呢。"

刘基对朱元璋委婉的劝辞很感激，但又心有不甘。他还没有隐退的打算，他坚信朱元璋还用得着自己，也是信任自己的，不会因为这件事将他辞退，朱元璋之所以这样做，必有其深意。但是，真要离开还得找个体面一点的借口，恰巧刘基的糟糠之妻去世了，于是，刘基以此为由，年底便躲回浙江青田老家去了。

在与刘基的争斗中，李善长暂时取得了胜利。有人认为这是两大集团的斗争。李善长是淮西功臣集团的主要代表，而刘基、杨宪等则是江浙集团的主要代表，他们二人之间的不和谐正是两派争斗的一个缩影——当外敌日渐消失或者威胁日趋减小时，内部的权力之争、利害之争也就开始浮出水面。本来官僚集团内部要互相制衡、互相监督，皇帝只需掌握好制衡之术，但朱元璋的目的似乎并不止于此。

自从李彬被杀后，李善长一直处于惶惶然的噩梦之中，以致不能处理政事，还请了病假。中书省没人管事了，丞相一职还得有人来干。徐达虽是右丞相，但他长期在北方练兵修城防，无暇料理政务，何况这个大明第一武将也不善于理政。朱元璋又想到了那几个被刘基断言不能当丞相的人，于是让杨宪暂代右丞相之职，升徐达为左丞相。

杨宪早年是朱元璋最信任的检校（特务头子之一），后被安插在中书省，名为"言官"。杨宪本来自认为是丞相的热门人选，但早些时候，因为他的弟弟杨希圣（中书省参议）与熊氏（熊宣使之妹）婚约的事情，得罪了朱元璋。杨宪当着朱元璋的面承诺，让弟弟解除婚约，结果杨希圣死活不肯，愤愤地说："皇上抢夺臣妻，亏他说得出口啊！"朱元璋顾及自己的名声，只得另找了一个由头（弄权不法），将这个敢与皇帝争风吃醋的家伙黥面，与熊氏一起发配淮安。

这是一笔旧账，朱元璋虽然没有因此打压杨宪的意思，但在他内心中，杨宪并不是最佳的丞相人选。杨宪在代理丞相期间，罢去旧吏，更用亲信，专决省事，朱元璋接到弹劾奏章后，便想找个人来牵制他。这个人就是同样被刘基认为不行的汪广洋，由他担任左丞相，这样一来，徐达的左丞相之职等同于被免，杨宪则成了正式的右丞相。

按照明初的职官秩序，左丞相为大。汪广洋原本只是一个参政，一下子坐到了左丞相的位置上，爬到杨宪的头上去了，气量狭小的杨宪怎能容得下他？两人之间马上开始了明争暗斗。汪广洋性格"宽和简重"，遇事处处避让，甚至违心依从杨宪，但仍不能免去杨宪的嫉恨。杨宪唆使侍御史刘炳弹劾汪广洋，罪名是"奉母无状"。现在看来，这只是品德问题，但在明初却是大罪。朱元璋严词斥责汪广洋，将他削职为民，放逐还乡。杨宪担心汪广洋日后咸鱼翻身，便再次向朱元璋奏本，于是处分升级，汪广洋被迁徙到荒僻的海南。洪武三年（1370年）七月，朱元璋让杨宪代行左丞相之职。因李善长还在病休，杨宪就成为中书省实际的掌权人。

杨宪一时内心膨胀，以为自己可以一手遮天，开始"市权要宠"，不久便发生了杨宪的外甥科考作弊事件。朱元璋不知道杨宪与作弊者的关系，让杨宪主审此案。杨宪为了遮丑，试图大事化小，结果被胡惟庸等人上本参劾，落了个纵容包庇罪。加上他在中书省非常强势，被众人（主要是李善长的旧部）诟病，朱元璋一气之下将他罢官，后又因事将其诛杀。

这下又没有了左丞相，这或许正是朱元璋的"弱枝叶而强本干"之策。让几个不行的人都来试试看，刘基只知道这几个人不行，却没有料到朱元璋的目的。洪武三年（1370年），朱元璋又将汪广洋召回，封为忠勤伯，先待在御史台，不久又重返中书省。与此同时，第三个被刘基说不行的人胡惟庸也被调到中书省任参知政事，成为丞相的预备人选。

胡惟庸能从太常寺卿调任参知政事，完全是因为李善长的极力推荐。杨宪一出事，李善长的机会就来了，可以在中书省继续安插自己的亲信。但他病休结束后，朱元璋既没有让他回中书省管事，也没有免掉他的职务。他在十一月的封赏大典上虽然被封为韩国公，为六公之首，岁禄四千石，还授开国辅运推诚守正文臣、特进光禄大夫、左柱国、太师，但这些都不如左丞相的权力大。李善长不得不开始琢磨朱元璋的用意。第二年正月，李善长终于想明白了，并做出了明智的抉择，他上了一道奏表，称自己年迈体衰，精力不济，继续为相监国会耽误社稷，故恳请告老还乡。

朱元璋也做出高姿态，一连两次拒绝李善长的辞请。李善长是个精明人，早就看透了朱元璋的心思，所以他第三次请求辞官还乡。

这一次，朱元璋在早朝的时候叫值殿官当众宣读了李善长的辞官表，然后说，李善长有大功在社稷，朕不准他致仕，但再三慰勉挽留也没能留住，只能"忍痛割爱"，赐他荣归故里。

正月底，57岁的李善长带着家人回老家濠州。临行前，他心里有一种无以名状的酸楚。朱元璋明知他今日启程返乡，却毫无表示，他本人不来，至少可委派一个钦差送上一程啊！但最终朱元璋竟没给他面子。

这一年，刘基辞官回乡已经快两年了，他在青田过着隐居生活，只饮酒下棋，从不言功。当地官员想见他，均被婉言拒绝。有一次，县令微服谒见刘基。刘基当时正在洗脚，便让侄子将来人带进茅舍，做饭招待。吃饭时县令表明身份，刘基惊讶地起身称民，告辞离开，最终不肯再见。

刘基隐居期间，朱元璋仍与他保持着联系，不时与他通信。每当出现奇异的天象，朱元璋必亲笔致信询问。

中书省和御史台也有人十分"惦记"刘基，一个是中书省的实权人物、参知政事胡惟庸，另一个是御史陈宁。胡惟庸是李善长的老乡，他很早就追随朱元璋，却一直不得志，只是做些知县之类的小官。但他确实是个有能力的人，在得到李善长的首肯后，他成了淮西集团的新领袖。所以，李善长辞官前几次向朱元璋推举他。胡惟庸得势后，又举荐陈宁为御史台中丞。《明史》记载："宁有才气，而性特严刻。"洪武三年（1370年），陈宁因犯事被贬为苏州知府，他在任上征赋苛急，竟用烙铁烙人肌肤，百姓深受其害，给他起了个外号叫"陈烙铁"。

陈宁被调到御史台后，与胡惟庸往来密切，并一起诬陷刘基。他们向朱元璋告状说："在温州、处州间有一块地叫谈洋，是私盐贩子的老巢，方国珍就是从那里起兵的。至正十三年（1353年）十月，刘基就是因为奏请元朝廷剿灭方国珍而获罪，被羁押在绍兴。刘基希望元朝廷可以在该地设巡检司防守，以防动乱，结果遭到当地人的反对。于是，刘基让长子刘琏将这件事上奏朝廷。"胡惟庸抓住机会，在朱元璋耳边进谗言，说刘基其实是看中那块地有王气，想在那里筑坟，将来他的子孙就可以称王称帝，当地人不答应，于是刘基就请求设立巡检司，其实是为了一己私利。朱元璋对此事的态度晦暗不明，史料记载："帝虽不罪基，然颇为所动，遂夺基禄。"他再次下诏处罚刘基，刘基的官已经没了，还罚什么呢？朱元璋便扣除了刘基那可怜的退休金。

朱元璋明知道这是诬告，却依然处罚了刘基，心中觉得有愧，于是写了一封亲笔信给刘基，召他回京。朱元璋在信中首先提及刘基的非凡功绩："前太史令、御史中丞刘基世居括苍，怀先圣道……从朕于群雄未定之秋，居则匡辅治道，动则仰观天象，察列宿之经纬，验日月之光华，发纵指示，三军往无不克……"朱元璋更感念刘基是与自己同患难过来的，"岂非同患难者哉？今秋（指洪武二年，即1369年，其实已经两年多了）告以失伉俪，携幼子还间里，久而未至，朕心缺然。今天下一家，尔当疾至，辅成治功，庶不负昔者多难之相与。特以手书谕意，命驾一来，良慰朕心"。

见书后，刘基"感其言"就乖乖回来了，但他回朝后并没有官复原职，只是任太史令。到洪武八年（1375年）正月，刘基身染重病。胡惟庸又唆使太医下药，刘基饮药后更加不适，腹中积物如拳石愈增。三月，朱元璋制《御赐归老青田诏》，遣使护送刘基归故里。抵家后，刘基由长子刘琏陪伴，拒绝亲友为他找来的一切药石，只是尽可能维持正常的饮食。几天之后，刘基自知来日无多，便找来两个儿子交代后事。交代完后事，他又让刘琏从书房里拿来一本天文书，对他说："我死后你要立刻将此书呈给皇上，一刻也不能耽误，从此以后，刘家的子孙不要再学这门学问。"接着又说："我写了一篇详细的遗表，向皇上献上我最后的心意与所学，但胡惟庸还在，上奏也是枉然。不过，等胡惟庸败了，皇上必定会想起我，会向你们询问我临终的遗言，那时你们再将我的奏折向皇上密奏吧！"

四月十六日，刘基病逝在家中，享年64岁。六月葬于南田西陵夏山。

刘基死后，大权在握的胡惟庸更加专横霸道，以至于在危险的道路上越走越远："内外诸司上封事，必先取阅，害己者，辄匿不以闻。四方躁进之徒及功臣武夫失职者，争走其门，馈遗金帛、名马、玩好，不可胜数。"徐达也对胡惟庸产生了不满。

于是，胡惟庸买通徐达家的门房福寿，企图谋害徐达，不料福寿立场坚定，反将胡惟庸的阴谋揭发出来。朱元璋以为只是两位主掌军政大权的重臣相互妒忌斗气，而他内心也希望有人对军权在握的徐达有所牵制，因而未作处置。

又过了一年，中书省的问题仍然没有解决。朱元璋认为汪广洋不作为，再次将他免职，升胡惟庸为左丞相。旋即，朱元璋又调汪广洋到御史台任职，不久又转任中书省右丞相，成了胡惟庸的副手。朱元璋如此频繁地调换丞相，目的是什么呢？

洪武九年（1376年），朱元璋着手对地方和中央各级行政机构进行调整，裁汰了中书省平章政事、参知政事；改地方行中书省为承宣布政使司，并另设提刑按察使司、都指挥使司，构成三司，分别掌管原行省一级的民政、司法、军政。而三司又分别独立，不相统率，均直接受制于中央的府、部。次年，设置通政司，"掌受内外章疏封驳之事"，各级章奏可经由通政司直达皇帝，使部分相权为通政司代替。朱元璋对群臣训话道："凡是清明的朝廷，都是上下相通，耳目相连；凡是昏暗的朝廷，都是上下隔绝，聪明内蔽。国家能否大治，其实和这一点有很大的关系。朕经常担心下情不能上达，无法知道治政的得失，所以要广开言路，以求直言。"

胡惟庸非常担心自己被架空，于是选择了对抗，与御史大夫陈宁、中丞涂节等人勾结，并暗中串通一些对朱元璋不满的将领。

这时有人说，胡惟庸在定远老家的一口井中突然长出石笋，高出水面数尺，一些小人借机大肆奉承，更有拍马屁者说看到胡惟庸祖上三世的坟上夜里放光，象征大富大贵。胡惟庸听后十分得意。他与太师李善长相互勾结，把自己的侄女嫁给了李善长的侄子。学士吴伯宗[①]弹劾胡

[①] 吴伯宗：名祐，明初金溪新田（今属江西东乡县）人，洪武四年（1371年），廷试第一名，授礼部员外郎，与修《大明日历》，不归附胡惟庸，被贬居凤阳。后召回，授国子助教，改任翰林典籍。洪武十五年（1382年）升英武殿大学士。

惟庸，不仅没有成功，反而遭到他的报复。

胡惟庸的死党越来越多，连吉安侯陆仲亨、平凉侯费聚都被他拉拢过去了。这二人是军中大员，朱元璋不得不采取措施，处置了他们。胡惟庸担心朱元璋会对自己动手，想拉李善长一起谋夺兵权。李善长见胡惟庸已起谋逆之心，十分恐惧，表示保持中立。

洪武十一年（1378年）的一天，胡惟庸的儿子骑马在大街上横冲直撞，结果跌落马下，被一辆过路的马车轧了。胡惟庸一怒之下将马夫杀死。朱元璋十分生气，准备治胡惟庸的罪。胡惟庸请求用金钱补偿，但朱元璋不同意。胡惟庸知道自己在劫难逃，便与御史大夫陈宁、中丞涂节等党羽"谋起事，阴告四方及武臣从己者"。

洪武十二年（1379年）十一月又发生了占城贡使事件。占城（指今中南半岛东南部）来贡，胡惟庸等人居然不上奏。占城贡使把象、马赶到皇城门口，被守门的士卫发现，报告朱元璋。朱元璋龙颜大怒，下令将左丞相胡惟庸和右丞相汪广洋都抓进监狱。接着，朱元璋进一步对中书省采取行动，"令奏事毋关白中书省"，削夺相权的矛头开始直接指向中书省。

御史中丞涂节见中书省被一锅端，感到自己升迁的机会来了，于是落井下石，向朱元璋告发刘基是被胡惟庸毒死的，汪广洋知情不报。朱元璋就此质问汪广洋，汪广洋矢口否认。十二月，朱元璋以朋欺之罪再次将汪广洋流放，后赐死。

胡惟庸、李善长等人一直没明白朱元璋的本意，实际上，朱元璋之所以让李善长罢相，贬逐汪广洋，并不是为了给胡惟庸腾出空间，而是为了给他自己兼任宰相制造口实。聪明的汪广洋意识到了这一点，所以，朱元璋让他回来做右丞相以钳制胡惟庸时，他才不作为。但也正是因为汪广洋看透了朱元璋的心思，所以这个三起三落的忠勤伯被赐死了。

这时，一些御史理解了皇上的意图，便群起攻击胡惟庸专权结党，试图谋反。胡惟庸经不住刑讯，承认了罪行，同时反咬涂节一口，揭发他也曾参与密谋。在定罪时，廷臣认为："涂节本参与预谋，见事不成，始上变告，不可不诛。"洪武十三年（1380年）正月初六，朱元璋将胡惟庸、陈宁、涂节3个人一起杀了。此事被株连者达3万余人，史称"胡狱"。

胡惟庸被杀后，朱元璋宣布罢中书省，废除丞相制，并诏令后世永不得再设丞相之位。同时诏令迁升六部尚书品位，分解中书省政事归六部，六部尚书直接对皇帝负责，皇帝自操权柄。洪武十五年（1382年）又设内阁大学士，秩仅五品，作为秘书机构协助皇帝处理政务，成为明代内阁制的雏形。

省下设府，府设知府一人，掌一府之政。知府到任，多有皇帝亲自赐给敕书，以加强权威。另设同知、通判，分管清匪、巡捕、农耕、水利、牧马等，还有推官，掌管刑名。与府同一级别的还有直隶州，直接受省的领导，长官是知州，地位与知府平级。府下设县，县设知县一人，掌一县之政；设县丞一人，主管农、粮、马事；设主簿一人，负责巡捕、盗贼之事。这种改革，使元朝时设置的路、府、州、县简化为三级，更便于统治。

三、诸王守边与改革兵制

在中央，朱元璋罢中书省，废除丞相制，将权力牢牢掌握在自己手中，使一帮文臣只能靠边站；而对直接掌握兵权的武将，朱元璋同样放心不下。他第一次远征荒漠失利后，放弃了对草原的征服，但北元遗兵仍对大明政权构成严重威胁，北部边塞形势堪忧。

洪武三年（1370年），朱元璋决定实行宗室分封制，"裂土分封，使诸王各有分地，以树藩屏，以复古制"。明初诸王"据名藩，控要害，以分制海内"，朝廷选择名城大都和军事重镇"预王诸子"，诸王主要布控西北、北方和东北沿线各要塞，防备北元势力伺机南下。

由于受封的诸王大多年幼，没有到自己的封地去，因此，朱元璋暂时任命亲信大将代为镇守重要之地，为诸王日后接管镇守做准备。

洪武四年（1371年），朱元璋令魏国公徐达练兵北平、山西，宋国公冯胜至陕西修筑城池，又命马云、叶旺等人出镇辽东。

朱元璋在动员时对诸将说："身处太平之世，不可忘记战争的危险。与其去攻略荒裔之地，不如守好边境。朕和你们起布衣，削群雄，定祸乱，统一华夏，连年辛劳，至此无事，可以少休。然而念及创业之艰难，以及古人居安思危的警诫，始终不敢懈怠，山西、北平与胡地相接，犬羊之群，狡诈多端，仓猝有警，边地便不安宁，你们又岂能独享安乐？现在太平无事，正好可以到那里去训练军士，修葺城池，严加守备，使边境永安，百姓乐业。朝廷没有了西北之忧，你们也就可以忘怀高枕了。"

徐达等人顿首道："陛下宵旰忧勤，不忘武备，所谓国家有道，守在四夷，臣等敢不恭命。"

这年十一月，徐达等攻打北元军于怀柔三角村，俘获北元平章康同金；李文忠出朔州，擒北元太尉伯颜不花。

洪武五年（1372年），朱元璋命颍川侯傅友德等出镇北平。他还听从淮安侯华云龙的建议，自永平、蓟州、密云往西建立2000余里防线；在紫荆关至芦花岭之间设守备防御，又命山西都卫在雁门关、太和岭以及山谷之间的险要处设关隘，皆以重兵把守，从而建立起一道连接东西、防守严密的北方防线，为日后诸王镇守打下了良好的基础。他在召见驻防大将时告诫："来则御之，去则勿追，此为上策。穷兵黩武，非朕本意，卿等慎之。"

朱元璋一方面派遣武将勋臣镇守北疆，以加强防御；另一方面，他又频繁调动镇守诸将，说明他对武将领兵镇守边塞是不放心的。在他看来，只有依靠诸王守边，才能从根本上巩固皇权，实现长治久安。因此，大将镇守制度仅为诸王守边制度尚不成熟之时的权宜之计。

同时，大将守边也面临着许多问题，这些大将手下的将士都是吃皇粮的，在2000余里的边防线上驻兵数十万，戍边成本太高。洪武六年（1373年），朱元璋传唤重返京城的刘基问计，刘基回答说："陛下远比微臣有远见，早在十几年前就搞过屯兵制。如今陛下拥兵200余万，全靠朝廷来养肯定是养不起，但边患未尽，大军尚不可裁撤，屯兵制仍不失为一良策。"

听了刘基所言，朱元璋感到他对出谋划策已没有往常那样热心，但道理还是不错的。他开始考虑如何将原来的屯兵制进行改革，使之更符合各地的驻防要求。

由于屯兵制涉及军队和百姓，朱元璋让主管户部的张昶会同兵部拟出一个方案来。张昶熟悉元代典章制度，提出了建立卫所制的方法。

洪武七年（1374年），北元大将扩廓帖木儿病逝后，尚有太尉纳哈出屡侵辽东。朱元璋命都指挥马云、叶旺等严加戒备。至纳哈出来攻，设伏袭击，大败北元军，纳哈出仓皇遁去，北塞稍安。

朱元璋有心偃武，常想解除武将的兵权，但北方未靖，朝鲜、西南边陲云南等地尚有余孽，一时不便撤兵，他决定采用张昶的提案，开始试行新兵制。同时，为了防止武将利用战争机会拥兵反叛，他尽量避免战争，宣布了永不征讨的十个邻国名单；在国防方面，武将以屯田设卫、修筑城池为主要工作，对蒙古人采取守势，只有在迫不得已的情况下才发动战争。

洪武十一年（1378年），元昭宗病逝，这在一定程度上配合了朱元璋的防御战略，北方边境虽然仍有战事，但规模都不大。从这一年开始，"自京师达于郡县，皆立卫所"，卫、所是军队组织的两级，一府设所，几府设卫或在军事要地设卫，次要的地方设所。实行军民分治，有点府兵制的意思，军队驻屯一般都带着家属。明朝的200万军队都编于卫所中，大概112人编为一个百户所，1120人编为一个千户所，5600人为一卫。卫所的军官称卫指挥、千户、百户。军户皆另立军籍，是世袭的，精锐的军队多驻在京师。朱元璋在南京一带设有48个卫，有军士20余万人。

军户的主要义务，便是出一丁男赴卫所当兵，称作正军；其他子弟称作余丁或军余。正军赴卫所，至少要有一名余丁随行，以保障正军的生活。由于军户负担沉重，故多给有田地，且正军免全部差役，而在营余丁及原籍下的一丁亦可免差役,以保障其生活并供给正军生活之需。

到洪武十三年(1680年),朱元璋在撤废中书省的同时,宣布彻底改组大都督府,将大都督府分设为前、后、中、左、右五军都督府。中书省和大都督府的改革,是当时明王朝中央军政制度大改组的两翼,其重要意义不相上下。朱元璋规定,五军都督府互不统辖,应该分别与兵部联系工作,统一奏请皇帝裁定。每个都督府内都设有一小群都督,包括左右都督、都督同知、都督佥事、副都督等,皆为负责官员,由朝廷指定各都督府分别统率全国各都司、卫、所,不得随便变动。至此,统军的部门一分为五,领导人更是从一个增加到好几十个。这样一来,任何统军的都督都绝不可能率本部军兵与朝廷对抗了。

那么,诸王戍边与卫所制又是什么关系呢?

随着时间的推移,朱元璋分封的九个皇子已经长大成人,陆续就藩。秦王朱樉封于西安,晋王朱棡封于太原,燕王朱棣封于北平,辽王朱植封于广宁(今辽宁北镇),宁王朱权封于大宁(今内蒙古宁城县西),谷王朱橞封于宣府(今河北张家口宣化区),代王朱桂封于大同,庆王朱㮵封于韦州(今宁夏同心县韦州镇),肃王朱楧封于甘州(今甘肃张掖甘州区)。九王广布于北部边境沿线数千里,组成一道强大的北部防线,足以体现朱元璋对北部边防的重视,也显示了他设防抵御蒙古军事贵族南下的决心。以北方诸镇为中心的边防守卫制度确定下来,经营北方诸镇以维护边塞安定和翼卫明皇室,成为明初的一项基本国策。

边塞九王就藩以后,深受朱元璋倚重。比如,晋王朱棡和燕王朱棣就藩后,明廷"数命将兵出塞及筑城屯田",大将宋国公冯胜、颍国公傅友德等皆受其节制,朱元璋还诏令二王"军中事大者方以闻"。再如,宁王朱权就藩大宁后,"带甲八万,革车六千,所属朵颜三卫骑兵皆骁勇善战"。宁王兵多将广,能征善战,曾"数会诸王出塞",联合制敌,在诸王中以勇略著称。同时,朱元璋让出塞征讨的将帅也归宁王节制。

不仅如此,朱元璋还命九王"岁令训将练兵,有事皆得提兵专制,便防御"；又不时告诫他们攻防之法，并谕令辽王朱植和宁王朱权：
"自东胜（属内蒙古鄂尔多斯）以西至宁夏、河西、察罕脑儿①，东胜以东至大同、宣府、开平，又东南至大宁，又东至辽东抵鸭绿江，北至大漠，又自雁门关外，西抵黄河，渡河至察罕脑儿，又东至紫荆关②，又东至居庸关及古北口，又东至山海卫，凡军民屯种地，毋纵畜牧。其荒旷地及山场，听诸王、驸马牧放樵采，东西往来营驻，因以时练兵防寇，违者论之。"

诸王"有守镇兵，有护卫兵。其守镇兵有常选指挥掌之，其护卫兵从王调遣。如本国是险要之地，遇有警急，其守镇兵、护卫兵，并从王调遣"，"凡朝廷调兵，须有御宝文书与王，并有御宝文书与守镇官。守镇官既得御宝文书，又得王令旨，方许发兵。无王令旨，不得发兵"。诸王成为当地掌权的最高军事长官。

朱元璋一举两得，解决了军政大权问题，使中央的行政、军事、司法、监察机构，均分散事务权于下，大权则高度集中于皇帝一人之手。行政上，皇帝成为全国的最高首脑，从此成为定制。在军政上，使原中央统一的军政机构一分为五，且只管军籍军政；天下武卫官军的选授、检练权则属兵部。至于征伐，则由皇帝命将充总兵官，率卫所军出征，战争结束，总兵官归印于朝，军归卫所。所以，皇帝又是军队的最高统帅和指挥官。在监察司法上，权力分散，互相制约，主要官员均由皇帝任免，皇帝控制了监察司法机构，如此，中央既三权分立，互不统属，又直属皇帝；府、部、院，事权分散，互相牵制，而地方机构又分别隶属中央各部、府、院。故一切大权必然归属皇帝一人，皇权之大前所未有，朱元璋成为历史上权力最大的君主之一。

这一军事体制经过七八年的实践，逐渐成熟。洪武十五年（1382

---

① 察罕脑儿：明初设立的蒙古军卫，应位于鄂尔多斯高原南缘的旧察罕脑儿城，即今陕西靖边县北与内蒙古交界处的白城子——统万城遗址。

② 紫荆关：长城的关口之一，位于河北易县城西40公里的紫荆岭上，是河北平原进入太行山的要道之一。

年）三月十六日，朱元璋颁布施行军法定律：凡管军指挥、千户到任，务必先知卫所官旗军马之数。每月初一、十一、二十一，三次阅视。违反一次，指挥罚俸两月、千户一月、百户半月；违反3次，全部停俸3月；违反6次，全部停俸半年。同时颁行兵卫队伍老幼优给与宫禁守御之令共29条，皆参酌律意制定，遵守实施。

但是，有些隐患也开始暴露出来。诸王就藩以后，因可以掌控及调遣军队，权势日益膨胀，引发了朱元璋及其继任者的担忧。因此，明廷在奉行诸王守边政策的同时，也采取了一些措施来限制诸王的军政权力。朱元璋曾提高都司卫所在地方军事管理体制中的地位，并在地方建立边塞诸王、总兵官、都司卫所三重军事管理体制，将都司卫所系统提升为在一定程度上可以和诸王平分军权的地方军事机构，从而限制诸王的军事权力。

四、设立锦衣卫

为了稳固大明江山，朱元璋可谓绞尽脑汁，他的疑心病比历朝皇帝都要严重，在废除丞相、改革兵制、任命诸王守边后，他很快又出了一个狠招——设立锦衣卫。

朱元璋设立的特务机构锦衣卫，最早可以追溯到由冯国用掌管的侍卫亲军卫队，其中一小部分人被称为检校，被朱元璋下派到各军中完成特殊使命。当时，检校行使秘密监视、侦查、缉拿嫌犯的职权，并数次挫败谋乱者阴谋。后来，朱元璋任命冯国用为侍卫亲兵正都护卫，旋即又擢升为亲军都护指挥使，不久冯国用死于军中。冯胜受命袭兄职，为亲军都护指挥使。

朱元璋称吴王之前，即设有拱卫司，秩正七品，管领校尉，隶属都督府。由此可见，拱卫司里的检校品级是很低的。朱元璋当上皇帝后，对部下防范更严，下派检校的活动更为频繁。他还将拱卫司升格为拱卫指挥使司，秩正三品。设指挥使一人，统将军、力士、校尉等官卒

1500余人；不久，又改为都尉司。洪武三年（1370年）再改为亲军都尉府，管左、右、中、前、后五卫军士，而设仪鸾司隶其下。仪鸾司为正五品，设大使一人、副使二人。洪武十五年（1382年）四月，罢仪鸾司，改立锦衣卫，秩从三品。锦衣卫之下设仪鸾司，正五品；下分御椅、扇手、擎盖、幡幢、斧钺、銮舆、驯马七司，皆秩正六品。这些都是专为皇帝的安全和日常生活服务的，其实这也是锦衣卫应担负的主要职责。

但锦衣卫又被授以侦察、缉捕、审判、处罚罪犯等权力，由此成为一个正式的军事特务机构，由皇帝直接掌控。它的首领为都指挥使，下设指挥同知2人、指挥佥事2人、镇抚使2人、千户14人，下面又设副千户、百户、试百户、总旗、小旗等若干头目；再下面就是普通的锦衣卫密探，叫作力士、校尉。鼎盛时期，锦衣卫密探多达五六万人，耳目遍布天下。

锦衣卫有自己的法庭和监狱，称为"诏狱"。诏狱里设有剥皮、抽肠、刺心等种种酷刑，进了诏狱就等于跨进了地狱的门槛。朱元璋还让锦衣卫在朝廷上执行廷杖，有很多大臣惨死杖下。

在地方上，在各府县的重要地方，朱元璋还设置了巡检司，负责把关盘查、缉捕盗贼、盘诘奸伪。

吏部尚书吴琳[①]告老还乡后，朱元璋曾派锦衣卫去侦察他的活动，看他是否继续从事政治活动。锦衣卫到达吴琳的家乡后，见一个农民模样的人在稻田里插秧，问道："这里有个吴尚书，在吗？"

那人拱手回答："在下便是。"锦衣卫回京向朱元璋报告，朱元璋听了十分高兴。

尽管如此，朱元璋还是担心自己受到廷臣蒙蔽，随时充满戒心，多次与侍从易服微行，一面寻访贤能，一面察探吏治、调查民情，所以江

---

① 吴琳：字朝阳，潮广黄冈（今湖北黄冈）人。洪武六年（1373年）晋升为兵部尚书，后改任吏部尚书。

淮一带常有朱元璋君臣的踪迹。

有时朱元璋还会搞突然袭击，看看臣属在干些什么。弘文馆学士罗复仁①秉性耿直，能言敢谏，但他以前是陈友谅的部下，朱元璋对他怀有戒心。有一天，朱元璋想看看罗复仁在干什么，就亲自跑到城郊的罗家去私访。罗复仁正在粉刷他的几间破房子，朱元璋见状把他夸奖了一通，说："贤士怎么能住这样破烂的房子？"随即下令赐给他一座城里的大宅第。

为了加强自己的统治，在设立锦衣卫的同时，朱元璋进一步完善了中央监察机关，将御史台改为都察院，设左右都御史为长官，与六部长官合称七卿，下设十三道监察御史，负责监察文武百官。都察院的御史对于任何官员都可告发，什么话都可说。巡按御史的权力更大，可以代表皇帝出巡，小事可以立断，大事也可以直接奏请皇帝裁决。

这种以小制大的方法的原理是职权分离，可以防止监察者坐大，是一个创举。那么，谁来监察那些监察别人的人呢？朱元璋采取的办法是让他们互相监察，御史之间可以相互弹劾，这样监察者又变成了被监察者，防止产生绝对权力。同时，锦衣卫也对他们行使监督权。

一天，朱元璋从言官奏本知悉，京城府衙政纪松弛，官员皆人浮于事、尸位素餐。当天晚上，他亲自带锦衣卫上街寻查，经过吏部、户部、礼部等衙门，均有吏员值守，但到了兵部，却发现里面空空荡荡，无人值守。朱元璋便让随行锦衣卫摘下兵部衙门的招牌，带回宫中。他们走不多远，但见一位吏员急匆匆地赶过来，要夺回这块招牌，锦衣卫对其呵斥一番，仍将招牌带回皇宫。

第二天早朝过后，朱元璋召来兵部尚书，斥问昨夜谁在衙门值班，尚书只得据实答道："昨夜乃职方司郎中及其所属吏卒执守衙门。"朱元璋又厉声问道："昨日上来讨要招牌的是谁？"尚书心知不妙，继而

---

① 罗复仁：吉水县（今江西吉水县）人。初为陈友谅编修，后归附朱元璋，任中书谘议。洪武元年（1368年）升为编修。洪武三年（1370年）为弘文馆学士。以秉性耿直、能言敢谏、为政清廉而闻名。

答道:"该吏亦属于职方司。"朱元璋当即下令以擅自离职、不值夜班为名诛杀职方司郎中。职方司郎中由那个上前讨要招牌的小吏继任。为责罚兵部,朱元璋命兵部从此不准悬挂招牌于府衙。因此,至永乐帝迁都北京,40多年来,应天城兵部再也没有署榜招牌,而经此一事,各府衙都勤于公职,不敢稍有懈怠。

被朱元璋抓了现行的人无疑要倒大霉,就是被一般锦衣卫逮着,也难逃大劫。

有一次,学士宋濂上朝,朱元璋问他昨天在家喝酒没有,请了哪些客人,宋濂一一照实回答。朱元璋听后满意地说:"你果然没有骗朕。"显然,朱元璋已经从锦衣卫那里得到报告,如有一句不实,后果不堪设想。

著名儒士钱宰被征参编《孟子节文》,一日散朝回家,随口吟诗道:"四鼓冬冬起着衣,午门朝见尚嫌迟。何日得遂田园乐,睡到人间饭熟时。"结果第二天上朝,朱元璋便问钱宰:"昨天的诗不错,不过朕没有'嫌'迟,改作'忧'字,如何?"钱宰一听,吓得忙磕头请罪。

为了防止刑部、都察院以及军事法庭徇私枉法,朱元璋还设立大理寺作为复审机构,凡大案均由刑部、都察院、大理寺合议,从而使司法部门也互相牵制,防止某一个部门独断专行。

发展到后来,锦衣卫的手越伸越长,不仅负责天下文武官员的侦察和审讯工作,范围还扩大到普通百姓身上,这就与刑部、都察院的职责发生了冲突,加上他们使用的手段太严酷,洪武二十年(1387年),朱元璋看到了锦衣卫的弊端,下令焚毁锦衣卫的刑具,所押囚犯转交刑部审理;同时下令内外狱全部归三法司审理,将锦衣卫废除。但朱元璋真的愿意放弃锦衣卫这把集权专制的尖刀吗?实际上,他只是名义上废除了锦衣卫,朝中官员的一举一动仍然在他的掌控之中。到燕王朱棣起兵夺得帝位后,为了巩固统治,又恢复了锦衣卫。

可以说,锦衣卫从明朝建立到灭亡,始终在暗地里做着种种勾当,极大地影响了皇帝与大臣之间的关系,使官员、百姓、军队与皇帝离心离德,其弊端影响深远。

第十三章 铁腕反腐出奇招

一、雷霆手段治贪腐

朱元璋出身贫苦之家，自小就受元朝贪官污吏的敲诈勒索，他的父母及长兄就是死于残酷剥削和瘟疫，因此他对腐化奢侈、贪官污吏深恶痛绝。加入义军后，他就发誓杀尽天下贪官。登基后，他果然没有食言，立刻在全国范围内展开反贪运动，矛头直指中央和地方各级贪腐官员，首先从自己身边的大臣开刀。

洪武二年（1369年）中秋，朱元璋在奉天殿设宴款待群臣。名为宴会，实则每人面前只有一盘炒猪肉、一碗炖羊肉，另外两盘均是蔬菜，再加一大钵葱花豆腐汤，酒也只是一坛绍兴老酒。

酒至三巡，朱元璋趁着酒兴，给大家讲起了保持忧患意识的重要性。他说："孟子云'生于忧患，死于安乐'，处天下者，当以天下为忧。处一国者，当以一国为忧。处一家者，当以一家为忧。你们身担天下国家之重，一刻不可忘却敬畏。只有居安思危，警戒盈满骄纵，才能常保富贵。古人在自己座位右边放一个容易倾覆的敧器，就是为了经常提醒自己不可因骄盈而覆败。你们要慎之又慎！"

朱元璋深知天下尚未平息，民困尚待复苏，而新朝肇基开国对这批权臣是一个新的考验。他怕他们骄傲放纵，玩物丧志，那样大明王朝也不会长久，所以他要反复告诫，以免他们停滞不前，甚至腐化招祸。

他在酒桌上打招呼，可以说给了臣属很大的面子，谁要是听不进去，离杀身之祸也就不远了。

据传，朱元璋曾命锦衣卫暗察城中大员家的泔水桶，发现其中净是大鱼大肉，便知他们生活极其腐败，故抓出几个典型，当众处决。

朱元璋本意是杀鸡给猴看，希望各级官员引以为戒，而且他对新任的中央和地方官员总是亲自考察过目，在新官履任时赐给他们罗、绢、夏布和银子，连家属也减半发给，大概是希望堵塞贪腐吧。但他万万没想到，官场的贪污腐败却愈演愈烈。

洪武九年（1376年），朱元璋又严办了地方计吏欲持空白官印账册，到户部结算钱谷的一桩大案，史称"空印案"。其中虽多有冤情，但足以反映朱元璋的反贪决心及对国家财税的重视。

空印，就是在空白信笺或文册上预先盖上印章，需要用时再填上具体的内容。这种预先盖好印章的信笺或文册，统称为空印。每年各布政司、府、县要向户部呈送钱粮及财政收支、税款账目。这其中，户部与各布政司、府、县的数字都要完全相符，分毫不差，才可以结项。如果有一点对不上，整个文册都会被驳回，立即作废，须重新填报。同时呈送人还要返回原地方，盖上原衙门的印章才算有效。这种做法带来了很多不便，因此，官员们在实际运作中为了少一些折腾，便宜行事，在进京时就携带多份盖好了本地公章的空白报表。

空印在宋、元时期就已经有了，洪武建元以后相沿未改，也一直没有明令禁止过。这年，明廷考校钱谷书册，朱元璋得知空印之事后，认为其中一定藏有奸弊之事，遂下令严办。

浙江有一个地方官员叫郑士元，也被牵连到"空印案"中。他的弟弟郑士利给朱元璋上了一个奏书，解释说这个空印历来都是这么用的，已经成为习惯，皇上怀疑我们利用空印为非作歹，实际上空印做不了什么事情。它是半印，开介绍信有这种骑缝的印，一撕两半，剩下一半留底，另一半在你的信上，叫骑缝的印，现在叫骑缝章。拿这个半印，到哪儿也干不了事，是不能够用这个来治罪的。朱元璋看了奏章后龙颜大怒，下令将郑士利逮捕，严加审讯，一定要找出幕后指使，并将郑氏兄弟押解到江苏江浦服劳役。

明朝接收的是元朝遗留下来的贪腐成性的官僚队伍，财税系统是贪腐的重灾区，这个系统百十年来一直是一笔糊涂账，深究祸端源于宋元两朝的不查不治。而财税是一个国家赖以生存的生命线，王朝庞大的支出全靠它来维系，结合当时税务账目混乱的情况可以推测，主印官应该普遍存在贪污行为。朱元璋自然无法容忍这条性命攸关的补给线有丝毫差失，于是抓住"空印案"，狠狠整顿与税粮有关的各级官吏。一时间，黑云压城，人人惊恐，即使丞相御史也不敢进谏。上至户部尚书，下到各地守令主印者，不论良莠好坏，一律被处死。佐贰①以下杖一百，充军边地。与此案有关联者多无法幸免。

洪武十八年（1385年），御史余敏、丁廷举告发郭桓贪没钱粮，因涉案金额巨大，对经济领域影响深远而为世人瞩目。

明朝初年，为了保证国家的财政收入，朱元璋建立了一套比较完备的户籍管理制度，将全国的户口分为民户、军户、匠户三大类，并以此为基础征发赋役。户籍管理的核心内容为里甲制，规定每一百一十户为一里（城中称坊，近城称厢），其中选十户为里长；其余一百户分为十甲，每甲选出一户为甲首。里长、甲首皆轮流担任，十年轮换一次，主要负责管束所属人户，督促生产，调解纠纷以及编造黄册等事宜。

编造黄册也就是户籍登记，每里一册，登载该里一百一十户的丁、口数以及年龄、财产状况。因该册必须用黄纸做封面，所以称为黄册。黄册每隔10年必须重新核实更新，写明10年来各户人丁、财产的变化，分列出旧管（上次登记数额）、新收（新增数额）、开除（减少数额）、实在（现有数额）四项细目，以便官府能够清楚地掌握户籍的变化情况，合理征发赋役。

当时，明廷在各州县按征收粮额分为若干粮区，区设粮长。先行于

---

① 佐贰：辅助主官的副官。至明清时，凡知府、知州、知县的辅佐官，如通判、同知、州同、县丞、主簿等，统称佐贰。

南直隶和浙江、江西,有漕各省叫漕运粮长,其他各省叫赋役粮长,苏、松等府兼征白粮的州县专设白粮粮长。十月初,粮长先在粮区内纳粮最多的大户中公推,后由官府指派。官府对粮长的待遇是很优厚的,如期解运税粮到京师的,朱元璋有时还会亲自召见。如洪武十四年(1381年)二月,浙江、江西粮长1325人输粮于京师,返回前朱元璋召见了他们,对他们进行了表扬和慰劳,并给了他们回家的路费。

明朝初年,江浙一带的富户为了逃避徭役,往往将自己的大量田产分割,假托在亲邻佃仆的名下,称作"铁脚诡寄"。时间长了,"铁脚诡寄"蔚然成风,于是乡里欺瞒州县,州县欺瞒省府,奸弊百出,被称为"通天诡寄"。朱元璋知道这种情况后,便派遣国子生到全国各地,召集各村有威望的长者,亲自到田间测量土地,然后绘制成图。图中标注着田亩所属户主的姓名、田亩位置、土质优劣、税则高低以及田亩的四至范围,类编成册,作为赋税徭役的派征依据。由于所绘田图状若鱼鳞,故称为"鱼鳞图册"。

黄册和鱼鳞图册分别将赋税落实到每个人、每亩地,有效地保证了税收的覆盖率,涵养了税源,但是并不能保证中间流通环节不出问题。比如,元代蒙古贵族把持各衙门实权,但又不会治理,常常把各项事务交由吏员去办,而他们本人也任由吏员摆布,吏的乱政虐民表现得更为突出,这就使朱元璋对吏加倍厌恶,叹道:"官非真儒,吏皆奸吏。"为了防止文书吏把持文案,上欺长官,下骗百姓,他改革了文牍制度,制定简约的案牍定式,颁行各衙门,便于官员对吏的监督。

郭桓案发时为户部侍郎,朱元璋怀疑北平承宣布政使司和提刑按察使司官员李彧、赵全德等人互相勾结,吞盗官粮,于是下令严查。随后,御史余敏、丁廷举告发郭桓利用职权,伙同李彧、胡益、赵全德、王道亨等贪污,查实有如下情节:

其一,侵吞太平、镇江等府赋税。

其二,浙西的秋粮本应上缴450万石,其仅上缴200余万石,其余被私吞。

其三，征收地方赋税时巧立名目，加征了水脚钱、口食钱、库子钱、神佛钱等多种赋税，中饱私囊。

朱元璋怒不可遏，命审刑司吴庸负责拷讯此案，指示要层层追赃，自户部到布政司再到府州县，一查到底，并要求贪赃官员如实退赔。

这种顺藤摸瓜、一竿子插到底的查案方式，一直追查到最初的行贿者。最终的结果令人震惊，全国竟有12个省府的官员与郭桓案有牵连，包括礼部尚书赵瑁、刑部尚书王惠迪、兵部侍郎王志、工部侍郎麦至德等，涉案金额为精粮两千四百万石。朱元璋下令把中央六部左、右侍郎以下，直隶和各省的好几万人关进监狱或处死，被摊派到的纳税大户也跟着遭了殃，中等人家大多因此而破产。本案与之前的空印案，被杀者多达七八万人之众。

郭桓案表明了朱元璋粮长制改革的失败，他为此十分恼火，决定借此机会狠狠教训一下粮长们。他说："当各衙门祸害百姓的时候，如果有人能够对百姓的疾苦产生恻隐之心，不与奸官同流合污；当贪官们向百姓科敛的时候，如果有人能够拒绝在公文上签字画押，或者阻止贪官的行为使他们不能得逞，或者用密封的奏书报告皇帝，对百姓予以关怀体恤，那么，这时我不分轻重一律惩处，才是枉及无辜。可惜每次奸官们科敛时都无人阻挡，贪官们横征时也没有人有恻隐之心，大家合伙贪污，又有什么可以区分的呢！"

尽管朱元璋每天早朝必发警言，并在郭桓案中用刑残酷，但贪污仍未被制止。

龙江卫仓官康名远因盗卖仓粮，被挑断脚筋、割去膝盖后，仍旧留在本仓看管粮食。然而没过半年，一个刚下放的进士到仓库放粮，早晨发出筹码200根，到晚上竟然收到203根。进士当面责问，发现原来是康名远不思改悔，奸顽依旧，偷出放粮筹码，转卖给同样受过刑的小仓官来盗支仓粮。

朱元璋闻奏，感慨地说："我以为刑罚已经够残酷了，听到看到的人都会引以为戒，哪曾想到康名远等人肢体残了，面容毁了，仅存一条活命,还是没有停止作恶,仍然盗卖官粮!对于这样凶顽的人,还有什么法可以治吗?"《罪除滥设》中说:"做皇帝太难了,处罚这些坏人,人们就认为是暴君;宽恕这些坏人,就会破坏法制,人们就认为是昏君。"朱元璋表示宁冒暴君之恶名,也不愿为昏君,他说:"我除掉这些不法之徒,各地的不法之徒看见大诰,应当引以为戒,不要重蹈覆辙,永保吉祥安康。如果不当回事,就会身亡家破。戒之哉!戒之哉!"

二、反贪腐不分官民

洪武六年(1373年)前后,朱元璋分派大将到北方各重要府县修筑城防,京城内也大兴土木。这时,曾与朱元璋有过一面之缘的富商沈万三主动找上门来,恳请捐建京城城防。

过去修建宫殿祠庙祭坛,非常缺钱,但朱元璋从不敢向老百姓要一分一毫,担心老百姓骂他奢侈腐化;而现在是修城防,老百姓尽点义务是应该的,所以他欣然同意了沈万三的请求。

沈万三,本名富,字仲荣,湖州路乌程县南浔镇(今浙江湖州南浔区)人,祖上迁居平江路(明改苏州府)长洲县(今江苏苏州)东蔡村。他以沈万三之名风行天下,原名反而很少有人提及。

朱元璋的筑城计划,仅造砖一项,便涉及一部(工部)、三卫(驻军,相当于军分区)、五省、二十八府、一百一十八县,另有三个镇,工程巨大,耗资不菲。但沈万三富甲天下,因私产遍布其地,修建城墙对他来说不过是小菜一碟,除了修筑洪武门至水西门城墙(约74里)外,他还捐献了白金2000锭、黄金200斤;又出10个劳力和10匹马,帮助修建南京廊庑、酒楼等。据说南京城的城墙、官府衙门、街道、桥梁有三分之一是他捐资修建的。朱元璋见他贡献巨大,亲自进行了嘉奖。他在庆功宴会上举着酒杯对沈万三说:"古有白衣天子一说,号称素封,你就是个白衣天子。"

但这次嘉奖给沈万三造成了一个错觉,认为朱元璋也是喜爱钱财的人，所以他后来总是寻找机会，以珍宝钱财向朱元璋献殷勤。朱元璋为此感到十分厌烦，于是派人调查他的财富来源。调查沈万三的人回来向朱元璋禀报说，沈家致富的原因众说纷纭，但主要有三个：一是以躬稼养殖；二是出海通番贸易；三是陆氏赠财。甚至有人说他有一只聚宝盆。

朱元璋听了汇报，觉得其中必有不义之财，还有可能勾结贪官污吏，贪赃枉法，便想惩治一下沈万三。但他一时又找不到借口，便先将江浙一带的守法商人向别处迁徙，而将不法商人一一治罪。松江府的仇氏、叶氏、曹氏、瞿氏、吕氏、陶氏、倪氏等大族普遍因家资雄厚且有不法行径而遭到各种打击，有的甚至被灭族。据说沈万三担心自己也会被强迁，就将他的聚宝盆送给了朱元璋。后来又有传说，说京城有一座城门屡建屡塌，朱元璋就把聚宝盆埋在了这座城门下面，城门再也不坍塌了。这座城门就叫聚宝门（今中华门）。

不过，朱元璋并没有因此就放过沈万三，洪武六年（1373年）年底，机会终于来了，西征大军凯旋，朱元璋想犒赏三军。沈万三闻讯向朱元璋上了一道奏折，说："雄师东征西讨，南攻北伐，屡建奇勋。将士劳苦，小民愿捐资百万犒赏。"朱元璋将沈万三召至京城，有意刁难道："西征大军有近百万人，你能把每个人都犒赏到吗？"沈万三豪爽地回答："愿每个士卒犒金一两！"朱元璋闻言惊讶不已，嘴里却说："虽然你有一番好意，但朕不需要你用钱来赏。"这时他内心已起了杀掉沈万三的念头，他对御史台的人说："一介平民，居然要犒赏天子的大军，必是污长犯上的乱民，其罪当诛。"

马皇后听说这件事后，劝谏道："妾闻法者，诛不法也，非以诛不祥；民富敌国，民自不祥。这种不祥之民，根本不劳皇上亲自动手，上天会替您惩罚他的。"

朱元璋听了马皇后的谏言，虽说没要沈万三的命，但把这个土财主发配到偏僻的云南戍边去了。

洪武十九年（1386年）春，沈万三的两个孙子沈至、沈庄先后入狱。据说沈至入狱的原因是逃避赋役，沈庄入狱则可能是涉嫌"胡（惟庸）党"、逃避赋役而被羁押至京，连补带罚，加上兄弟俩为出狱上下打点，花费钱财无数，此后家道败落。大约在同一年，沈万三的女婿陆仲和也在劫难逃，被扣上"胡党"的罪名满门抄斩。

大明初建时，因国库空虚，朱元璋在修建城防的同时，还派人在南京的秦淮河畔设置青楼妓院，称之为"大院"。他亲自为"大院"题写对联，鼓励天下豪商巨贾到此嫖娼消费。民间传说他题写的上联是："此地有佳山佳水，佳风佳月，更兼有佳人佳事，添千秋佳话。"下联是："世间多痴男痴女，痴心痴梦，况复多痴情痴意，是几辈痴人。"

朱元璋设置大院的本意是鼓励有钱人进行高消费，以增加国家税收，充实国库。可是他万万没想到，设置大院虽然使天下商人纷纷到秦淮河畔寻欢作乐，但同时也使当朝官吏萌生了腐化享乐的思想，他们趋之若鹜，每天下朝后的第一件事就是到秦淮河畔的大院去风流快活。这就需要很多银子，而官员的薪俸十分有限，于是他们开始受贿贪污。

此外，各地的豪商巨贾也纷至沓来，一时秦淮河上流光溢彩，游船画舫来往穿梭，桨声灯影昼夜不息。虽然税收有所增加，但各级官吏也开始腐化。朱元璋看到这一虚假繁荣的局面，十分恼火，立马下了一道圣旨："凡官吏宿娼者，杖六十，媒合之人减一等。若官员子孙宿娼者，罪亦如之。"但上有政策，下有对策，官员仍以各种借口继续安享这种香艳的夜生活。朱元璋只得下令关闭大院，并查办顶风作案的官员，但从此秦淮一带的私人茶肆妓院再也不能禁绝。

其实，朱元璋最初对待贪腐问题，态度还是比较温和的，只因贪腐越反越严重，他才将反贪腐处罚层层升级。即使是开国功臣，只要有贪污不法行为，照样严惩不贷。

洪武十六年（1383年），刑部尚书开济接受一死囚家人贿银万两，让郎中仇衍为其开脱死罪，用另一死囚做替死鬼。他还勒索其他囚犯家人钱物，结果导致一家二十口人全部自杀的悲剧。开济的不法行为被一狱官告发，于是，他和刑部侍郎王希哲、刑部主事王叔征把该狱官抓起来，杀人灭口。此事被监察御史陶垕仲发现并奏报朱元璋，朱元璋怒火冲天，立刻将开济、王希哲、仇衍等人弃市处死。

洪武十八年（1385年），工部许多官员借营建宫廷之机，采取虚报工匠工役人数、天数多领工银，发放时则克扣工匠银两私吞。朱元璋在一次突击检查中查出侍郎韩铎、李桢贪污受贿案，并带出中央专门派去监督工部的工科给事中。这一干人也一个不留，全部杀无赦。

永嘉侯朱亮祖曾参与攻灭陈友谅、张士诚等战役，勇悍善战，立下不少战功，但在奉诏出镇广东时"所为多不法"。洪武十三年（1380年），广东番禺知县道同把当地一个作恶的土豪抓了起来，其他土豪都向朱亮祖行贿，恳求他把被抓的土豪放了。朱亮祖受贿后，便宴请道同，要求释放土豪。但道同义正词严地说："公乃大臣，为何受小人役使！"朱亮祖觉得太失体面，于是，不征求道同同意，竟私自把土豪放了。另外，朱亮祖还纳富民罗氏女为妾，罗氏兄弟怙势为奸，也被道同抓了起来，朱亮祖又把他们放了。道同愤愤不平，上了一道奏折控告朱亮祖的贪赃枉法行为，但他的奏折还没到京城，朱亮祖弹劾他对上司无礼的奏章却先到了，朱元璋未知实情，马上派使者赴番禺诛杀道同。几天后，他见到道同的奏章，才了解到事情原委。道同不仅不该杀，相反，他敢于揭发大臣不法之事，乃正直有气节之臣，应该予以表彰，于是又赶紧派一使者去赦免道同，但后派的使者到达番禺时道同已经被杀。朱元璋对朱亮祖受贿并诬奏道同的行径非常气愤，马上召朱亮祖和他的儿子、广东卫指挥使朱暹进京面圣。九月初三，朱亮祖父子被押到南京，受廷杖之刑而死。朱亮祖死后，朱元璋为抚慰他人，仍以侯爵之礼安葬，并亲撰墓志，评价其一生功过。

洪武十八年（1385年），兵部侍郎王志把征兵收钱当作生财之道，收取的钱物全部落入自己的腰包，案发时，查没的贿银达23万两，大多是逃避服兵役的世袭军户所送。朱元璋毫不客气地下令将王志腰斩。

洪武十九年（1386年），礼部侍郎章祥伙同员外郎辛钦私自侵吞皇帝赏赐给公主婚礼用的银两，被朱元璋拿了个正着。刑部郎中、员外郎受贿虚报死亡并私放两个死囚也被告发。这些人都被朱元璋斩首。

朱元璋对自己的亲属有贪赃枉法行为的也是该杀就杀，该罚就罚，毫不留情。早在至正二十一年（1361年），为了增加财税收入，朱元璋就专门制定盐法、茶马法和钱法等，其中，盐法规定：严禁贩卖私盐，并设官盐局进行专卖。茶法也是一样，规定商人到产茶区买（贩）茶，必须向官府缴钱买得一定的贩茶凭据——茶引（类似盐引）。每引茶的限额为100斤，需纳钱200文；不足一引的则叫畸零，发给"由帖"。如果没有茶引和由帖，或者茶数与引、由不符，就叫私茶，准许他人告发或直接逮送官府问罪。

朱元璋的三女儿安庆公主的丈夫名叫欧阳伦，官居驸马都尉。他进士出身，生得相貌堂堂，一表人才，为人聪明能干，深得朱元璋的喜爱。欧阳伦做了皇家驸马后，对公主温柔体贴，百般恩爱，深得公主的欢心。于是他仗着皇亲国戚的权势和威望，生活开始腐化起来。要过奢侈的生活就得有钱，他花巨资修建了驸马府，装饰得比皇宫还要富丽气派，然后借此大肆收礼；接着又到处搜集奇珍异宝，一时门庭若市，各地官员争相登门献宝。

这种敛财之道虽能很快致富，但毕竟有限，而且还得偷偷摸摸地做。洪武三十年（1397年），欧阳伦奉命出使川陕两省，开始把手伸向茶叶经营。他明知茶叶是国家重要的出口物资，由皇家统一控制，但他利令智昏，利用职权贩卖私茶，牟取暴利，成为当时的"官倒爷"。他倚仗自己的特殊身份和手中的特权，开始委派家奴周保私下动用官府车辆及征集民间车辆，大肆走私茶叶，从中牟取暴利。

古代交通不发达，为了政令通达，就设立了驿站接待制度。朱元璋为了限制官员特权，对驿站的使用作了限制，规定"非军国重事不许给驿"，擅自使用驿站车马的要治罪。但欧阳伦却非法使用官方驿站，为自己贩茶提供方便。而且，他不仅贩茶，还要逃税，地方官不敢管。他的家奴周保仗着主人的权势，骄横异常，经常指挥庞大的走私茶叶车队擅闯关卡，但凡有地方官员阻拦，非打即骂。有一次，欧阳伦甚至亲手暴打蓝田县河桥司巡检税吏。被打官员气愤不过，便将驸马走私茶叶之事告了"御状"。

地方官员告发后，朱元璋勃然大怒，不顾安庆公主苦苦哀求，也不念翁婿之情，依法行事。他深知处死驸马的后果——爱女安庆公主将成为孤苦伶仃的寡妇，马皇后一生就生过两个女儿，安庆公主便是其中之一，至亲至爱。但他冷静下来一想：不杀驸马，何以服众；驸马不死，国祚怎安？是年六月，他毅然决然地将驸马欧阳伦赐死，并处死了周保一干人。

三、把反贪制度化长期化

朱元璋下大决心整顿吏制，大杀贪官，但十几年的实践证明成效不大，仅靠酷刑并不能解决这些矛盾，相反，一些旧有的习气仍在明初的官场上蔓延，这使他不得不考虑多种措施并举，比如采用思想教育、重视立法、加强监察、提倡节俭等。

朱元璋最初主张教化、刑杀两手并举。洪武四年（1371年），他和御史中丞陈宁讨论刑罚的问题，陈宁建议说："法重则人不轻犯，吏察下无遁情。"但朱元璋并不赞同，"不然，法重则刑滥，吏察则刑苛。过于严厉地去查，就会查出很多臣民有罪；诱导人们反映民情，必然会出现很多弄虚作假的事情。正如垒石之冈，势非不峻，而草木不茂；金铁之溪，水非不清，而鱼鳖不生。"

洪武十年（1377年）户部上报，全国税收没有达到预定标准的有178处，此时距大明开国已有整整10年，江南鱼米之乡本是重要的税收来源，但"两浙富民畏避徭役，大率以田产寄他户"。为了保证国家的财税收入，朱元璋决定"重典治吏"，主要针对两类现象：一类是各级政府官员中贪渎腐败的现象，另一类是功臣宿将飞扬跋扈、欺压百姓的现象。在修订的《大明律》中有《刑律》"受赃"一篇，受贿一贯以下就要杖责七十，八十贯即为重罪，当处绞刑，惩罚十分严明，为铁腕反腐奠定了基础。

山西平遥县县学有一个训导叫叶伯巨，他上了份奏折，指出了朱元璋几个做得不妥的地方，其中有一条叫"用刑太繁"，说皇上用刑太繁太多。皇上天天处罚人，早上刚任命一个人当官，下午就把他给废了，这叫底下的人不能好好办事，无所适从。上下官员人人自危，没有一天踏实的日子。但朱元璋觉得用刑还不够严厉，因为贪腐现象有增无减，他又用两年时间亲自制定并颁布了《大诰》《大诰续编》等法律文件下发给各级官吏比照执行。其中既有惩处的规定，更有惩处贪官污吏的案例 156 个，其后还附有总结。到洪武二十五年（1392 年），当他发现御史宇文桂身藏十余封拉关系拍马屁、私托求进的信件后，立即派人对中央各部和地方官府进行调查，结果发现从上到下贪污腐败现象仍然极其严重，于是再次诏令天下："为惜民命，犯官吏贪赃满六十两（银）者，一律处死，决不宽贷。"

不久后的一天，朱元璋在翻阅一批处死贪官的卷宗时突发奇想：只将百姓痛恨的贪官一刀斩首，太便宜他们了，即使采取挑筋、断指、断手、刖足、削膝盖等酷刑也难以叫人解恨。这些刑罚用过之后，人们很快就忘了，他想到了一种可以长久给人警示的方法——剥皮楦草①。随即，他颁布了《醒贪简要录》，类似于一部干部管理条例，其中规定：官吏贪赃六十两（银）以上的枭首示众、剥皮楦草。

从大明的法律文书的几次修订来看，像剥皮楦草这样的酷刑作为法律条文正式颁布施行，说明朱元璋对贪腐的处罚规定越来越重，手段也越来越残酷。为了惩治贪官，朱元璋研制了很多令人触目惊心的酷刑。

---

① 剥皮楦草：明朝《大诰》中的一种酷刑，即把人皮完整剥下来，做成袋状，在里面填充稻草后悬挂示众。

朱元璋在反贪腐行动中，不仅对人犯实施酷刑，还大搞株连，使反腐扩大化。根据有关史料估算，洪武年间有 10~15 万贪官人头落地。洪武二十一年（1388 年），翰林学士解缙给朱元璋上了一道奏书，指出他用刑太繁的问题。解缙说从国初到现在已经 20 多年了，没有哪一天法律是不改变的，没有哪一天是没有人犯错误的，只听说皇上震怒，除根剪蔓，诛杀犯罪官员，没有听皇上表扬过一个非常好的，赏延于世，复及其乡，始终如一的人。也就是说朱元璋只知道惩恶，不注重扬善。

其实，朱元璋在廉政教育上也树立过不少典型，采取了一些奖励措施。

当时，朱元璋对各级官吏实行考评制度。百官考核之法，分为考满、考察两种，二者相辅相成，由吏部与都察院共同负责，也以八法衡量。考核的依据是《诸司职掌》中规定的内容，根据官员的政绩和表现分别评为"称职""平常""不称职"三种。考察则是针对地方官员进行的定期考察，3~6 年进行一次，时称"大计"。在职官员考察评为贪、酷、浮躁、才力不及、年老、有疾、罢软无为、不谨八种，这实际上是对官员的不足和过错的审查，其中以"贪"为最。凡被列入八法之中的，都要降级或是撤职，京官还要贬出京城，调往边远地区。如果在大计中受到较重处分，将终身不被叙用。比如，洪武十八年（1385 年）对全国地方官员 4117 人的考核结果：称职者仅为 471 人，贪污者 171 人，无政绩者 143 人，称职者只占 10% 左右。如此严格的考核，也是朱元璋重典治吏的一种手段。

当然，对于考核合格的官吏，该奖赏的则以各种方式加以奖赏。尤其对廉洁的官员，不仅赐米赐绢，还有鼓乐开道，沿途宣扬，让人尽皆知。廉洁的官员即使因他事犯有小过，也可以原谅和赦免。官员犯有过错入狱，只要老百姓为他诉冤，称赞他廉洁，同样可以免其罪。比如四川定远知县高斗南入狱后，就是因为老百姓为他鸣冤、讲述他的善政，不仅得以免罪，还得到了不少奖金。这种方式可以称为群众考评。又如，灵璧县丞周荣因某案牵连，被逮入刑部。年老乡绅成群结队地来到皇帝面前说他的好话，朱元璋详查后传旨立刻释放周荣，并由礼部出面宴请他和年老乡绅后送还任上。不久，朱元璋又将周荣从副职升为灵璧知县，最终官至河南左布政使。

另外，四品以上的地方官员每三年都要进京述职，述职完后，朱元璋会设宴招待。但是有个规矩，得按述职评定的优中差三等来安排位置。优等，赐座位；中等，站着吃；差等，只能看着别人吃，散宴之前不许离开。

政绩获得民众称赞的给予额外奖励。比如，济宁知府方克勤在任上为老百姓办了不少好事，尤其注重兴办教育，在乡村办起社学，请儒师教民间子弟读书。而且，他为官清廉，经常自掏腰包帮助贫困百姓，自己却过着非常简朴清贫的生活，并较好地处理了生产与劳役的关系，老百姓编了一首民谣称颂他："孰罢我役？使君之力。孰活我黍？使君之雨。使君勿去，我民父母。"朱元璋闻奏，专门赐宴进行表彰，还奖了布匹给方克勤，让他连任知府。

地方官员在任上敢于揭发贪赃枉法者也会有奖励。比如，对检举揭发驸马欧阳伦贪赃的蓝田巡检司税官，朱元璋专门派了使臣去慰问和嘉奖他。

为了让官员能够廉洁奉公，朱元璋还设计了一种监察官吏的制度。官方机构主要由御史台负责，设有一名御史专管群众举报；又设巡按御史，巡查地方民情民怨和官吏的执政情况。暗中还有无孔不入的锦衣卫在活动，任何官员都在侦听、窥伺的范围之内。

同时，为了广开言路，让官员受到更广泛的监督，朱元璋在午门外设立"登闻鼓"，号召百姓击鼓鸣冤。御史接状后，须马上交给相关部门处理。

后来群众监督权不断扩大，甚至可以将贪赃枉法的官吏直接解送到上级部门。比如河北乐亭县有一个主簿叫汪铎，他伙同他人，巧立名目，向老百姓摊派税负敛钱，强迫老百姓每人捐出相当于6石米（与副县长一个月工资差不多）的钱财，老百姓非常不满，但又投诉无门。农民赵罕辰便率领三四十个农民将汪铎等8个贪腐污吏捉拿捆绑起来，押送到应天告御状。在半路上，汪铎苦苦哀求道："我从14岁开始寒窗苦读，10多年后才有今天的地位，求你们饶了我这一次，我定会知错必改，不要因此坏我前程。"但赵罕辰态度坚决，仍将他送到京城。朱元璋派人查实案情后，下令将这8个人全部斩首。

再如，常熟县农民陈寿六率领自己的弟弟与外甥3人，捆绑了"害民甚众"的县吏顾英，押赴应天告发，朱元璋对此过激之举竟十分欣赏，夸赞了陈寿六这一壮举，还大张旗鼓地加以宣传，赏了陈寿六等人钞票20锭，每人新衣两件，免除他们3年的杂役，并通报全国。在洪武朝，"民拿官"一度成为一种制度，而且谁也不能阻挡，"敢有阻挡者，其家族诛"，也不准官员事后报复。

洪武二十五年（1392年）八月，朱元璋煞费苦心，经过两年时间汇编、颁布了一部反腐教材，即《醒贪简要录》，由朝廷统一出版赐给官吏，每人一册。朱元璋在序中写道："四民之中士最贵，民最苦，最苦者是什么呢？每当春耕之时，鸡鸣而起，驱牛柄犁而耕。禾苗即种，又要耕耨，炎天赤日，形体憔悴。等到秋收，交官之外，所剩无几，要是遇上水灾虫灾，则全家遑遑，毫无希望。今居官者不念民苦，甚至刻剥而虐待他们，真是太没有良心了。今颁书于中外，望做官的懂得体恤吾民！"他在书中详细记载了大明各级官吏的品级、俸禄，官员们从朝廷领到的禄米有多少石，种田的农民要付出多少劳动，一目了然，希望用这样真实的数据教育官员。可以说，《醒贪简要录》就是最早的"廉政教材"。

尽管明初二十几年的财政收入一直捉襟见肘，但朱元璋对于官员还是尽最大努力奉行以薪养廉，防止官员奢侈浪费。原则是既不"虚费天禄"，又使官员得以制禄养廉，为朝廷管理百姓。他有一次总结反腐经验时说，不预先给以养廉之费，便难以责其奉公守法。洪武二十五年（1392年）前后，一个正七品知县年俸90石，一个正九品县主簿年俸60石，相当于拥有40亩田的中小地主的正常年成收益，基本可以满足小康生活，但又不至于太过奢侈。朱元璋的治吏目标是让官员们"量入为出，裁省妄费，宁使有余，毋令不足"，过一种恬淡节俭的生活。

第十四章 消除隐患诛功臣

一、彻底肃清胡党

通过机构改革、强力集权、铁腕反贪，明初的统治日渐稳固，朱元璋也曾考虑像宋太祖赵匡胤那样剥夺武将功臣的军权，直至把他们置于死地，以此确保江山不易主。但是，西南、东北、西北的战事仍在进行着，他独掌军权的条件还不成熟，只能期盼还在前线拼杀的将领一鼓作气，早日扫清残余之敌。

武将暂时动不得，朱元璋首先将屠刀对准了文臣。此前胡惟庸一案虽然使他的皇权得以稳固，但真正的勋臣并没有受到太大的影响。朱元璋起于淮西，功臣勋贵也大多来自淮西，淮西政治集团的根基并未动摇，他对淮西集团想动而不敢动，只得以深究胡惟庸一党为名，继续究办奸党。其中有几个小人物也被列为"胡党"，包括侍从学士宋濂的孙子宋慎。宋濂因此受到牵连被朱元璋召至京城问罪，当时宋濂已经致仕回老家3年了。

宋濂为人一向谨慎小心，俯仰无愧，被人们尊称为"太史公"。作为太子的老师，宋濂深受马皇后和太子信任，朱元璋对他也很敬重。在他担任史官期间，朱元璋为了感谢他，主动提出任命他的儿子宋璲为中书舍人、长孙宋慎为礼部官员。朱元璋对这两个后生很是关照，还曾跟宋濂开玩笑说："爱卿为朕教导太子、诸王，朕也教导卿的子孙守礼法孝道。"宋濂的腿脚不方便，上下朝常有儿孙搀扶，他们"祖孙父子共官内庭"一时传为美谈。这对文臣来说是一种很高的荣誉。

宋濂洁身自好，从不拉帮结派。由于他与皇家接触很多，知道很多别人不知道的秘密，为了警醒自己慎言，他在居室的墙壁上写"温树"二字，同时也写有告诫世人的《磨兜坚箴》。洪武十年（1377年），他打算告老还乡，朱元璋赐给他《御制文集》及绮帛，并对他说："卿藏此绮帛32年，待百岁之时做件百寿衣吧。"但本该在家安享晚年的宋濂做梦也没有想到会天降横祸。

宋濂奉召重返应天后被下狱论死，当时他的儿子和孙子已被处死。太子朱标想替老师求情，料想父皇不会买账，只得去求母后。马皇后了解事情的原委后，立刻向朱元璋进谏说："臣妾听说寻常百姓为子弟延请教师，尚且能够自始至终以礼相待，宋学士曾是太子的老师，为何偏偏连性命都不能保全呢？"

朱元璋很生气地说："此案牵涉谋逆，其罪当诛，如何保全？"他是想通过胡惟庸案将逆党彻底铲除，如果这次网开一面，恐怕后面还有人会为其他涉案者说情，所以他严词拒绝。

马皇后又说："宋学士的为人陛下是知道的，何况他已经回老家几年了，肯定不知情。"

朱元璋闻言更加生气，愤然说道："事关国法要事，不是你一个妇道人家该过问的。朕心意已决，皇后多说无益！"说完气冲冲地拂袖而去。

按照后宫轮值安排，第二天刚好是马皇后陪朱元璋吃饭。一起吃饭的时候，马皇后完全不碰酒肉。朱元璋不解地问皇后怎么回事，马皇后低泣着回答说："宋先生要被斩首了，臣妾心里悲痛万分，正在为他祈祷求福。"

朱元璋看着两鬓斑白的结发之妻，想起往日的种种艰辛，心生恻隐，猛然放下筷子站起来，传唤近侍草拟诏书，赦免宋濂的死罪，改将他流放茂州（今四川茂县）。

但这个刑罚对于一个年过七旬的老人来说也是相当残忍的。尽管逃过一死，但是千里迢迢、山高路险，无疑是一种痛苦的折磨，而对一个一生坚守清誉的学者来说，心灵的折磨更是难以磨灭。作为一个"俯仰无愧"的正人君子，宋濂就这样忍受着双重折磨上路了。第二年五月，宋濂走到夔州（今重庆奉节县一带）的时候，实在累得不行，在傍晚歇息的时候，端坐敛气而逝。

宋濂死后，他的弟子方孝孺①为他写了一篇祭文，其中诉冤道："公之量可以包天下，而天下不能容公之一身；公之识可以鉴一世，而举世不能知公之为人。道可以陶冶造化，而不获终于正寝；德可以涵濡万类，而不获盖其后昆。"读之令人唏嘘不已。此后方孝孺每过夔州，都不忘祭拜恩师。

在审理胡惟庸案之初，朱元璋还是很有些顾虑的，但他一直在等待机会，一心想将威胁皇权的隐患全部清除。他广开言路鼓励官民，积极检举揭发逆党、贪官。他生性好猜忌，文武百官稍有过失，就会身陷囹圄，所幸马皇后总是从旁劝谏，他才稍为收敛。

洪武十五年（1382年）八月，马皇后染病，药石无效。她预感到自己来日无多，便嘱咐朱元璋要"求贤纳谏"，然后又把子孙叫到床前，对他们说："生长在富贵之家，当知蚕桑耕作之不易，当为天地惜物，且为生民惜福。"之后马皇后溘然长逝，朱元璋悲恸不已，发誓正宫再不立后，同时让人收编马皇后的美德事迹，印发宣扬。九月，葬马皇后于孝陵，追谥为孝慈皇后。因成穆贵妃孙氏已逝，此后，后宫依品秩由淑妃李氏执掌。后宫妃嫔再没有人敢向朱元璋提出劝谏，他的脾气变得更加暴戾。

洪武十八年（1385年），朱元璋接到举报说，李善长的弟弟李存义和李存义的儿子李佑，不仅是胡惟庸的至亲，曾与胡惟庸往来密切，而且有谋逆言行。众所周知，李存义的儿子娶的是胡惟庸的侄女，双方有姻亲关系，往来密切是很正常的事情。至于谋逆言行，主谋已伏法，且

---

① 方孝孺：浙江宁海人，字希直，一字希古，号逊志，学者。洪武二十年（1387年）召至京城，为汉中府教授诸生。建文帝即位，召为侍讲学士，修《太祖实录》。后因拒绝为发动"靖难之役"的燕王朱棣草拟即位诏书，被朱棣杀害。

事情已经过去整整5年，如何对证呢？所以，朱元璋对李存义宽大为怀，只是斥责了李存义，将他们贬至崇明而已。这显然是给了李善长很大的面子，没有牵连到他本人。但李善长对朱元璋的恩赐似乎反应冷淡，居然没有谢恩或者其他表示，这让朱元璋心里很不舒服。也许李善长认为原本就没什么事，用不着感谢；也许是他认为自己与朱元璋的地位相差无几，且自己比他年长，为什么要对他俯首谢恩呢？

朱元璋心里也清楚，对付李善长这样的勋臣，不能像对付胡惟庸那样简单，因此他选择了隐忍，希望李善长自己觉悟。但李善长作为一个致仕官员仍一直待在京城，还很关心朝中之事。若别人有所求，他也很乐意帮忙。朱元璋对此更为不满。洪武十九年（1386年）四月，有人告发李善长为一个犯罪的亲戚求情，这个人叫丁斌。本来李善长为亲戚求情免罪属人之常情，但朱元璋却下令严查，让丁斌交代李善长是怎样为他托请的。显然，他针对的不是丁斌之罪，而是李善长的托请情节。经审讯得知，丁斌曾经在胡惟庸家做事，他举报家主胡惟庸曾与倭寇有来往。再一查，又查到了明州卫指挥林贤头上。林贤一口咬定是受胡惟庸差使，于是，胡惟庸谋反罪有了进一步的证明。朱元璋本想借此大做文章，但查来查去还是查不到李善长谋逆的直接证据。

到洪武二十三年（1390年），接连发生了两件事，再次将李善长卷入胡惟庸谋反案中。第一件是李善长在老家修宅邸，向信国公汤和借士兵300人干私活，汤和答应了，但他胆小怕事，于是又向朱元璋禀报了此事，结果累及京城吏民数百人。李善长父子也免冠待罪。紧接着又发生了第二件事，一个叫封绩的人被捕，揭发李善长北通蒙古，还牵连到陆仲亨、唐胜宗、费聚、赵庸等开国功臣"与惟庸共谋不轨"之事。

封绩是元朝旧臣，后来归降于大明。据说胡惟庸任丞相期间经常派他往来于北元、明朝之间收集情报，还曾替胡惟庸送书信给北元嗣君。他交代，胡惟庸在信中对北元称臣，并请元嗣君出兵为外应。到洪武二十一年（1388年），大将军蓝玉出塞西征大漠时，在捕鱼儿海将胡惟庸暗通沙漠的使者封绩俘获，但李善长因为害怕事情会牵到自己，便索要封绩藏匿起来，并未上奏。封绩此次被捕，使陈年旧账又被提了起来。这时，李善长的家奴卢仲谦又落井下石，将李善长平素与胡惟庸往来的经过一一举报出来，其中有三次提及"谋反"。与此同时，陆仲亨的家奴封帖木也来凑热闹，不但告发了陆仲亨与费聚，而且把唐胜宗与赵庸也拖下了水。

朱元璋终于忍无可忍，决心彻底肃清逆党。于是，一场规模空前的血腥屠杀无可避免地发生了。首当其冲的自然是李善长，朱元璋给他定罪说：善长元勋国戚，知逆谋不发举，狐疑观望怀两端，大逆不道，罪该处斩。但念及他已经是76岁的人，又有多种荣誉称号和封号，朱元璋给他留了全尸。李善长一家70多口人同时被杀。唯有一子李琪，因是临安公主的丈夫、驸马都尉，得以恩赐免死，流徙江浦。

随后，朱元璋又命锦衣卫究办李善长同党（或称胡惟庸逆党），只要是与胡惟庸、李善长有关联的人，都被治罪。申国公邓镇（邓愈之子）、吉安侯陆仲亨、延安侯唐胜宗、平凉侯费聚、南雄侯赵庸、江南侯陆聚、宜春侯黄彬、荥阳侯郑遇春、巩昌侯郭兴等，一并坐狱论死。胡廷瑞也被列为李善长同党，有人告他因长女为贵妃，偕同其女婿扰乱宫禁，事情败露，他的女婿也受刑而死，胡廷瑞则被赐自尽。

谁也没有料到，胡惟庸谋反案过去10年后，竟然牵连出那么多"胡党"，先后遭株连而被杀者竟达3万余人。

二、清理棘杖上的刺条

李善长等人被诛，标志着淮西集团文官势力基本被铲除殆尽，朱元璋的下一个目标就是武将势力了。不久，他作《昭示奸党录》布告天下，继续追查奸党。

这时，有几个不怕死的人，如翰林学士解缙、郎中王国用，上表为枉死者喊冤。朱元璋虽然很恼怒，但也不知道如何解释他为什么要杀那么多人，也根本说不清楚其中到底有多少人是冤死的，只能沉默以对。

太子朱标见朱元璋理亏不吭声,几次劝谏他不要再开杀戒,应施行"宽通平易之政",搞得朱元璋很恼火。有一次,朱元璋命人找来一根长满尖刺的荆棘放到朱标面前,命朱标去拿,朱标有点害怕,不敢伸手。朱元璋借此对自己大杀文武功臣进行辩解说:"朕杀掉这些人就像去掉荆棘上的尖刺一样,只有把修理干净的枝干留给你,你才能握得住,这不是很好的事情吗?朕杀掉的都是很危险的人,这都是为了你。"这或许就是朱元璋的真正目的,但朱标并不领情,又进谏道:"儿臣以为,上有尧舜之君,下有尧舜之民。"朱元璋一听不由火了,猛地站起来,抓起榻桌准备打过去,朱标见势不妙,拔腿便跑。

此后很长一段时间,朱元璋总是觉得心神不宁,夜里做梦常常看到有亮晶晶的巨星从天上坠落下来,今天落了一颗,明天又落了一颗。他杀的人越多,疑心便越大。就连大臣给他上庆贺表,他也疑虑重重,把人家的好话当成坏话,看谁不顺眼便会猜想此人有反意,立即定个罪名杀掉。他不知道自己为什么会疑神疑鬼,便请来一个术士解惑。这个术士解释说,巨星坠落预示着军中有年轻的大将将逝,也是陛下太过忧心边境战事的缘故。

无论是术士胡说八道,还是朱元璋授意他这样说,从这个时候起,朱元璋开始把肃反的重点放在军队中。

实际上,朱元璋一直担心武将居功枉法,图谋不轨,认为来自武将的危险远远大于文臣,只不过战事拖延日久,他不敢轻举妄动,仅做过几次试探。

早在洪武八年(1375年),朱元璋就开始清除他认为是"棘刺"的人。军中第一个被清理掉的武将是德庆侯廖永忠。据说在这年三月,廖永忠的家人向御史台写了一封举报信,说廖永忠偷偷备制了一些只有皇家才能用的东西,有僭越之心。因为事关一位侯爵、水师元帅,御史台将举报信转呈朱元璋。朱元璋本想亲自去廖永忠家查看,但他正在病中，于是就让锦衣卫去调查。结果，锦衣卫还真在廖永忠家里查到了诸如床帐、器皿、鞍辔、靴、雕金钑花、龙凤呈祥的东西。

锦衣卫查到罪证后，当即将廖永忠绑到朱元璋面前。朱元璋说："廖将军，朕知道你一向胆大妄为，却不敢相信你竟胆大到如此地步，你知罪吗？"

廖永忠跪拜在地，说："臣已知罪，可臣实为无心之举。"他是在当年的封赏大典上被点名批评的人之一，错误是"擅自揣摩圣意"。正是因为他揣摩圣意，小明王才葬身江中，为朱元璋称帝扫清了障碍。这本是大功一件，为什么要受批评呢？可见廖永忠是能够领会"圣意"的。如此精明的廖永忠怎会干出如此无心之举呢？因此朱元璋并不相信他的辩解。

朱元璋说："廖将军做事一向深思熟虑、滴水不漏，朕怎能相信你是无心之举呢？"

廖永忠听出朱元璋话中有话，知道辩解已无意义，便说："臣听凭皇上处置。"

朱元璋就当廖永忠是认罪了，下令将他下狱论罪。两个月后，廖永忠"做僭用龙凤诸不法事"被赐死（另一说是廖永忠在狱中暴病而亡），卒年53岁。

廖永忠死后，朝廷内外反应十分强烈，很多人为廖永忠打抱不平。朱元璋不曾料到处置一个非淮西嫡系的将军也会掀起如此大的波澜，为了平息众怒，他让廖永忠的长子廖权继承了爵位。

除了德庆侯廖永忠，因违制而被治罪的还有华云龙，具体罪名是"僭用故元宫中物"。《明史》上没有说明华云龙的死因，只是含糊地说他"未至京，道卒"，就是在押解至京的路上就死了。

此后边境还是战事连连，朱元璋开始启用更多的年轻将领。

初步平定北方后，朱元璋曾先后两次派使者至云南议和，结果使者都被杀害，为此他决定重兵出击，以武力平定边陲。洪武十四年（1384

年）秋，朱元璋诏命傅友德为征南将军，以蓝玉为左副将军、沐英为右副将军，率步骑 30 万，往征云南。

大军出发前，朱元璋在帐前训话，特意面授机宜："云南偏僻遐荒，行师之际，你们当知其山川地势，以规进取。朕浏览过那里的地形图，并咨询过很多人，了解到那里的一些险要之地……你们应当自永宁（今四川叙永县）先遣骁将率一军进军乌撒（今贵州威宁彝族回族苗族自治县一带），以阻断乌撒的援军；中军主力随后由辰州（今湖南沅陵县境内）、沅州（今湖南芷江侗族自治县境内）入普定（今贵州普定县境内），分别占据要害之地，然后进兵曲靖。曲靖是云南的咽喉，也是敌人重兵设防的地区，你们务必审察形势，出奇制胜，否则曲靖是很难拿下的。取曲靖之后，三将之中，一人可以率精兵直趋乌撒，并会合永宁出发的先遣军一起行动。中军主力则直捣省府昆明，敌人多处均受牵制，必然会手忙脚乱，疲于奔命，我大军也就不难成功了。攻克昆明后，还可分兵直趋大理，其余小城寨则可遣人招降，不必苦战，以免造成太大的伤亡。"

傅友德统率明军从应天北龙江口出发，沿江西上，30 万人马浩浩荡荡，旌旗蔽日，由长江直入湖广。

十二月，明军先遣军攻占普定、普安，招抚当地彝族、苗族、仡佬族等。十二月中旬，明军主力进抵曲靖，北元梁王派部将达里麻率兵 10 万在曲靖东北的白石江岸正面抵御。

当天雾很大，傅友德下令大军渡江，被沐英制止。按照朱元璋之前的嘱咐，沐英建议说："元军已陈兵对岸，扼制水面，渡江对我军不利。元军知我军补给困难，绝不会想到我们胆敢快速深入，如果我们麻痹元军，绕开正面防御，从侧后奔袭，必然会出其不意，一举克敌。这应该就是皇上所告诫的出奇制胜之计吧。"

傅友德接受了这一建议，于是明军只摆出渡江的样子，临江而立。达里麻果然派出精锐扼水上，企图阻止明军渡江。这时，沐英另派数百人绕道至下流偷渡，到达对岸后鸣金吹角，大造声势。达里麻见状，急忙调精兵回攻岸上明军。偷渡的这股明军且战且退，尽量拖延时间，掩护主力渡江。明军渡江后，与元军展开激战。沐英施展手段，以铁骑直捣元军中路主力，彻底打乱了元军的阵形。蓝玉率部随后冲杀过来，元军大败，约3万人被俘，主帅达里麻也被生擒。

梁王听说达里麻兵败，元军主力尽丧，料想昆明难以守住，便与左丞达的、参政金驴尔遁入罗佐山，后自缢身亡。沐英、蓝玉率部直逼昆明，不攻而下。

占领昆明后，蓝玉派景川侯曹震、定远侯王弼、宣德侯金朝兴率两万余人，分道进取临安（治所在今云南通海县）诸路。仅百余日，盘踞云南的残元势力基本被消灭。朱元璋置云南左、右、前、后、普定、黄平、建昌、东川、乌撒、普安、水西、乌蒙、芒部、尾洒十四卫指挥使司。

洪武十五年（1382年）闰二月，朱元璋命沐英、蓝玉领兵西攻大理，同时诏谕乌蒙、乌撒、东川等官民："你们洗心涤虑，效顺大明，朕当一视同仁，岂有间乎？"

明军气势如虹，大理当月即下。随后，傅友德遣人回京城奏事，鉴于大军补给困难，建议朝廷下诏就地征粮，并戍兵屯田。朱元璋准奏，按惯例留心腹大将驻守。云南设立行省后，留下来的自然是朱元璋的养子沐英。残元势力虽然有过几次反扑，但都被沐英轻松化解。

洪武十七年（1384年）四月，朱元璋按战功进封傅友德为颍国公；永昌侯蓝玉增加岁禄五百石，其女被册封为蜀王妃。其他有功人等也都加官晋爵。

这一年冬天，天象又有异动，太阴犯上将。朱元璋越来越相信天象之术，忙令钦监司太史等人来参议，大家讨论的结果是此象主大将之凶。未久，此兆还真的灵验了：曹国公李文忠生病，朱元璋让淮安侯华中（华云龙之子）护理医药，但没几天李文忠便去世了（很多人对其死因存疑)。朱元璋追封李文忠为岐阳王,立碑赐祭,极尽哀荣。

接着,魏国公徐达患背疽之病,卧床不起。朱元璋亲往探视,含泪慰问。之后又命太监送赐食至徐府。据民间传说,徐达吃了朱元璋送去的蒸鹅后,病情加重,于次年二月辞世。朱元璋追封他为中山王,谥武宁,并给予很高的赞誉:"受命而出,成功而旋,不矜不伐,妇女无所爱,财宝无所取,中正无疵,昭明乎日月,大将军一人而已。"赐葬钟山(即紫金山)之阴。

大明连失两员大将后,北元开元王纳哈出又在东北挑事了。纳哈出盘踞在金山(即勃勃图山,在今吉林农安县一带)一带,不断引兵袭扰辽阳、辽东等城镇。

洪武二十年(1387年),朱元璋命蓝玉为征虏左副将军,随征虏大将军冯胜转战东北。蓝玉进至通州时,探知有一支元军驻屯庆州(今内蒙古巴林左旗西北),决定掉头向西偷袭。他亲率轻骑急进,在大雪的掩护下快速拿下庆州,杀死北元平章果来,虏获其子不兰溪而返;然后与大军会合,进至金山,包围了纳哈出。

纳哈出假意投降,蓝玉在酒席上故意试探其诚意,纳哈出见蓝玉的手下咄咄逼人,就想借故离开。常遇春的儿子、蓝玉的外甥郑国公常茂将他抓住。

辽河北岸的元军听说主帅被擒,惊溃逃散。明军像拦奔马一样将他们中的大部分拦住,抓获百姓和士兵约20万人,还缴获大量马羊、驴驼、辎重。冯胜遣使回京奏捷,却没有得到朱元璋的表彰。因为将士多有违纪行为,而且明军班师时遭到纳哈出余部的袭击,殿后的将军濮英被俘,数日后自杀身亡。朱元璋批评主帅冯胜"专为己私,不能抚辑降虏","窃取虏骑,为数不少,又娶虏有丧之女,使人忘哀成配,大失人伦"。冯胜则将过错一股脑推到常茂身上。同时,朱元璋批评蓝玉过于轻率、冒进,未能谋定而动。不过朱元璋还是让他取代冯胜做了主帅,留大部分人马继续清除残敌。

同年九月，朱元璋任命蓝玉为征虏大将军，唐胜宗和郭英为左、右副将军，率领十五万大军出塞西征，对北元势力予以最后一击。蓝玉吸取上次教训，考虑问题更加全面，经过精心谋划，他决定稳扎稳打。但朱元璋闻报却十分不满，写信给蓝玉说，蒙古人心惶惑，众无纪律，"度其势不能持久"，要求蓝玉尽快出击，"倍道兼进，直抵虏廷，覆其巢穴"。

这让蓝玉有点理解不了朱元璋的意图，所幸冬去春来，逐渐利于大军行动，他让主力由大宁（今内蒙古宁城县西）进至庆州，然后派出一支精兵侦察敌情，他们很快发现了元军主力。在这青黄不接的季节，蒙古人正为粮草担忧，根本想不到补给更困难的明军会发动大规模进攻。蓝玉闻报，遂想利用这一点，以优势兵力来个闪电进攻。

洪武二十一年（1388年）三月，明军主力"衔枚卷甲"，日夜兼程，向捕鱼儿海（今内蒙古贝尔湖）一带潜行。

北元嗣君脱古思帖木儿①与身边的臣子们自以为明军不熟悉地形，难以找到水源的位置，绝不会这么快杀到，因而防备松懈。这天早晨，元军正忙着整理鞍马辎重，准备向西北撤离，不料天公不作美，刮起了大风，沙尘漫天，白昼如晦，元军只得放下手中的活找地方躲避。风沙越来越大，蓝玉部将王弼率先头部队席卷而来，元军猝不及防，来不及列阵，慌乱操刀应战。由于两军靠得太近，弓箭已失去作用，双方一阵乱砍乱刺，各损伤上千人。

激战时，蓝玉的主力已包抄上来。元太尉蛮子和太师哈剌章整顿兵马迎战，但很快就被明军击败，元军又死伤数千，蛮子被郭英当场挥刀杀死，余众遂降。哈剌章率部退10余里设防，约一周后也被击溃，所部15830户、马驴48150匹被俘，哈剌章本人下落不明。

---

① 脱古思帖木儿：元顺帝妥懽帖睦尔之子，北元末代皇帝，蒙古帝国第17任大汗。洪武十二年（1379年）即汗位，号乌萨尔汗，因其年号为天元，所以又称为天元帝。洪武二十一年（1388年）为明蓝玉军败于捕鱼儿海，脱身远走。次年被部下所杀。

脱古思帖木儿与太子天保奴、知院捏怯来、丞相失烈门等数十人骑马逃亡，蓝玉亲率精骑追击，最终无功而返。原来，脱古思帖木儿逃跑时遇上坡坎而坠于马下，躲进了草丛中，从而逃过了明军的搜捕。

蓝玉一面遣人入奏，一面班师南归。为了表彰蓝玉的巨大功绩，朱元璋进封蓝玉为凉国公，并夸赞他是当朝卫青。

就在蓝玉班师的同时，已被朱元璋封为海西侯的纳哈出跟随傅友德前往云南平乱，途中卒于武昌舟中。洪武二十二年（1389年），脱古思帖木儿率众西逃后，觉得独木难支，想回和林过几天安稳日子，不料在图拉河附近被人击杀。此后，蒙古各部族出现大分裂，北元土崩瓦解。

自此，朱元璋一统天下的宏愿基本实现。此时明军大概有200万人，这支军队用来戍边、驻防重要城镇以及偶尔平乱绰绰有余。朱元璋担心百姓养不起这支军队，便把他们分解到各卫所；同时，他更担心没法安置那些功高盖主的将领，怕他们居功枉法，结党谋叛。所以，他在处置李胡同党之后，陆续颁发了《昭示奸党录》三卷。

朱元璋发现，蓝玉这两年与太子朱标走得较近，这是他不愿看到的，担心憨厚耿直的太子被人利用。而蓝玉与太子有关"燕地有天子气"的一次私下谈话，也传到了燕王朱棣耳中，朱棣对蓝玉非常记恨，趁入京朝见的机会，到处说道："诸公侯纵恣不法，将有尾大不掉之忧。"这使朱元璋对手握重兵的功臣更加疑忌。

汤和非常懂得人情世故，他看透了朱元璋的心思，于是在朱元璋心情好的时候请辞道："臣年事已高，不能再指挥军队驰骋战场了，希望能返回故乡，为将来死去找一片容身之处。"朱元璋听了很高兴，同意汤和所请，解除其兵权（实际上还保有一定兵权），并让人在濠州为他修建府邸。过了一年多时间，府邸修成了，汤和正式退休（也就是李善长被赐死当年），向朱元璋辞行，朱元璋赐他黄金300两、白金2000两、纸纱3000锭、彩币40多套。他的夫人胡氏也得到了很多赏赐。朱元璋还准允汤和每年进京朝觐。汤和成为军中得以善终的第一人。

洪武二十四年（1391年），朱元璋命蓝玉统领兰州、庄浪（治今甘肃永登县）等七卫人马，追讨逃寇祁者孙。此时，许多状告蓝玉的折子被呈到朱元璋手上，他非常生气，切责蓝玉，并将他的过错一一刻在世袭的铁券上。蓝玉犹不改过，在侍奉皇上的酒宴上口出傲语。

洪武二十五年（1392年），四川建昌发生叛乱，朱元璋派蓝玉率部前去讨伐。大军出发前，朱元璋像往常一样想要面授机宜，命蓝玉的左右侍从退下，但连说几次都没人理睬。蓝玉见朱元璋要发火了，才挥挥手，侍从才迅即离开。朱元璋心里很不是滋味，他想，自己虽算不上万民景仰的皇帝，但还是很有点霸气的；而蓝玉的手下竟然对自己的命令置之不理，一旦仁恕成性的太子继承皇位，他能指挥得动这些骄纵的大将吗？为了大明的江山稳固，棘杖上的刺务必须清除干净。

就在朱元璋筹划怎样采取行动的时候，一件意外的事情给了他很大的打击。同年四月，年仅37岁的太子朱标因风寒病逝。朱元璋行事一向严谨，几乎把一切都设计好了，唯一没想到的就是朱标的早逝。他从未考虑过另选接班人，这一打击让他措手不及、心力交瘁。他在皇宫东角门召见群臣时说："朕老了，太子不幸，遂至于死，这都是命啊！"这个64岁的老人当众大哭，声如悲鸿。

朱元璋虽没有时间来培养一个新的接班人，但他清理"棘刺"的速度和程度则可以加快、加深。

洪武二十六年（1393年）的一天，朝臣奏完事后，锦衣卫指挥使奏告蓝玉谋反，朱元璋当即命人将蓝玉拿下，交由吏部严审。吏部尚书詹徽逼蓝玉招出谋反事实及同党，蓝玉骂道："你詹徽就是我的同党！"他话音未落，武士们就把詹徽也拿下了。

吏部审不下去了，但蓝玉的多桩不法之事却被查实：锦衣卫指挥使蒋瓛告发蓝玉在家中蓄养家奴披甲，将有变；纳哈出之子察罕告发蒙古降将与蓝玉来往，并且蓝玉曾"私幸元主妃"，致使该妃羞愤自尽；御史和地方官吏告蓝玉多蓄庄奴，恣意横暴，夺占东昌（今山东聊城）

民田……唯有谋反之事似乎查无实据。但这并不妨碍定案，三天后的审讯结论是：蓝玉串通景川侯曹震、鹤庆侯张翼、舳舻侯朱寿、东伯何荣、吏部尚书詹徽、户部侍郎傅友文等人，谋划在皇上出宫耕种时起事。这一条才是万死不赦的大罪。朱元璋得到奏报，立刻下令将蓝玉处以磔刑（凌迟处死）。蓝玉的家产被没收，株连三族。

蓝玉被杀后，朱元璋开始了大规模的清洗和株连。定远侯王弼作为蓝玉的得力部将，心里开始发毛，他对大将军傅友德说："皇上年事已高，杀人无常，我们没有活着的可能了。"结果，谈话被锦衣卫侦知。同年，这个人称"双刀王"、骁勇善战、屡立战功的侯爵被赐死。

傅友德曾是蓝玉的上级，蓝玉出事了，他自然脱不了干系，但朱元璋想拿下他还是费了点心机。傅友德曾经三易其主（刘福通、明玉珍、陈友谅），最后选定了追随朱元璋，30多年南征北战，每战必身先士卒。论功劳他不比徐达等人差，最有名的是在甘肃的"七战七胜"，后来朱元璋亲口评价说"论将之功，友德第一"。后来他又平定云南、四川，功勋卓著。而且他的儿子娶了寿春公主，女儿则嫁给了朱元璋的孙子。

洪武二十七年（1394年）十一月二十九日，朱元璋宴请文武大臣，他走到宫殿门口的时候，看到一个守卫没有按照规定佩带剑囊，经询问，得知是傅友德的儿子傅让。朱元璋顿时心头火起，在酒宴上当众将傅让痛斥了一顿。

傅友德一向宠爱自己的儿子，见状立即站起来向皇帝请罪，并想为儿子辩解几句，没想到朱元璋立马就火了："你站起来有何话可说？去把你的两个儿子都叫过来，让他们自己讲！"气氛一下子紧张起来。

傅友德耿直刚烈，知道皇上是在刁难自己，怒气冲冲地起身准备出门。朱元璋见他敢如此耍性子，更是火冒三丈，厉声说道："干脆把你儿子的首级带过来吧！"

傅友德头也不回地走了，过了一会儿，他提着两颗血淋淋的人头进来扔到朱元璋面前。朱元璋十分惊讶，斥责道："你竟然如此残忍，莫不是记恨朕吗？"傅友德义愤填膺，冷笑道："你不就是想要我们父子的人头吗？今天就成全了你！"说完他拿起剑，当场自刎（另说赐死）。

傅友德的举动让朱元璋非常愤怒，这种情形完全出乎他的意料。傅友德算是军中第一个敢于当面与他对抗的人。他立即传旨抄没傅友德家产，其家人全部发配去辽东、云南。同时，看在已故寿春公主的面上，饶了驸马傅忠的儿子一命。

傅友德一死，宋国公冯胜知道自己离死期也不远了。他不仅是傅友德的上级，很多时候也是蓝玉的上级。

冯胜和他的兄长冯国用一起跟随朱元璋起兵，是有名的宿将，"诏列勋臣望重者八人，胜居第三"，仅次于徐达、常遇春。

洪武二十八年（1395年）正月，冯胜和他的小舅子因为财产纠纷发生口角。小舅子理亏输了官司，心中不服，于是诬告冯胜在自家打谷场里埋了兵器，图谋不轨。当时朱元璋正鼓励百姓检举贪官污吏和逆党，自然不会去管这个状是不是诬告，于五月份给冯胜下了敕谕："朕命卿子出镇西鄙，近以家人不从所役来言于朕，朕察言观色，良由不得其所故尔，然小人略无怨言，诚可爱惜。朕以卿昆弟相从于开创之初，具有功劳，且有姻亲之爱，故不忍忘而为卿言之。自今以后，所存役者，使得从容足衣食，俾无窘迫，自然效力，下无怨咨，则家道昌矣。"

朱元璋在敕谕里说什么并不重要，但冯胜知道给自己单独下敕谕的意思，这是给他敲响了警钟。他心生恐惧，上书向朱元璋解释。朱元璋派专人送信送酒，安慰他说："你用不着再解释什么了，只要你心里没事就好，别人说什么朕是不会轻信的，更不会追究。至于你以前的罪过，朕已经原谅过多次，可以说仁至义尽！以后你就老老实实地待在家里，什么灾祸也找不到你的头上。"

冯胜见了朱元璋的信，心中稍安，但没过几天，他就莫名其妙地死在自己家中。据《明史》记载："太祖春秋高，多猜忌。胜功最多，数以细故失帝意。"但对冯胜的死因未有记载。另有文献记载，"上召胜饮之，酒归而暴卒"。

至此，蓝玉案株连蔓引，朝中各级文武官员被杀者约1.5万人。如此一来，对于大明有着重要影响的开国勋臣基本被铲除干净。

三、莫名其妙的"文字狱"

朱元璋在对文武重臣进行"清洗"的同时，对文字也百般猜忌，使一批文人和下吏同样遭了殃。

在朱元璋与张士诚两大集团争战初期，江南一带的文人才子都依附张士诚，认为据有江南富庶之地的张士诚对百姓还不错，很关心民生，老百姓对他也颇有好感，试图跟着他一展济世雄心，成就平定天下之伟业。《文待诏题跋》中写到"伪周（张士诚）据吴日，开贤馆以致天下豪杰，故海内文章技能之士悉卒于吴"。

但经过十几年的风云变幻，张士诚的大周政权很快衰败，那些原来依附他的文人不得不退隐江湖山林，寄情翰墨诗文以观进退。这个时候，朱元璋求贤若渴，用自己的竭诚之举感召文人学士出山，并给了他们足够高的政治地位和足够大的施展才华的舞台。这使那些深受元朝廷压制的文人士大夫产生了一种政治"翻身"的幻觉，义无反顾地加入了朱元璋的阵营。其中包括一些著名的文人画家，如陈汝言①、王蒙②、

---

① 陈汝言：字惟允，号秋水，明代苏州府吴县（今江苏苏州）人。元末明初画家、诗人。张士诚据苏州尝参与军事，明洪武初官济南经历，后受胡惟庸案所累被杀。

② 王蒙：字叔明，号香光居士，湖州（今浙江湖州吴兴区）人，元书法家赵孟𫖯外孙。元末明初画家。元末在张士诚部下任职，后隐居。洪武二年（1369年）任泰安知州。因胡惟庸案所累，下狱病死。

赵原①（一作赵元）、徐贲②、张羽③、马琬④、王绂⑤等，他们或从政，或为宫廷画家。群贤皆出，毕集相庆，自以为一个新的"太平盛世"或"朱明盛世"又将来临。

但是，文人得了势，打江山的武将们就开始心理不平衡了，他们在朱元璋的耳边鼓噪：虽说治理天下要靠文人，但千万不能太相信他们，这些人实在是一群居心叵测的坏东西，阳奉阴违，他们的阴毒之心不仅一般人看不出来，就连张士诚也无法分辨。他们还给朱元璋讲了一个故事：

"张士诚待文人一向不薄，好吃好住地养着，不仅给他们优厚的待遇，还给了很高的荣誉地位，可这帮文人表面上对君主尊敬，骨子里却根本看不起他。张士诚原名叫张九四，称王以后，觉着这个名字太俗气，想取一个显贵一点的名，那些所谓的才子便替他起了个名字叫士诚。"

朱元璋听到这里，插话说："这名字很好啊。"

朱元璋的武将中也有许多有学问的人，他们连忙解释道："《孟子》一书中有'士，诚小人也'之语，他们是隐射'士诚即小人'。可惜张士诚文化不高，让人叫了半辈子的小人，到死还觉得文人士大夫冰清玉洁呢。"

朱元璋听了这个故事，心里很不是滋味。他虽然读过《孟子》，但从不曾留意到"士，诚小人也"这类的句子，事后他找出《孟子》，发现还真是那么回事。他本来就不赞成孟子的主张，现在迁怒于其他文人

---

① 赵原：山东蓝城（今山东莒县）人，寓居苏州。本名元，入明后因避朱元璋讳而改作原，字善长，号丹林。元末明初画家。善诗文书画，洪武初年奉诏入宫，因所画不称旨而被杀。

② 徐贲：字幼文，南直隶毗陵（今江苏苏州）人，自号北郭生。元末明初画家、诗人。洪武七年（1374年）荐至京，历给事中、刑部主事、广西参议、河南左布政使。洪武十二年（1379年），因犒师不周，下狱。

③ 张羽：字来仪，号静居，浔阳（今江西九江）人，后移居吴兴（今浙江湖州吴兴区）。元末明初文人，洪武四年（1371年）征至京师，官至太常丞。

④ 马琬：字文璧，号鲁钝生、灌园人、西处士。秦淮（今江苏南京）人，长期寓居松江府（今上海金山区吕巷镇）。元末明初画家。明初为抚州知府，官至抚州郡守。

⑤ 王绂：字孟端，号友石生，别号九龙山人。江苏无锡人，明初大画家。洪武十一年（1378年）以博士弟子员征入京师，后因胡惟庸案所累，谪戍朔州。建文二年（1400年）南归，隐居。永乐元年（1403年），因善书被举荐进京，供事文渊阁，参与编纂《永乐大典》。

士大夫身上。他想，自己文化程度也不高，那些文人是不是也会戏弄他？再联想到自己的身世，一股酸味从他心中涌出。作为一个社会最底层的人当了皇帝的朱元璋，既有高度的自尊，又有强烈的自卑。此后，他处处注意那些可能有影射含义的词句。

不久，朱元璋偶然读到孟子的"君之视臣如草芥，则臣视君如寇雠"一句，不禁恨死了这个对君主极不尊重的"亚圣"，下令将孟子的塑像从各地孔庙中"请"出去。

孟子受到朱元璋的"处罚"后，一些信奉孔孟之道的学儒便出来喊冤。一个叫钱唐的学士上疏称："臣为孟轲死，死有余荣。"朱元璋大受震撼，更加相信文人戏弄张士诚的故事，他们竟敢公然与君王作对，连自己的身家性命都不顾。

不过，这次朱元璋并没有因恼怒而大开杀戒，而是准备冷处理。他不希望人们骂他是没有文化的草莽，便去找宋濂，征询他的看法。宋濂觉得这个问题太宽泛，几句话无法准确对先贤古圣进行评说，因此建议朱元璋仔细读一读《孟子》，如果还是觉得孟子该受处罚，那么钱唐也应受处罚。

为了表示自己对文人的尊重，朱元璋耐着性子读完了《孟子》全书。当他读到"故天将降大任于是人也，必先苦其心志，劳其筋骨，饿其体肤，空乏其身，行拂乱其所为，所以动心忍性，曾益其所不能"这些句子时，不禁拍案叫绝，这不就是在说他的心志和经历吗？敢情他以前吃的那些苦，都是老天爷一手策划、安排好了的——孟子竟为他的贫贱出身找到了一个体面又合理的解释！

他开始觉得孟子之言并非全无道理。圣人所讲的"大道"可不是常人一下子就能悟透的。经过学习，他决定将孟子请回孔庙，并下诏将《孟子》作为科考的重要内容之一，但必须删除其中的君权一节。

但朱元璋依然认为文人"善讥讪，初不自觉"，于是处处抠字眼，担心自己上当而又不自知。

有一次，杭州府学教授徐一夔上了一道贺表，其中有"光天之下，天生圣人，为世所则"一句，朱元璋读后，幽幽地说："'生'者僧也，骂我当过和尚。'光'是薙发，说我是秃子。'则'音近贼，骂我做过贼。自觉聪明的家伙，一句话三个停顿就变着法儿地骂了三次。这语言文字还真奇妙，不光是表音、表意的工具，还是一座隐喻与象征的迷宫，一不留神，就会着了道儿。"但他转念一想，徐一夔应该不至于如此胆大包天，他不禁怀疑自己是否多虑了。

为了避免发生类似的误会，朱元璋下令在各类公文中禁用一些有隐晦意思的文字，公文贺表使用统一格式。对于过去的事情，朱元璋既往不咎，但现在有了明文规定，谁要是不慎用到那些不能用的字眼，就是故意冒犯，必将严惩不贷。

地方官逢年过节、皇帝生日及皇家喜庆日子所上的表笺，都是歌功颂德的言辞，照例由学校教官代作，然而这小小的表笺，不知断送了多少人的性命。

祥符（今河南开封祥符区）县学教谕贾翥替本县县令作《正旦贺表》，其中有"取法象魏"一句，朱元璋一看，"取法"者，"去发"也，这是讽刺他当过和尚，诛！尉氏县学教谕许元为知府作《万寿贺表》，内有"体乾法坤，藻饰太平"之句，朱元璋又想，"法坤"音同"发髡"，还是剃发的意思，诛！常州府学训导蒋镇作《正旦贺表》中有"睿性生智"一句，"生"与"僧"同，也被视为骂朱元璋当过和尚，诛！怀庆府学训导吕睿作《谢赐马表》中有"遥瞻帝扉"，被视为"帝非"，同样诛！

后来打击面渐渐扩大。据说，有一年元宵夜里，朱元璋微服出巡，在一个热闹的镇上看到一则灯谜：上面画了一个女人，手里抱着一个西瓜，坐在马背上，其中马蹄画得特别大。朱元璋看后立刻产生联想，认为这是暗讽马皇后是个大脚，于是下令缉查，将制作灯谜的人杖责至死。之后，朱元璋的检查对象突破了"天下所进表笺"的范围，直驱文学领域。

状元张信①训导皇子，引用杜甫诗"舍下笋穿壁"出题，作为临摹贴，碰巧给前来巡视的朱元璋看见，朱元璋认定张信是想借古讽今，讥讽天朝，怒骂道："堂堂天朝，讥诮如此！"随即下令将张信腰斩。诗人高启②应苏州知府之请，为其新宅写了《上梁文》，结果因文中有"龙盘虎踞"一词，也被腰斩。佥事③陈养浩有诗云："城南有嫠妇，夜夜哭征夫。"朱元璋嫌其"伤时"，将陈养浩"投之于水"溺死。一寺院墙壁上题布袋佛诗云："大千世界浩茫茫，收拾都将一袋藏；毕竟有收还有放，放松些子有何妨！"朱元璋疑其嫌自己法度太严，尽诛寺僧……

不仅有很多大臣因文字屡遭不测，就连藩国朝鲜也不能逃脱。朝鲜国王李成旦进表笺，有犯上字样。朱元璋当即下令将进贡物品全部打回，还要朝鲜交出撰写此文的郑总。

文字狱大致从洪武十七年（1384年）开始一直延续到洪武二十九年（1396年），长达13年，造成了文人小吏人人自危、不敢提笔的局面。有些文人不愿在朱元璋手下为官，甚至采取自杀、自残肢体、逃往漠北、隐居深山等办法，以躲避朱元璋的征召。比如贵溪儒士夏伯启叔侄二人，斩断手指，誓不出仕。

朱元璋总觉得文字背后暗藏着数不清的挖苦、揶揄和讥讽，这是他自卑心理的体现。即便真的没有这回事，他也要把自己的怀疑说出来，免得这帮居心叵测的文人学士以为他没文化好欺负。但也有人认为，文字冤案是朱元璋出于政治目的，故意断章取义，以排除异己、消除隐患，与他诛杀勋臣的目的是一致的。从帝王的角度来看，也许这一说法更符合实际。

---

① 张信：浙江定海人，字彦实，号城甫。洪武二十七年（1394年）甲戌科状元，授翰林院修撰，官至侍读学士。

② 高启：字季迪，号槎轩，长洲（今江苏苏州）人。元末隐居于吴淞青丘，自号青丘子。洪武二年（1369年）征修《元史》，次年授翰林院编修、教授诸王。升户部侍郎。

③ 佥事：官名。明、清提刑按察使司属官。分领提学、驿传、分巡、兵备等道。因事而置，无定员。

第十五章　江山不管兴亡事

一、选定接班人

家天下是封建社会的基本特色。朱元璋诛杀文武勋臣，无非是为了朱家天下长治久安。朱元璋一共有26个儿子、16个女儿。除了洪武三年（1370年）封九子一孙为王外（第九子朱杞赵王早夭，未就封），之后又陆续封第十一子椿为蜀王，十二子柏为湘王，十三子桂为代王（洪武十一年封为豫王，洪武二十五年改封为代王），十四子楧为肃王（洪武十一年封为汉王，洪武二十五年改封为肃王），十五子植为辽王（洪武十一年封为卫王，洪武二十五年改封为辽王），十六子㮵为庆王，十七子权为宁王，十八子楩为岷王，十九子橞为谷王，二十子松为韩王，二十一子模为沈王，二十二子楹为安王，二十三子桱为唐王，二十四子栋为郢王，二十五子㰘为伊王，二十六子朱楠幼殇未封。

朱元璋独力开创了大明王朝，除了侄甥辈外，他没有得到任何来自兄弟、亲族的有力辅佐。为了守好辛苦打下的江山，靠强力集权是解决不了问题的，何况他正一天天老去，可以依赖的首先是骨肉至亲。他分封二十几个藩王，不仅分给他们土地，还赋予他们监督地方官员处理政务、节制地方卫所（军队）的权力，他的愿望是好的，希望儿孙们各守本土，恪尽职守，力保大明王朝繁荣昌盛、万世荣华。

朱元璋一厢情愿绘制的蓝图似乎很完美，但他只看到了分封制的积极方面，对于西汉、西晋等的前车之鉴思考得不够充分。洪武九年

(1376年），天生异象，群臣议论纷纷。朱元璋以为老天爷不容他，于是下诏让天下人上书朝廷，指出政治得失或不公之处，提出批评或建议。九月，平遥儒学训导叶伯巨上了一封万言书，不仅指出了朱元璋"分封太侈，用刑太繁，求治太急"这三大错误，还就分封制的弊端进行了详细阐述。他指出："今裂土分封，使诸王各有分地，盖惩宋、元孤立，宗室不竞之弊。而秦、晋、燕、齐、梁、楚、吴、蜀诸国，无不连邑数十。城郭宫室亚于天子之都，优之以甲兵卫士之盛。臣恐数世之后，尾大不掉，然后削其地而夺之权，则必生觖望。甚者缘间而起，防之无及矣。"

这些言辞针砭时弊，虽然大胆入骨，但也颇有道理，然而朱元璋看后却暴跳如雷，大怒道："小子间吾骨肉，速速逮来，我要亲手将他射死！"于是派官兵星夜奔驰，将叶伯巨押往京城。叶伯巨被关在刑部监狱，受尽虐待，最终活活饿死。

朱元璋要求下臣直言，可直言者又要被治罪，所以官员们便不再议论藩王问题。朱元璋读过不少史书，自然知道前代的女宠、宦官、外戚、权臣、藩镇、夷狄等祸，他也知道自己有错，但只能由他自己说出来。他想纠正过错，于是说："汉无外戚、阉宦之权，唐无藩镇、夷狄之祸，国何能灭？朕观往古，深用为戒……藩镇之设，本以卫民，使财归有司，兵必合符而调，岂有跋扈之忧？至于御夷狄，则修武备，谨边防，来则御之，去不穷追，岂有侵暴之虞？凡此数事，尝欲著书，使后世子孙以时观览，亦社稷无穷之利也。"他试图通过一系列的制度法规从根本上消除这些隐患。

诸王中，除了鲁王朱檀耽于金石之物，致毒发身死外，据传闻潭王朱梓受母妃蛊惑欲反。胡惟庸案发后，他的岳父于显、妻弟于琥受株连。朱梓内心惶惧，不敢回京见朱元璋，愤愤地说："宁见阎王，不见贼王。"随后纵火焚宫，和妻子于氏一同自尽。对于其他藩王，朱元璋尚未看出有什么异常。

到李善长被诛后，太子朱标十分不安，日怀危惧。朱元璋将他痛斥了一顿。

洪武二十四年（1391年），明朝廷正式编定天下赋役黄册。朱元璋决定改应天为南京，并将开封改为北京、临濠为中都。御史胡子祺认为改开封为都城不妥，建议以长安（西安）为都，上书奏言"举天下莫关中若也"。朱元璋以关中险要，打算采纳他的建议，迁都长安。北平没有被考虑，是因为它是朱元璋赏识的第四子朱棣的封地。随后，朱元璋派太子朱标先去陕西看看。

太子巡视关中，引起了燕王朱棣的特别关注，也引起了秦王朱樉的担忧，若国都搬去西安，他就没有了封地，因此颇有怨言。朱元璋听说后便遣使将他召还京城，幽居宫中。

朱标详细考察了西安和洛阳，比较这两个地方的地形，回来后向朱元璋献呈陕西地图，并哭着请求赦免秦王的罪。朱元璋虽然将信将疑，但还是让秦王朱樉返回了长安，同时也对朱标的办事能力给予了肯定。

然而世事难料，朱标回来后不久就一病不起（有人说是因劳累过度，也有人说是忧悒成疾），他在病榻上苦苦撑到洪武二十五年（1392年）四月二十五日，瞑目归天。丧葬礼毕，谥为懿文太子。

太子朱标病逝后，文士方孝孺不胜悲切，作挽诗十章以为纪念。白发人送黑发人，这对朱元璋是一个沉重的打击，他再也没有精力和心情考虑迁都之事了。他写了一篇《祀灶文》，表达自己万般无奈的心情："朕经营天下数十年，事事按古就绪。维宫城前昂后洼，形势不称。本欲迁都，今朕年老，精力已倦，又天下初定，不欲劳民。且兴废有数，只得听天。惟愿鉴朕此心，福其子孙。"

朱元璋开始为接班人之事而烦恼。从内心讲，他最想让燕王朱棣继位，因为朱棣很"贤能"。但他冷静下来细想，觉得这样做还是欠妥，因为无论是按长幼顺序还是母妃的地位高低，都轮不到燕王，处理不好就可能发生兄弟相残的危险。他不能开所谓"立贤"的先河，否则后世那些有野心的子孙也要不安分了。再说，谁贤谁不贤，一时也看不太清楚。为此，他在大殿东角门召众臣群议。他试探性地问道："国家不幸，太子竟亡。古称国有长君，方足福民，朕意欲立燕王，卿等以为如何？"

学士刘三吾首先提出异议，他说："皇孙年富，且系嫡出，孙承嫡统，是古今通礼。若立燕王，将置秦王、晋王于何地？弟不可先兄，臣认为不如立皇孙。"

刘三吾援经立议，说得眼泪都下来了，朱元璋见状也大为感动，流着泪说："那就立故太子之子好了。"

朱标生有5子，嫡长子早殇，次子朱允炆，是朱元璋的第三个孙子，按照嫡长制的继承原则，朱元璋诏立朱允炆为皇太孙，作为将来的皇位继承人。

新的接班人选定后，朱元璋心里反而更觉得不踏实。当时朱允炆只有16虚岁，性格酷似其父，仁柔宽厚，这个年轻的继承人继位后难免心慈手软，控制不住局面，如果那些久经战阵、战功赫赫的军中大将恃功而骄，不守法度，朱家的天下就完了。他有一种时不我待的紧迫感，一边加速清理棘杖上的"刺"，一边抓紧时间对皇太孙进行培养。为了方便皇太孙将来掌控权柄，朱元璋煞费苦心地将齐泰①、黄子澄②、方孝孺等一帮饱学之士选拔出来，教导、辅佐皇太孙。他对皇太孙说："吾治乱世，刑不得不重。汝治平世，刑自当轻。"

朱允炆并不像父亲朱标那样反感朱元璋诛杀功臣，他非常孝顺，事事听从朱元璋，这让朱元璋甚感安慰。在大将蓝玉案中，朱元璋把能征善战的将领几乎杀光了。有那么一段时间，他感觉已经万事大吉，于是又一次对皇太孙说："现在白茫茫一片，没有人能威胁你了。朕又分封了你的叔叔们做藩王戍边，如果北元前来进犯，诸王可以御之。"朱允

---

① 齐泰，本名德，字尚礼，别号南塘。朱元璋赐名泰，明溧水（今江苏南京）人。洪武十七年（1384年）举应天乡试第一，明年成进士，历礼、兵二部主事。建文时，进兵部尚书，是向建文帝朱允炆建议削藩的主要人物之一。后被燕军执于京师，不屈而死，祸及九族。

② 黄子澄：名湜，字子澄，江西分宜县人。洪武十八年（1385年）进士，由编修升任修撰，伴读太子，升为太常寺卿。建文帝即位命兼任翰林学士。与齐泰共同建议削藩，结果引发靖难之役。朱棣夺得帝位后，将其逮捕并处死，祸及九族。

炆听后并没有露出欣慰的表情，而却有些不安地问："北元进犯，诸王御之，如果诸王不安定，那谁能抵挡呢？"这下把朱元璋给问住了，他来不及细想，反问道："你认为该如何？"朱允炆信心满满地说："以德怀之，以礼制之，不可则削其地，又不可则废置其人，又甚则举兵伐之。"朱元璋听了微微点头。

但是没过多久，朱元璋便发现了一些问题：各地藩王的权势越来越大，以燕王为主的藩王们已牢牢控制着北部门户，凡北平都司、行都司及燕王、谷王、宁王三护卫，"一切号令，皆自（燕）王出"；仅燕王所能指挥的军队就将近30万，可谓威名震动天下。更令朱元璋担心的是，燕王朱棣最为沈鸷，性格酷似他，绝不是一个甘居人下的主。朱棣有政治野心又大权在握，自然也不可能安分，皇太孙的担心不无道理。朱元璋想解决这个不可忽视的大问题，但处理完功臣的难题后，他的人生已进入暮年，似乎有些力不从心了。

朱元璋在最后的日子里，传谕燕王说："朕观成周之时，天下治矣。周公苦成王曰'诘尔戎兵，安不忘危之道也'，朕之诸子，汝独才智，秦、晋已薨，汝实为长。攘外安内，非汝而谁？尔其总率诸王，相机度势，用防边患，奠安黎庶，以答上天之心，以副吾付托之意！其敬慎之，毋怠！"他希望燕王学周公，并特别表明他的任务是防守边疆、安抚百姓，可谓用心良苦。如此一来，燕王的权力更大，兵马益强，而燕京又是故元遗都，燕王越发野心勃勃。

朱元璋为了他心中的太平盛世，给后人留下一座浸透鲜血的江山，却在不经意之间，使大明的未来陷入更大的动荡不安中。

二、了却君王事

朱元璋虽然承受了丧子之痛，但作为历经无数风浪的开国之君，他没有因此而耽误国事。他一生朴素勤政，励精图治，曾自作诗云："百僚已睡朕未睡，百僚未起朕先起。不如江南富足翁，日高一丈犹拥被。"

作为皇帝，朱元璋的日常生活比普通百姓还要辛苦。每天天未亮他便入朝理事，大约7点钟光景，早朝结束再吃早点，稍事休息就批阅奏章，或者读书、听学士讲经。午后再入朝，或批阅奏章，或接待官员，有多余时间就继续读书，但听学士讲学是每日必不可少的，直到日落他才回宫。在寝宫时，他会把想到的和第二天要做的事写在布条上，作为备忘录。即使吃饭时也不例外，有时身上挂了很多布条，他诙谐地称之为"鹑衣"，意即像鹑鸟长了许多羽毛。夜晚躺在床上，他还要在脑海中重现当日所做之事："深夜卧床难寐，便披衣而起……思量天下之事，凡应当施行之事，便立即记录在案，待天亮后下诏执行。"

朱元璋勤于政事，倒也颇有建树。农业方面，鼓励农桑，减免税赋，兴修水利；军事方面，屯田戍边，设立卫所，修筑城防；行政方面，精简机构，削减各级官员，减轻百姓负担。

洪武二十六年（1393年），户部对全国的人口、农业和税赋等进行了一次统计，结果显示，全国总人口达7270万，超过了《元史》所载的元代最大的人口数字（元世祖至元二十八年，即1291年，5984万）；耕地面积达到850万余顷，比史籍所载的北宋耕地的最大数字（宋真宗天禧五年，即1021年，524万余顷）增加了300余万顷。全国的田赋收入仅米麦一项即多达3278万余石，比元朝岁入1111万余石增加了近两倍。

这些统计数字的代价是朱元璋长年的超负荷运转，连续的紧张工作消耗着他的健康，而朱元璋平时的生活又是那样节俭，这个万人之上的皇帝几乎没有享受过几天好日子。而人生的三大不幸——少年丧父、中年丧妻、老年丧子，全让他赶上了。

马皇后生前常侍坐于乾清宫，跟朱元璋谈起昔日的艰难时事。说到动情处，朱元璋泣泪说："你我半辈子跋涉艰难，含辛茹苦，未有一日享福。而今化家为国，又为天下苍生操心，节衣缩食，体恤孤老，救济贫困，你是真正的一国之母啊！"

洪武十五年（1382年），马皇后突然病倒，朱元璋为此寝食不安，群臣恳请祈祷祭祀，遍求名医诊治。马皇后对朱元璋说："生死是命运的安排，祈祷祭祀又有什么用处呢！况且再好的医生也只能治病而不能使人活命！如果吃药不能见效，皇上恐怕会因为臣妾的缘故而降罪各位医生吧？"马皇后弥留之时，朱元璋陪在她身旁，她用尽最后一点力气，对朱元璋说："望陛下能够求取贤能之人，听取别人的意见，自始至终，恭敬对待。子孙若都贤能，大臣百姓也就有所依靠了。"马皇后去世后，朱元璋万分悲痛，追思不已。

然而，更大的打击是洪武二十五年（1392年）太子朱标的去世，这不仅使朱元璋承受了老来丧子之痛，而且完全打乱了他的政治布局，这个一直坚强的硬汉恸哭哀告。之后，他为了调整布局，心力交瘁。可以想象他的心情会糟糕到何种地步，他的脾气会乖张到何种程度！

第二年在处理蓝玉案时，朱元璋的猜忌之心更甚，开始妄杀，几乎不需要任何罪证。随后他大病一场，虽然从死亡线上被抢救回来，却从此病魔缠身，身体每况愈下。不过，他的头脑却更加清醒了。

洪武二十八年（1395年），朱元璋驾御奉天门，向文武大臣作了一番训谕，并重申了不许恢复丞相制的问题，最后说道："皇亲国戚有犯，在嗣君自决，惟谋逆不赦，余犯轻者，与在京诸亲会议；重者，与在外诸王及在京诸亲会议，皆取自上裁。其所犯之家，止许法同举奏，并不许擅自逮问会议。亲戚如皇后家、皇妃家、东宫妃家、王妃家、郡王妃家、驸马家、仪宾家、魏国公、曹国公、信国公、西平侯、武定侯之家，朕皆已著之祖训。尔五府、六部等衙门，以朕言刊梓，揭于官署，永为遵守。"

显然，朱元璋想对诛杀功臣的错误做法进行纠正。这年六月，他在奉天殿对文武大臣发表了一次重要讲话，他说："朕自起兵至今40余年，亲理天下庶务，人情善恶真伪，无不涉历，其中奸顽刁诈之徒，情犯深重，灼然无疑者，特令法外加刑，意在使人知所警惧，不敢轻易犯法。然此特权时处置，顿挫奸顽，非守成之君所用常法。以后嗣君统理天下，止守律与大诰，并不许用黥刺、腓①、劓、阉割之刑。盖嗣君宫中生长，人情善恶未能周知，恐一时所施不当，误伤善良。臣下敢有奏用此刑者，文武群臣即时劾奏，处以重刑。"

洪武二十九年（1396年），朱元璋把已经致仕的武臣两千五百余人召至京师，赏给每个人很多银子，让他们"还乡抚教子孙，以终天年"。同年十月，又给他们各进升一级。这意味着朱元璋结束了恐怖的杀戮，开始纠正自己刑罚过重的问题。

朱元璋明白，作为开国之君，他既要为儿孙们打好基础，但手段又不能过于宽仁；他也明白自己的严厉措施只能是短期性的，不能让政治长期处于这种高压和恐怖状态。更重要的是，经过20多年的"剪伐斫削、藻绘粉饰"，大明王朝这座大厦的外表终于接近了他的蓝图：天下太平，四方安定，民生恢复，基业稳固。他自认为这番苦心没有白费。

洪武三十一年（1398年）三月，晋王朱㭎病逝，朱元璋担心北方边事，立刻给燕王朱棣发去谕令，"用防边患"。

五月初八，70岁的朱元璋病倒了，但他仍强撑病体，"日临朝决事，不倦如平日"，以为三五天就能熬过去。可是，各种疗法都用上了，他的病情仍不见好转。他预感到自己大限将至，便开始拟写遗书。太孙朱允炆日夜伺候在他身边。

此时，朱元璋的脑子依然清醒，还在为大明帝国的未来操心，秦王、晋王死后，他想到还有20个儿子戍卫边关，可以保家卫国，心里有了一丝安慰；但想到孝顺又文弱的皇太孙，他心里又阵阵不安。他特在遗诏中规定："诸王各于本国临哭，不必赴京"，"王国所在文武衙门军士，今后一听（朝廷）节制，护卫官军王自分处"，以保证朱允炆能顺利继承大统。

人生七十古来稀。与他当年一同驰骋疆场的兄弟们相比，他算是很幸运了。回想自己的一生，他已了无遗憾。弥留之际，往事一幕幕浮现

---

① 腓：古代剔除膝盖骨或断足的酷刑。

在他眼前：借地葬双亲，持钵乞万家，四年苦修渡，投军一身剐……庆功楼虽高，义断情也寡。"德尊一代常坎坷，名垂万古知何用。"想着想着，朱元璋老泪纵横，在还有一口气的时候，他又在遗诏上加了最后一条："责殉诸妃"。

闰五月初十，朱元璋在西宫卧榻上咽下了最后一口气，终年70岁。驾崩之日，发布了他早已准备好的遗诏，下面是朝廷公布的遗诏中的一段话：

朕受皇天之命，膺大任于世，定祸乱而偃兵，安生民于市野。谨抚驭以膺天命，今三十有一年，忧危积心，日勤不息，务有益于民。奈起自寒微，无古人之博知，好善恶恶，不及远矣。今得万物自然之理，其奚哀念之有。皇太孙允炆，仁明孝友，天下归心，宜登大位。内外文武臣僚，同心辅政，以安吾民。葬祭仪物，勿用金玉。孝陵山川因其故，勿改作。天下臣民，哭临三日，皆释服，勿妨嫁娶。诸王临国中，毋至京师。诸不在令中者，推此令行事。

朱元璋被葬于钟山南麓独龙阜玩珠峰下的孝陵，谥号"高皇帝"，庙号"太祖"。宫人中，除了张美人因其女儿年仅4岁需要抚养，得以幸免外，其余为朱元璋侍寝过的妃嫔近40人都被迫殉葬。

朱元璋驾崩后第七天，即闰五月十六日，皇太孙朱允炆即位，改年号建文，称建文帝。又过了3天，建文帝提拔朱元璋为他选好的辅政人选，任命兵部侍郎齐泰为兵部尚书、太常寺卿黄子澄兼翰林学士，共同参与机密。

《明实录》对朱元璋一生的功绩做出了如下总结：

上以天纵之资，起自田里，遂成大业。当是时，元政陵夷，豪杰并起，大者窃据称尊，小者连数城邑，皆恣为残虐，糜弊生民，天下大乱极矣。上在民间，闵焉伤之，已而为众所推戴，拒之益来，乃不得已起义,即条法令,明约束,务以安辑为事,故所至抚定,民咸按堵,不十余年间,荡涤群雄,戡定祸乱,平一天下,建混一之功。虽曰天命人归,要亦神武不杀之所致也。

即位之初,稽古礼文,制礼作乐,修明典章,兴举废坠,定郊祀,建学校,尊孔子,崇儒术,育贤才,注洪范,叙九畴,罢黜异,论表章、经籍,正百神之号,严祭祀之典,察天文,推历数,定封建,谨法律,慎赏罚,抚四夷、海外,远方诸国皆遣子入学,南极炎徼,北逾冰壤,东西际日月之所出没,罔不率服。昧爽临朝,日晏忘餐,虚心清问,从善如流,神谋睿断,昭见万里,退朝之暇,即延接儒生,讲论经典,取古帝王嘉言善行书寘殿庑,出入省观。斥侈靡,绝游幸,却异味,罢膳乐,泊然无所好,敦行俭朴,以身为天下先。凡诏诰命令,词皆自制,淳厚简古,洞达物情,当宁戒谕臣下,动引经史,谆切恳至,听者感动,训敕子孙臣庶,具有成书,诒法万世。

谨宫闱之政,严宦寺之防,杜外戚之谒,而家法尤正,纪纲法度,彰彰明备。至于礼先代,罢献浮,存高年,兴孝弟,励农桑,蠲逋负,宥死刑,焚狱具,旌廉能,黜贪酷,摧奸暴,佑良善,宽仁爱人,专务德化,是以身致太平三十余年,民安其业,吏称其职,海内殷富,诸福之物,莫不毕至。功德文章,巍然焕然,过古远矣。传称唐虞禅夏后,殷、周继然。成汤革夏,乃资亳众;武王伐商,爰赖西师;至于汉高,虽起徒步,尚籍亭长,挟纵徒,集所附。上不阶寸土一民,呼吸响应,以有天下,方册所载,未之有也。